Code monétaire OHADA

Collection « Études africaines »
dirigée par : Denis Pryen

Forte de plus de mille titres publiés à ce jour, la collection Études africaines fait peau neuve. Elle présentera toujours les essais généraux qui ont fait son succès mais se déclinera désormais également par séries thématiques : droit, économie, politique, sociologie, etc.

Joseph-Eric Nnomenko'o, *Problématique foncière et trajectoires de développement en Afrique subsaharienne, L'exemple du Cameroun*, mars 2020.

Jean-Pierre Kabanyishi Mukuna, *La conception juridique du contat d'assurance-vie, Etude comparative des Codes français et congolais*, février 2020

Daddy-Arthur Lukwasa Ndembe, Trésor Ntumba Mutombo, *Pratique des finances publiques, Acteurs, outils, procédures et méthodes*, février 2020

Robert Kong, *Apprendre à mourir chez Platon*, février 2020

Valérie Medori Touré, *Les enfants de la rue à Ouagadougou, Entre mobilité, socialisation et stigmatisation*, février 2020

Martin Fortuné Mukendji Mbandakulu, *L'éthique de l'enseignant, Le contexte de la République démocratique du Congo*, février 2020.

Didier Loukakou, Boubou Keïta, *Les défis du droit des affaires en Afrique, Mélanges I*, février 2020.

Jean-Claude Eloundou, *Afrique : ton développement en question*, janvier 2020.

AMBOULOU HYGIN DIDACE

Code monétaire OHADA

1ère édition

L'Harmattan

5-7, rue de l'École-Polytechnique   75005 Paris

http://www.librairieharmattan.com

ISBN : 978-2-343-19525-4
EAN : 9782343195254

AVANT-PROPOS

Tant que ne sont pas réunies les conditions politiques de validité d'une monnaie, ce qui serait certes la meilleure solution mais semble peu crédible à court terme, un moindre mal sera de surseoir à la mise en place de la monnaie africaine et de se limiter à améliorer le Système Monétaire et Economique actuel. D'autant que rien ne fonde la croyance selon laquelle des taux de change fixes sont nécessaires pour obtenir les avantages d'une Union douanière, qui est une idée récente et spécifique à l'Europe.

Les Africains doivent impérativement prendre conscience que leur seule chance d'éviter un déclin économique et social progressif, dans un monde de plus en plus interdépendant où leur poids démographique et politique déclinera fortement, est de consentir à un minimum de solidarité interne, seule voie crédible pour accroître ensuite la solidarité externe, avec les pays d'Europe, d'Amérique et d'Asie, faute de quoi cette solidarité leur sera de toute façon imposée, mais à un coût supérieur.

Retrouver ces chemins de la solidarité, voilà un objectif bien plus prioritaire que de vouloir faire à tout prix une nouvelle monnaie en y voyant un remède miracle à tous nos maux.

Plus fondamentalement, l'indépendance d'une Banque Centrale est un non-sens du point de vue de la théorie de la politique économique, parce qu'il existe une interdépendance forte entre politique monétaire et politique budgétaire, au regard des quatre objectifs macroéconomiques de tout gouvernement : la stabilité des prix, un niveau élevé d'emploi, l'équilibre extérieur et la croissance.

En outre, l'idée que la stabilité des prix peut être atteinte seulement par la politique monétaire est fausse car cette stabilité dépend tout autant de la politique budgétaire. Les politiques économiques, notamment la lutte contre le chômage, seront frappées d'inefficacité après l'introduction de la nouvelle monnaie tant que le traité ne met pas en place des instances de coordination et ne prévoit guère les modalités, les principes et les objectifs de la coordination des politiques budgétaires entre la Banque Centrale et les détenteurs du pouvoir budgétaire des Etats membres.

C'est donc un grand paradoxe, dans ma vision de spécialiste des marchés financiers de ne pas dénoncer l'aveuglement des gouvernements africains. si les responsables attendent l'introduction d'une nouvelle monnaie pour essayer de réduire le chômage, cela risque d'être trop tard, spécialement

s'il s'avère que les mêmes gouvernements sont incapables de coordonner leurs politiques budgétaires. La nouvelle monnaie quelle qu'elle soit, et de quelque zone d'où elle sera créée, risquera de succomber à l'orthodoxie économique.
Ce Code présente le cadre réglementaire de la monnaie de la zone d'Afrique Centrale, la République Démocratique du Congo et la zone d'Afrique de l'Ouest. Car, au moment où le franc CFA alimente des polémiques et que dans la zone d'Afrique de l'Ouest il a changé de dénomination, je pressens, pour les tous prochains mois, un biais de la déflation qui va s'accentuer avec la généralisation des programmes d'austérité dans les Etats africains. Cette déflation sera structurelle et pas seulement conjoncturelle. Aussi, peut-on prédire à coup sûr qu'après cette purge chronique d'austérité budgétaire que s'imposent les Etats africains, qui va se traduire par un surcroît de chômage, il sera politiquement très difficile de respecter le pacte de stabilité budgétaire une fois arrivé à la terre promise, dès lors que celle-ci se révèlera un mirage.
La pression politique pour une relance concertée et l'opposition immédiate des Banques Centrales africaines, contraintes de donner des gages aux marchés financiers qui l'auront à l'œil, augureront mal d'une coordination harmonieuse des politiques monétaires et budgétaires et pourraient déboucher sur une crise politique majeure de l'Afrique. Car, le cadre réglementaire de la monnaie, tel que chacun va le découvrir est déjà, par lui-même, inflexible et austère.

Brazzaville, le 21 février 2020

PREMIERE PARTIE.

LA REGLEMENTATION MONETAIRE D'AFRIQUE CENTRALE

■CEMAC – Règlement COBAC n°2001/05 du 7 mai 2001 relatif aux engagements des établissements de crédit en faveur de leurs actionnaires ou associés, administrateurs, dirigeants et personnel
■CEMAC – Règlement COBAC n°2009-01 du 16 octobre 2009 portant fixation du capital social minimum des établissements de crédit
■CEMAC – Règlement n°01/02/CEMAC/UMAC/COBAC du 13 avril 2002 relatif aux conditions d'exercice et de contrôle de l'activité de microfinance dans la CEMAC
■CEMAC – Règlement n°01/03-CEMAC-UMAC du 4 avril 2003 portant prévention et répression du blanchiment des capitaux et du financement du terrorisme en Afrique Centrale
■CEMAC – Règlement n°01/09/CEMAC/UMAC/COBAC du 20 avril 2009 portant création du Fonds de garantie des dépôts en Afrique Centrale
■CEMAC – Règlement n°02/00/CEMAC/UMAC/CM du 29 avril 2000 portant harmonisation de la réglementation des changes dans les Etats de la CEMAC
■CEMAC – Règlement n°02/03/CEMAC/UMAC/CM du 4 avril 2003 relatif aux systèmes, moyens et incidents de paiement
■CEMAC – Règlement n°03/08/CEMAC/UMAC/CM du 6 octobre 2008 relatif aux Titres publics à souscription libre émis par les Etats membres de la CEMAC
■CEMAC – Règlement n°06/03-CEMAC-UMAC du 10 novembre 2003 portant organisation, fonctionnement et surveillance du marché financier de l'Afrique Centrale
■CEMAC – Règlement n°04/03/CEMAC/UMAC/COBAC du 14 mai 2003 relatif aux diligences des commissaires aux comptes dans les établissements de crédit
■CEMAC – Règlement n°1/00/CEMAC/UMAC/COBAC du 27 novembre 2000 relatif à l'agrément unique des établissements de crédit
■CEMAC – Statuts de la Banque des Etats de l'Afrique Centrale (BEAC) du 11 juillet 2003, révisés le 23 Septembre 2007

DIRECTIVE N°01/16/CEMAC/UMA/CM RELATIVE AU MODÈLE DE TEXTE PORTANT CRÉATION, ORGANISATION ET FONCTIONNEMENT DU COMITÉ DE COORDINATION DES POLITIQUES DE LUTTE CONTRE LE BLANCHIMENT DE CAPITAUX, LE FINANCEMENT DU TERRORISME ET LA PROLIFÉRATION DANS CHAQUE ÉTAT MEMBRE DU GABAC, DÉNOMMÉ « COMITÉ DE COORDINATION »

ADOPTE LA DIRECTIVE DONT LA TENEUR SUIT :

Article 1": La présente Directive a pour objet de définir les mesures que doivent prendre les Etats membres du GABAC dans l'optique de la mise en place des politiques de coordination nationale en matière de lutte contre le blanchiment des capitaux et le financement du terrorisme et de la prolifération.

A ce titre, elle indique à chaque Etat membre du GABAC Je modèle de texte ponant création, organisation et fonctionnement du Comité de Coordination des politiques nationales de lutte contre le blanchiment de capitaux, le financement du terrorisme et la prolifération des armes de destruction massive, dénommé « Comité de Coordination ».

CHAPITRE 1 : DISPOSITIONS GENERALES

Section unique : Définitions

Article 2: Au sens de la présente Directive, il faut entendre par : ANIF : l'Agence Nationale d'investigation Financière

Blanchiment des capitaux: est constitutif de blanchiment de capitaux, l'un les agissements énumérés ci-après, commis intentionnellement :

a) la conversion ou le transfert de biens, par toute personne qui sait que ces biens proviennent d'une activité criminelle ou d'une participation à une activité criminelle, dans le but de dissimuler ou de déguiser l'origine illicite <lesdits biens, ou d'aider toute personne impliquée dans cette activité à échapper aux conséquences juridiques de ses actes;

b) la dissimulation ou le déguisement de la nature, de l'origine, de l'emplacement de la disposition, du mouvement ou de la propriété réels de biens ou des droits y relatifs, par toute personne qui sait que ces biens proviennent d'une activité criminelle ou d'une participation à une activité

c) l'acquisition, la détention ou l'utilisation de biens, dont celui qui s'y livre, sait au moment où il les réceptionne, que ces biens provienne nt d'une activité criminelle ou d'une participation à une activité criminelle ;

d) la participation à l'un des actes visés aux points a), b) etc), lofait de s'associer pour le commettre, de tenter de le commettre, d'aider ou d'inciter quelqu'un à le commettre ou de le conseiller à cet effet, ou de faciliter l'exécution d'un tel acte.

Il y a blanchiment de capitaux, même si les activités qui sont à l'origine des biens à blanchir sont exercées sur le territoire d'un autre Etat membre ou celui d'un Etat tiers ou n'ont pas donné lieu à poursuite ni à condamnation dans cet Etat.

La connaissance ou l'intention, en tant qu'éléments des activités susmentionnées, peuvent être déduites de circonstances factuelles objectives. La preuve de la licéité de l'origine des biens en cause incombe à la personne poursuivie.

CEMAC : La Communauté Economique et Monétaire de l'Afrique Centrale

Comité de coordination : Le Comité de coordination des politiques nationales de lutte contre le blanchiment des capitaux et le financement du terrorisme *et* de la prolifération

EPNFD : Entreprises et Professions Non Financières Désignées

Etats membres : Les Etats membres du GABAC

Financement de la prolifération : tout acte destiné à fournir des fonds ou des services financiers qui sont utilisés en tout ou en partie pour fabriquer, se procurer, mettre au point, posséder, développer, exporter, transborder, transférer, pour le courtage, le stockage et l'utilisation d'armes nucléaires, chimiques ou biologiques et leurs vecteurs et éléments connexes en infraction des dispositions législatives nationales ou le cas échéant des obligations internationales.

Financement du terrorisme : le fait pour toute personne physique ou morale, par quelque moyen que ce soit, directement ou indirectement, illicitement et délibérément, de fournir ou de réunir des fonds dans l'intention de les voir utilisés, ou en sachant qu'ils seront utilisés en tout ou partie, soit :

1. en vue de la commission d'un ou de plusieurs actes terroristes tels que définis à l'article 1" §2-

a) et b) du Règlement N°01/CEMAC/UMAC/CM du 16 avril 2016 :

- en vue de la commission, par une organisation terroriste, d'un ou de plusieurs actes terroristes ;

- en vue de la commission d'un ou de plusieurs actes terroristes, par un terroriste ou un groupe de terroristes.

- en vue d'apporter un soutien à un terroriste ou un groupe terroriste.

CHAPITRE Il : DU COMITE DE COORDINATION Section 1 : Des attributions

Article 3 : Par un Décret Présidentiel, les Etats membres du GABAC devraient créer auprès de leur Ministère en charge des Finances, un Comité de coordination des politiques nationales de lutte contre Je blanchiment de capitaux, le financement du terrorisme et la prolifération des armes de destruction massive, dénommé « Comité de coordination».

Article 4 : Le Comité de coordination devrait être chargé :

- d'assister les pouvoirs publics, les Acteurs économiques, sociaux, financiers et non financiers, monétaires ainsi que la population dans la lutte contre le blanchiment de capitaux, le financement du terrorisme et la prolifération des armes de destruction massive et de les sensibiliser sur la nécessité de cette lutte ;
- de proposer toutes mesures susceptibles de permettre l'application par (Le nom de l'Etat), des décisions prises par les instances régionales et internationales de lune contre le blanchiment de capitaux, le financement du terrorisme et la prolifération des armes de destruction massive ;
- d'appuyer l'Agence Nationale d'investigation Financière (ANIF) dans la coordination et le suivi des exercices d'auto évaluation et d'évaluation mutuelle du dispositif de lune contre Je blanchiment de capitaux, le financement du terrorisme et la prolifération des armes de destruction massive ;
- de formuler des propositions en vue susciter une règlementation adaptée à la lutte contre le blanchiment de capitaux, le financement du terrorisme et la prolifération des armes de destruction massive et conforme aux recommandations et règlementations internationales ;
- d'assurer une meilleure coordination des services de l'Etat impliqués dans la lutte contre le blanchiment de capitaux, le financement du terrorisme et la prolifération des armes de destruction massive ;

- de favoriser la concertation avec les professions, administrations publiques ou privées ou structures assujetties à la législation et à la règlementation contre le blanchiment de capitaux, le financement du terrorisme et la prolifération des armes de destruction massive;
- de préparer tous dossiers jugés nécessaires à l'information des Autorités et/ou des responsables habilités à représenter (Nom du Pays) aux réunions des Institutions en charge de la lune contre le blanchiment de capitaux, le financement du terrorisme et la prolifération des armes de destruction massive ;
- de conduire les travaux de l'évaluation des risques et de l'élaboration de la stratégie nationale de lutte contre le blanchiment de capitaux, le financement du terrorisme et la prolifération des armes de destruction massive ;
- de favoriser le renforcement des infrastructures nécessaires à la lutte contre le blanchiment de capitaux, le financement du terrorisme et la prolifération des armes de destruction massive ;
- de contribuer au dialogue entre les pouvoirs publics et les partenaires au développement, en vue de leur appui technique et financier dans la mise en œuvre des politiques de lutte contre le blanchiment de capitaux, le financement du terrorisme et la prolifération des armes de destruction-

Section 2: De l'organisation

Article 5 : Le Comité de coordination devrait être composé comme suit:

- Deux représentants du ministère en charge de l'Economie et des Finances; Un représentant du ministère en charge du budget ;
- Deux représentants du ministère en charge de la Justice; Deux représentants du ministère en charge de la Sécurité;
- Un représentant du ministère en charge des Affaires Etrangères ;
- Un représentant du ministère en charge de la Défense ;
- Un représentant du ministère en charge de la Construction, du Logement, de l'assainissernent et de l'Urbanisme;
- Un représentant du ministère en charge des Mines ; Un représentant du ministère en charge du Tourisme ;
- Un représentant du ministère en charge des Technologies, de l'Information et de la Communication ;
- Un représentant de l'organe en charge de la lutte contre la corruption et l'enrichissement illicite;
- Un représentant de 1'ANIF ;

- Un représentant de la Direction nationale de la IlEAC ;
- Un représentant de l'Association professionnelle des Banques et Établissements financiers ;
- Un représentant de l' Association des Sociétés d'Assurance ; Un représentant de l'Ordre des Avocats ;
- Un représentant de la Chambre des Notaires;
- Un représentant de l'ordre des experts comptables ; Un représentant de la Société Civile ;

Les membres du Comité de Coordination devraient être nommés par Arrêté du Ministre en charge des Finances sur proposition des Ministères ou structures dont ils relèvent.

Section 3 : Du fonctionnement

Article 6 : Le Comité de Coordination devrait pouvoir faire appel à des personnes ressources en fonction de leur expertise ou de leur implication dans la lutte contre le blanchiment de capitaux, le financement du terrorisme et la prolifération des armes de destruction massive.

Article 7 : Le Comité de Coordination devrait être assisté d'un Secrétariat permanent assuré par l'ANIF

Article 8: Sous l'autorité du Président du Comité de Coordination, le Secrétariat permanent devrait avoir un rôle d'animation, de coordination et de suivi de l'application effective des mesures et des recommandations issues des réunions[1].

---

[1] **DEFINITION DE LA BANQUE :** Les banques sont des entreprises ou établissements qui font profession habituelle de recevoir du public sous forme de dépôts ou autrement des fonds qu'ils emploient pour leur propre compte en opérations d'escompte , en opération de crédit ou en opérations financières .11 févr. 2012

Rechercher : C'est quoi une banque classique ?

Quels sont les différents types de banque ?

- Les différents types de banques qui peuvent exister :
- Les banques commerciales. Les banques commerciales sont aussi appelées banques de détail. ...
- Les banques d'affaires. Les banques d'affaires s'occupent de finance d'entreprises. ...
- Les banques d'investissement. ...
- Les banques centrales.

C'est quoi la bourse et comment ça marche ?

La Bourse est un marché qui réunit des agents qui ont des besoins de financement : les entreprises, et des agents à capacité de financement : les investisseurs (qui peuvent être des épargnants individuels, des banques ou des sociétés d'investissement, par exemple). Les titres échangés en bourse sont les actions.

Comment fonctionnent les dividendes ?

Dividendes. Les dividendes sont les sommes versées à titre de revenus par une entreprise à ses actionnaires. ... Les dividendes peuvent être payés en numéraire ou par attribution d'actions. Les dividendes versés pour chaque action d'une même entreprise sont d'un montant identique (dividende par action).

Comment est calculé le dividende d'une action ?

Comment calculer le dividende d'une action. ... Le bénéfice par action (ou dividende) représente la part du bénéfice d'une société, allouée à une action. Par conséquent, si vous multipliez le BPA par le nombre total des actions d'une entreprise, vous connaitrez le bénéfice net de la société.

Quelle est la différence entre une action et une obligation ?

Afin de se financer, une entreprise cotée ou non en Bourse émet des actions. C'est un moyen pour elle de trouver de nouveaux investisseurs, appelés actionnaires, prêts à lui donner de l'argent. En achetant une action, vous obtenez une partie du capital de l'entreprise.

Quelle est la différence entre actions et obligations ? - billet de banque

C'est quoi l'obligation ?

En détenant une obligation, vous êtes créancier de l'entreprise privée ou publique (ou l'Etat) qui l'a émise et qui doit vous la rembourser à une date convenue. Jusqu'à cette date, elle vous doit une rémunération annuelle avec un taux d'intérêt fixe ou variable selon le cas, appelée "coupon".

Les obligations : Qu'est-ce que c'est ? - Mon épargne - Les Clés de ...

Qu'est-ce que c'est une obligation ?

L'obligation : un prêt à taux défini

En réalité, l'obligation n'est rien de plus qu'un prêt qui fait de vous le créancier de l'entreprise. L'entité qui vend l'obligation est appelée l'émetteur. Vous pouvez concevoir l'obligation comme la dette d'un emprunteur (l'émetteur) envers un prêteur (l'investisseur).

Qu'est-ce qu'une obligation ? - Café de la Bourse

Quelle est la différence entre intérêt et dividende ?

Définition de Dividende

Dans le droit des sociétés, par opposition au revenu d'un "emprunt obligataire" qui est dénommé "intérêt", le mot "dividende" désigne la partie des bénéfices d'une société qui, sur décision de l'assemblée générale, est distribuée à chaque titulaire d'une action.

Dividende - Définition - Dictionnaire juridique

Quel est le rôle du marché monétaire ?

Le marché monétaire est un segment du marché financier sur lequel s'échangent les actifs très liquides. Les participants au marché monétaire, qui sont nombreux, cherchent un moyen d'emprunter et de prêter sur le court terme, qui s'étend de plusieurs jours à moins d'un an.

Comment fonctionne le marché interbancaire ?

Les rapports des travaux du comité de coordination devraient être transmis à la Présidence de la République, aux Ministres en charge des finances, de la sécurité, de la justice, des Affaires Etrangères, de la défense nationale et au GABAC.

Le marché interbancaire est un marché où les professionnels du secteur bancaire (en particulier les banques) s'échangent des actifs financiers (emprunts ou prêts) à court terme, et où la banque centrale intervient également pour apporter ou reprendre des liquidités.

Quels sont les différents types de marchés ?

Les différents types de marché en économie :

- Le monopole.
- L'oligopole.
- La concurrence monopolistique.
- La concurrence parfaite.

Quels sont les différents instruments financiers ?

Instrument financier. Les instruments financiers sont des titres ou contrats, dont certains sont négociables sur les marchés réglementés, certains exclusivement utilisés pour anticiper une rentabilité ou un risque financier ou monétaire.

Quels sont les compartiments du marché monétaire ?

Le marché monétaire représente le marché des capitaux à court et à moyen terme. Le marché monétaire comprend essentiellement deux compartiments, le marché interbancaire et le marché des titres courts.

Quels sont les objectifs et les instruments de la politique monétaire ?

Pour atteindre ses objectifs finals, la politique monétaire a recours à différents instruments dont les principaux sont l'action sur le niveau de taux d'escompte, la fixation du montant des réserves obligatoires que les banques doivent déposer auprès de la banque centrale et l'encadrement des crédits de manière à ...

La pertinence du choix des objectifs de la politique monétaire en RDC

Objectifs de la Politique Monétaire. Conformément à l'article 8 des statuts de la Banque Centrale des Etats de l'Afrique de l'Ouest (BCEAO), l'objectif prioritaire de la politique monétaire de la BCEAO est d'assurer la stabilité des prix.

- définir et mettre en œuvre la politique monétaire au sein de l'UMOA ;
- veiller à la stabilité du système bancaire et financier de l'UMOA ;
- promouvoir le bon fonctionnement et assurer la supervision et la sécurité des systèmes de paiement dans l'UMOA ;

Quels sont les objectifs de la Bceao ?

Quelle est la différence entre le marché monétaire et le marché financier ?

La différence entre le marché monétaire et le marché financier réside dans la durée des créances. En effet, le marché monétaire est un marché à court et moyen terme, tandis que le marché financier est à long terme.

Quel est l'objectif de la politique monétaire ?

La politique monétaire est l'action par laquelle l'autorité monétaire, en général la banque centrale, agit sur l'offre de monnaie dans le but de remplir son objectif de triple stabilité, à savoir la stabilité des taux d'intérêt, la stabilité des taux de change et la stabilité des prix.

CHAPITRE nr : DU FINANCEMENT

Article 10 : Les activités du Comité de Coordination devraient être financées par le budget de 1 'Etat.

Le Comité de Coordination devrait pouvoir bénéficier de ressources additionnelles provenant des institutions spécialisées, des partenaires au développement et de l'organe chargé du recouvrement et de la gestion des avoirs illicites.

Pour chaque exercice, le programme d'activités et le budget de fonctionnement du Comité de

Coordination devraient être soumis à 1'approbationdu Ministre chargé des Finances. Le Président du Comité de Coordination devrait être l'ordonnateur du budget.

Article 11 : Le Ministre en charge des Finances, le Ministre en charge de la sécurité publique, le Ministre en charge de la justice, devraient assurer, chacun en ce qui le concerne, l'exécution du texte qui sera pris par l'autorité compétente de chaque Etat.

CHAPITRE IV: DISPOSITIONS FINALES

Article 12 : La présente Directive est rédigée en un exemplaire unique en langue française, anglaise et espagnole; le texte en français faisant foi en cas de divergence d'interprétation.

Article 13: Les Etats membres adoptent et publient au plus tard le 30 juin 2017, les dispositions réglementaires et administratives nécessaires pour se conformer à la présente Directive. Ils communiquent au GABAC le texte de ces dispositions.

Article 14 : La présente Directive, qui prend effet à compter de sa date de signature, sera enregistrée et publiée au journal officiel de la Communauté/

Fait à Bangui, le 12 décembre 2016

REGLEMENT COBAC R-2005/ 01 RELATIF AUX DILIGENCES DES ETABLISSEMENTS ASSUJETTIS EN MATIERE DE LUTTE CONTRE LE BLANCHIMENT DES CAPITAUX ET LE FINANCEMENT DU TERRORISME EN AFRIQUE CENTRALE

DECIDE:

Chapitre I· Objet

Article 1- Le présent Règlement précise les obligations des établissements assujettis en matière de lutte contre le blanchiment des capitaux et le financement du terrorisme, telles que définies aux articles 1 à 3 du Règlement n° 01/03/CEMAC-UMAC susvisé.

Article 2· Les dispositions du présent Règlement sont applicables aux établissements assujettis opérant, sous quelque forme que ce soit, dans l'un des territoires des Etats de la CEMAC et soumis au contrôle de la COBAC. Il s'agit des établissements de crédit au sens de l'article 4 de l'Annexe à la Convention portant Harmonisation de la Réglementation Bancaire dans les Etats de l'Afrique Centrale, des intermédiaires en opérations de banque visés à l'article 44 dudit texte, des établissements de microfinance tels que définis dans le Règlement n° 01/02/CEMAC/UMAC/COBAC susvisé ainsi qu'à la demande d'un Etat, des bureaux de change.

La COBAC est chargée d'exercer son contrôle et son pouvoir disciplinaire sur les établissements assujettis, en vue de veiller au respect des dispositions édictées dans le présent Règlement.

Chapitre II· Définitions

Article J. Au sens du présent texte, les expressions suivantes s'entendent ainsi qu'il est précisé ci-après :

a) Agence Nationale d'investigation Financière (ANIF) : organisme institué par l'article 25 du Règlement n° 01/03-CEMAC-UMAC dans chaque Etat membre, chargé de recevoir, de traiter et, le cas échéant, de transmettre aux Autorités judiciaires compétentes les déclarations auxquelles sont tenus les établissements assujettis ;

b) Blanchiment des capitaux : un ou plusieurs des agissements ci-après énumérés commis intentionnellement :

1. la conversion ou le transfert de biens provenant d'un crime ou d'un délit au sens des textes applicables dans l'Etat membre ou du Règlement n° 01/03-CEMAC- UMAC, dans le but de dissimuler ou de déguiser l'origine illicite desdits biens ou d'aider toute personne qui est impliquée

dans la commission de ce crime ou délit â échapper aux conséquences juridiques de ses actes ;

2. la dissimulation ou le déguisement de la nature, de l'origine, de l'emplacement, de la disposition, du mouvement ou de la propriété de biens provenant d'un crime ou d'un délit au sens des textes applicables dans l'Etat membre ou du Règlement n° 01/03-CEMAC-UMAC ;

3. l'acquisition, la détention ou l'utilisation de biens provenant d'un crime ou d'un délit au sens des textes applicables dans l'Etat membre ou du Règlement n° 01/03- CEMAC-UMAC;

4. la participation à l'un des actes susvisés, l'association pour commettre ledit acte, les tentatives de le perpétrer, le fait d'aider, d'inciter ou de conseiller quelqu'un à le faire ou le fait d'en faciliter l'exécution.

La connaissance de l'origine des biens ou l'intention de commettre les faits susvisés nécessaire en tant qu'élément de l'infraction peut être établie à partir de circonstances de fait objectives.

Pour servir de base à des poursuites pour blanchiment des capitaux en application du Règlement n° 01/03-CEMAC-UMAC, les faits d'origine commis dans un autre Etat membre ou dans un Etat tiers doivent avoir le caractère d'une infraction pénale dans le pays où ils ont été commis

c) Clientèle occasionnelle: personne physique ou morale n'ayant pas de compte dans l'établissement assujetti auquel elle s'adresse;

d) Clientèle recommandée: clientèle dont la relation d'affaires avec un établissement assujetti procède de l'invitation d'un tiers, intermédiaire pouvant être un établissement de crédit ou toute autre personne physique ou morale ;

e) Client non-résident: personne physique ou morale implantée dans un Etat non membre et sollicitant l'ouverture d'un compte ou la réalisation d'une opération dans un établissement assujetti sis dans un Etat membre;

f) Comité de Bâle: instance instituée en 1975 par les Gouverneurs des banques centrales des pays du Groupe des Dix et qui rassemble les autorités de contrôle des banques. Il est composé de hauts représentants des autorités de contrôle bancaire et des banques centrales d'Allemagne, de Belgique, du Canada, des Etats-Unis, de France, d'Italie, du Japon, du Luxembourg, des Pays-bas, du Royaume-Uni, de Suède et de Suisse. Ce Comité se réunit en général à la Banque des Règlements Internationaux, à Bâle où se trouve son Secrétariat permanent ;

g) Comité des sanctions: Comité du Conseil de Sécurité de l'Organisation des Nations Unies composé de tous les membres dudit Conseil créé par la résolution n°1373 adoptée le 28 septembre 2001 par le Conseil de Sécurité de l'ONU concernant le contre-terrorisme et chargé de suivre l'application de cette même résolution ;

h) Comité Ministériel de l'UMAC: organe de décision de la CEMAC ayant' pour objet d'examiner les grandes orientations des politiques économiques respectives des Etats membres et d'en assurer la cohérence avec la politique commune ;

i) Compte à haut risque : compte présentant un degré de risque élevé en raison de la qualité de son titulaire, de l'origine douteuse ou incertaine de ses ressources ou de la nature des opérations qui y sont accomplies, de son pays d'origine ou de celui des intermédiaires ;

j) Déclaration de soupçon : déclaration portant sur des activités jugées suspectes, faite auprès de l'ANIF par les personnes désignées ;

k) Devoir de diligence : ensemble de mesures devant être mises en œuvre par les établissements assujettis dans le cadre de la lutte contre le blanchiment des capitaux et le financement du terrorisme ;

1) Etablissement correspondant : établissement en relation de compte avec un établissement assujetti ;

m) Etat membre: Etat partie au Traité instituant la CEMAC. Il s'agit du Cameroun, du Congo, du Gabon, de la Guinée-Equatoriale, du Centrafrique et du Tchad ;

n) Filiale : société dont le capital social est détenu en tout ou partie par un établissement assujetti ou par un établissement de crédit étranger;

o) Financement du terrorisme: fait pour toute personne de fournir ou de réunir, par quelque moyen que ce soit, directement ou indirectement, illicitement et délibérément, des fonds dans l'intention de les voir utilisés ou en sachant qu'ils seront utilisés, en tout ou partie, en vue de commettre :

1. un acte qui constitue une infraction de terrorisme selon la définition de l'un des traités internationaux pertinents régulièrement ratifié par l'Etat membre;

2. tout autre acte destiné à tuer ou blesser grièvement un civil, ou toute autre personne qui ne participe pas directement aux hostilités dans une situation de conflit armé, lorsque, par sa nature ou son contexte, cet acte vise à intimider une population ou à contraindre un

gouvernement ou une organisation internationale à accomplir ou à s'abstenir d'accomplir un acte quelconque;

p) Fonds fiduciaire: organisme qui recueille des sommes ou des biens à charge de les rétrocéder à un tiers bénéficiaire ou au constituant après gestion ;

q) GAFI : Groupe <l'Action Financière sur le Blanchiment des capitaux créé en 1989 par le Groupe des sept pays les plus industrialisés. Cet organisme intergouvernemental établit les normes, développe et assure la promotion de politiques de lutte contre le blanchiment de capitaux et le financement du terrorisme. Le GAFI, instance internationale de concertation et de coordination en matière de lutte contre le blanchiment d'argent et le financement du terrorisme se compose actuellement de trente-trois (33) membres dont trente-un (31) pays et gouvernements et deux (2) organisations internationales;

r) Juridiction classée non coopérative en matière de lutte contre le blanchiment : pays ou territoire dont l'Assemblée plénière du GAFI a estimé que le dispositif de lutte anti blanchiment ne permettait pas une coopération efficace au niveau international ;

s) Monnaie électronique : monnaie composée d'unités de valeur, dites unités de monnaie électronique. Elle consiste en un titre de créance incorporé dans un instrument électronique et accepté comme moyen de paiement ;

t) Normes connaissance clientèle : ensemble de mesures d'ordre interne visant à assurer une parfaite maîtrise des clients des établissements assujettis ainsi que de leurs activités. Ces normes doivent être conformes à celles consacrées au: plan international ;

u) Patrimoine d'affectation: biens ou sommes soumis à une affectation spéciale;

v) Personnes listées: personnes physiques ou morales ainsi que toute organisation figurant sur une liste établie par le Comité des Sanctions conformément aux résolutions des Nations Unies relatives à la prévention et à la répression du financement des actes terroristes. Ces personnes doivent faire l'objet de mesures restrictives comme étant des terroristes ou liées à des organisations terroristes ou qui financent le terrorisme et/ou les organisations terroristes ;

w) Personne Politiquement Exposée (PPE): personne exerçant ou ayant exercé d'importantes fonctions publiques, à l'instar notamment des chefs d'Etat ou de gouvernement, des figures politiques, hauts

fonctionnaires de l'administration, de la magistrature ou de l'armée, cadres dirigeants de sociétés publiques et parapubliques et responsables de grands partis politiques. Toutes les personnes physiques ou morales qui leur sont clairement liées ou associées rentrent dans le cadre de cette définition ;

x) Recommandations du GAFI : mesures que chaque système devrait appliquer en matière de justice pénale et de systèmes de contrôle dans le cadre de la lutte contre le blanchiment de capitaux et le financement du terrorisme. Ces mesures préventives, qui doivent être adoptées par les établissements assujettis notamment, constituent des normes internationales en la matière dont la dernière révision adoptée par plus de cent trente (130) pays date de 1996.

Les huit (8) recommandations spéciales adoptées par le GAFI en 2001 auxquelles s'ajoute la 9ème recommandation approuvée en octobre 2004 pour compléter les quarante (40) recommandations, contiennent une série de mesures visant à combattre le financement des actes terroristes ;

y) Succursale : établissement secondaire sans personnalité juridique propre, mais doté d'une certaine autonomie de gestion grâce à la dotation faite par un établissement assujetti ou par un établissement de crédit étranger;

z) Transactions atypiques : opérations sans relation avec l'activité, les habitudes financières ou le patrimoine de leur auteur.

Chapitre III- Identification de la clientèle

Section 1- Obligation' de connaissance de la clientèle

Article 4- Tout établissement assujetti doit, avant l'établissement de toute relation d'affaires, s'assurer de l'identité de son cocontractant par l'exigence de la présentation d'un document officiel original en cours de validité.

Lorsque les personnes cocontractantes demandant l'ouverture du compte ou sollicitant la réalisation d'une opération paraissent ne pas agir pour leur propre compte, notamment dans les cas de comptes de fiducie ou de mandataire, l'établissement assujetti a l'obligation de se renseigner sur la véritable identité des personnes représentées. doit, par la même occasion, requérir l'identité et l'adresse des représentants ainsi que les documents originaux attestant de la délégation de pouvoirs qui leur est accordée. ·

Dans tous les cas, les représentants, quel que soit leur statut, ne pourront opposer le secret professionnel à l'établissement quant à l'identité du véritable opérateur.

A l'égard des clients occasionnels, l'établissement assujetti doit s'assurer dans les mêmes conditions de leur identité et de leur adresse, pour toute transaction portant sur une somme supérieure à un montant défini par le Comité Ministériel de l'UMAC ou, à défaut, par l'Etat membre.

L'identification de la clientèle occasionnelle s'impose systématiquement dans l'un des cas ci-après, quand bien même le montant de l'opération serait inférieur au seuil fixé:

1. lorsque la provenance licite des capitaux n'est pas certaine ;
2. en cas de répétition d'opérations distinctes, effectuées dans une période limitée et pour un montant individuel inférieur au seuil prévu.

Article 5- La connaissance adéquate du client consiste en la vérification de son identité et de son adresse, à travers l'exigence de la présentation d'un document officiel original en cours de validité.

Une copie de ce document officiel comportant une photographie pour les personnes physiques et des statuts ainsi que de tout document établissant la constitution régulière de la personne morale, doit être conservée par l'établissement dans les conditions fixées à l'article 39 du présent texte.

Lorsque le client est une personne morale, l'établissement assujetti doit en outre exiger la présentation de l'original ou la copie certifiée conforme de tout acte ou extrait de registre officiel constatant sa dénomination, sa forme juridique et son siège social, ainsi que les pouvoirs des personnes agissant en son nom, déterminer la provenance des fonds et identifier leurs bénéficiaires ainsi que les personnes qui contrôlent ces fonds.

Cette obligation s'impose également à l'égard des sociétés dont le capital est constitué d'actions au porteur ou détenu par des mandataires.

Article 6· Le Président de la Commission Bancaire peut, par instruction, soumettre à des conditions spécifiques, restreindre ou interdire tout ou partie des opérations réalisées pour son propre compte ou pour compte de tiers par tout établissement assujetti avec des personnes physiques ou morales: ·

1. domiciliées, enregistrées ou ayant un compte auprès d'un établissement assujetti situé dans un État ou territoire non-

membre du Groupe d' Action Financière (GAFI), ayant des normes connaissance clientèle insuffisantes ou identifié comme non coopératif en matière de lutte contre le blanchiment des capitaux et le financement du terrorisme ;

2. reconnues coupables de financement du terrorisme ou figurant sur la liste établie par le Comité des sanctions mentionné à l'article 3-11 du Règlement N°0~/03- CEMAC-UMAC, conformément aux résolutions des Nations Unies relatives à la prévention et à la répression du financement des actes terroristes ou sur celle arrêtée par le Comité Ministériel de l'UMAC.

Section II· Acceptation de nouveaux clients

Article 7- Tout établissement assujetti doit définir les politiques et procédures claires d'acceptation des nouveaux clients, comprenant notamment la description des typés de clientèle susceptibles de représenter un risque supérieur à la moyenne.

Dans le cadre de cette définition, devront en outre être pris en compte des facteurs tels que les antécédents des clients, leur pays d'origine, les liens entre les comptes, les activités professionnelles, le caractère public ou en vue des personnages sollicitant l'établissement de la relation d'affaires.

Article 8- Avant l'admission d'une Personne Politiquement Exposée (PPE) â ses guichets, chaque établissement assujetti doit notamment se renseigner sur l'origine de ses Fonds, que cette personne soit ressortissante d'un des Etats de la CEMAC ou d'un Etat ou territoire étranger.

A l'égard de cette catégorie de clients, l'établissement assujetti doit mettre en œuvre les mesures de vigilance normales et en outre :

1. disposer de systèmes de gestion des risques adéquats afin de déterminer si les clients relèvent de la catégorie de Personne Politiquement Exposée ;
2. obtenir l'autorisation de la haute direction avant de nouer une relation d'affaires avec de tels clients ;
3. prendre toutes mesures raisonnables pour identifier l'origine du patrimoine cet des fonds;
4. assurer une surveillance renforcée et continue de la relation d'affaires.

Article 9- Les clients non-résidents qui ne peuvent pas être personnellement présents à un entretien d'identification doivent, tout comme les clients résidents, faire l'objet d'une identification et d'une surveillance permanente.

Chaque établissement assujetti devra envisager la possibilité d'une vérification indépendante de la situation de ses clients non-résidents par un tiers de réputation confirmée.

Cette vérification peut se faire notamment par la production, par le client, d'une lettre dite de "bon standing" établie par son banquier habituel.

En outre, afin de limiter les risques pour cette catégorie de clients, l'établissement assujetti devra leur appliquer des mesures spécifiques et adéquates, notamment l'authentification des documents présentés, *la* demande de documents supplémentaires, le contact indépendant avec les clients, l'intermédiation d'un tiers, l'exigence d'un premier paiement par l'intermédiaire d'un compte ouvert au nom du client auprès d'une banque soumise à des normes de diligence semblable. !

En tout état de cause, 1' admission de tout nouveau client doit être approuvée paf une personne habilitée à cet effet et, faute de pouvoir vérifier l'identité des clients i non- résidents, l'établissement assujetti doit renoncer à établir la relation d'affaires.

Article 10- A l'égard de la clientèle recommandée, l'établissement assujetti ne doit pas accepter d'ouvrir le compte sollicité par les intermédiaires : ·

1. lorsque ceux-ci ne peuvent ou ne veulent pas fournir les informations obtenues dans l'exercice de leur devoir de diligence quant à la situation des bénéficiaires du compte ou de l'opération, notamment parce qu'ils sont tenus au respect du secret bancaire;
2. s'ils ne sont pas assujettis à des normes équivalentes à celles énoncées dans le présent Règlement ou figurant dans une législation anti-blanchiment rigoureuse ;
3. si leurs propres normes sont inférieures aux procédures connaissance clientèle de l'établissement assujetti concerné.

L'établissement assujetti devra soigneusement évaluer la compétence et l'honorabilité de ces intermédiaires et vérifier qu'ils exercent leur devoir de diligence dans les conditions et selon les modalités prévues dans le présent Règlement. Au besoin, I 'établissement assujetti devra effectuer des examens périodiques pour s'assurer que les intermédiaires auxquels il fait confiance remplissent toujours les critères fondant leur fiabilité d'origine.

Section III· Relations avec les établissements de crédit correspondants

Article 11· Tout établissement assujetti est tenu de se renseigner suffisamment sur la nature des activités des établissements de crédit correspondants, leurs procédures de prévention et de détection du blanchiment, la finalité du compte dont I 'ouverture est sollicitée, l'état de la réglementation et du contrôle bancaire dans le pays d'implantation de ces établissements.

Il ne doit nouer des relations d'affaires que lorsque ces correspondants sont contrôlés par des autorités compétentes appliquant des normes au moins équivalentes à celles publiées dans le présent Règlement.

Lorsque les correspondants sont enregistrés dans une juridiction où ils ne sont pas présents physiquement ou ne sont pas apparentés à un groupe financier règlementé, ou s'ils sont établis dans une juridiction ayant des normes connaissance clientèle insuffisantes ou classée non coopérative en matière de lutte contre le blanchiment, l'établissement assujetti devra s'abstenir de traiter avec lesdits correspondants.

Tout établissement assujetti est astreint à l'obligation de vérifier que les correspondants appliquent leur devoir de diligence conformément aux dispositions du présent Règlement et de renforcer ses procédures pour les opérations transitant par les comptes dé ces correspondants.

Section IV- Dispositions spécifiques relatives à l'actualisation des données concernant la clientèle des établissements assujettis

Article 12· Les données relatives à l'identification de la clientèle doivent faire l'objet d'une procédure de révision périodique, notamment à l'occasion d'une grosse transaction, d'une modification substantielle des normes de documentation sur la clientèle ou; d'un changement important dans le mode de gestion.

Article 13- Les mesures de préservation de la confidentialité des clients et de leurs transactions ne doivent pas empêcher de soumettre ces clients et leurs transactions à un examen et à une surveillance au moins aussi rigoureux que ceux habituellement mis en œuvre, sous la forme par exemple d'une inspection des responsables de I 'établissement et des. auditeurs, conformément aux dispositions du Règlement COBAC R-2001/07 relatif au contrôle interne des établissements de crédit.

Article 14· Tout établissement assujetti doit procéder à la clôture des comptes sur lesquels apparaissent .des problèmes d'identification insolubles en cours de fonctionnement, ainsi que ceux des clients qui exigent l'anonymat ou se présentent sous un faux nom.

Article 15- En cas d'exclusion d'un client des services bancaires d'un établissement soumis aux normes anti blanchiment au moins aussi rigoureuses que celles prévues dans le présent Règlement, le nouvel établissement assujetti sollicité devra mener des investigations approfondies pour connaître les causes de cette exclusion et, le cas échéant, refuser d'établir la relation d'affaires avec ledit client.

Article 16· Une vigilance accrue est requise de chaque établissement assujetti à l'égard des comptes affectés d'un numéro confidentiel, lesquels devront en tout état de cause être soumis aux procédures connaissance clientèle normales. ·

Chapitre IV- Obligation de surveillance particulière de certaines opérations

Article 17- Tout établissement assujetti doit surveiller particulièrement toute opération importante portant sur des sommes dont le montant unitaire ou total est supérieur: à un seuil fixé par le Comité Ministériel ou, à défaut, par des dispositions nationales et qui, bien que ne pouvant pas faire l'objet d'une déclaration de soupçon, se présente dans des conditions inhabituelles de complexité et ne parait pas avoir de justification économique ou d'objet licite.

Article 18- Pour l'application des dispositions du précédent article, l'établissement assujetti doit avoir une bonne compréhension des activités normales et raisonnables sur les comptes de sa clientèle, de façon à identifier les transactions atypiques. Il devra disposer de systèmes permettant, pour tous les comptes, de déceler les activités à caractère inhabituel ou suspect, en recourant par exemple à des limites par classe ou par catégorie de comptes.

Article 19· Au terme de l'examen particulier de toute opération importante répondant aux caractéristiques définies à l'article 17, un rapport est établi si l'opération est exécutée et si les justifications obtenues ne sont pas jugées suffisantes.

Article 20· Le rapport mentionné à l'article 19 indique les caractéristiques de l'opération et doit être conservé par rétablissement assujetti dans les conditions prévues à l'article 39 du présent Règlement.

Ce document confidentiel doit faire état des renseignements recueillis concernant en particulier :

1. l'origine et la destination des sommes ainsi que l'objet de la transaction ;

2. l'identité du donneur d'ordre et du ou des bénéficiaires (nom, adresse, profession ...)

3. les caractéristiques de l'opération au regard des critères énoncés à l'article 17 ;

4. le cas échéant, les modalités notamment la date et l'origine et conditions de fonctionnement du compte, du compte, les noms des mandataires et les références des comptes sans mouvement.

L'ANIF, le Parquet et la COBAC peuvent obtenir communication de ce document et des pièces qui s'y rattachent.

Article 21- La diligence requise des établissements assujettis en ce qui concerne l'identification de la clientèle et la surveillance permanente s'applique aussi bien aux activités dites suspectes qu'aux comptes à haut risque.

Article 22- Les comptes à haut risque sont identifiables grâce à une gamme d'indicateurs comportant des informations générales sur le client, notamment son activité professionnelle, le pays d'origine et la source des fonds, le type de transaction et d'autres facteurs de risque.

Les comptes à haut risque doivent faire l'objet d'une surveillance accrue selon certaines modalités définies dans les procédures et contrôles internes de l'établissement assujetti.

Article 23- Tout établissement assujetti doit s'assurer que les obligations définies [dans les articles précédents sont appliquées par ses succursales ou sociétés filiales dont le siège est à l'étranger, à moins que la législation locale y fasse obstacle, auquel cas il en informe l'ANIF.

Article 24- Une vigilance particulière visant notamment à établir l'origine des sommes 'en cause, doit être exercée à l'égard de : ·

1. tous les transferts de fonds, quel que soit le support de réception ou d'exécution de l'ordre ou le procédé technique utilisé ;
2. toutes les opérations en provenance ou à destination d'établissements ou d'institutions financières qui ne sont pas soumis à des obligations au moins équivalentes à celles en vigueur dans la CEMAC en matière d identification des clients ou de contrôle des transactions, ou qui sont situés dans des pays non- membres du GAFI ou classés non coopératifs en matière de lutte contre le blanchiment des capitaux et le financement du terrorisme.

Article 25· Les transferts de fonds, de titres ou de valeurs dans la CEMAC et ente un Etat de la CEMAC et un Etat tiers, doivent être exécutés dans le strict respect des textes en vigueur et, en particulier, des dispositions du Règlement CEMAÇ n°02/00/CEMAC/UMAC/CM portant Harmonisation de la Réglementation des changes dans les Etats membres de la CEMAC; · Chapitre V· Déclaration des opérations suspectes

Section 1• Obligations des établissements assujettis

Article 26· Tout établissement assujetti est tenu de déclarer à I' ANIF:

1. les sommes ou tous autres biens qui sont en sa possession lorsqu'ils pourraient être liés à un crime ou à un délit ou s'inscrire dans un processus de blanchiment des capitaux;
2. les opérations qui portent sur des sommes ou biens qui pourraient provenir] d'un crime ou d'un délit ou s'inscrire dans un processus de blanchiment des capitaux:
3. toute opération dont l'identité du donneur d'ordre ou du bénéficiaire reste douteuse malgré les diligences effectuées conformément aux dispositions en vigueur en matière d'identification de la clientèle ;
4. les opérations effectuées pour compte propre ou pour compte de tiers avec des personnes morales y compris leurs filiales ou établissements, agissant sous ~orme ou pour le compte de fonds fiduciaires ou de tout autre instrument de gestion d'un patrimoine d'affectation dont l'identité des constituants ou des bénéficiaires n'est pas connue.

Article 27· La déclaration verbale ou écrite peut porter sur des opérations i déjà exécutées, lorsqu'il a été impossible de surseoir à leur exécution ou lorsqu'il est apparu, postérieurement à la réalisation, que les sommes pourraient provenir de la corruption, du - trafic de stupéfiants ou s'inscrire dans - un processus de blanchiment des capitaux, Dans ce cas, la déclaration précise les raisons pour lesquelles les opérations ont été exécutées. I

La déclaration verbale doit être confirmée par tout moyen laissant trace écrite. En tout état de cause, l'établissement assujetti doit pouvoir justifier l'accomplissement' de ses diligences.

Lorsque la déclaration porte sur une opération qui n'a pas encore été exécutée, elle est assortie de l'indication de son délai d'exécution. ·Article 28· L'établissement assujetti doit, lorsqu'il a des motifs raisonnables de suspecter que des fonds ou mouvements de fonds sont liés ou associés au terrorisme, ~ des actes terroristes ou à des organisations terroristes, ou encore destinés à être utilisés pour leur financement, déclarer sans délai son soupçon à l'ANIF.

Dans tous les cas, toute information de nature à renforcer le soupçon ou à J'infirmer doit être immédiatement déclarée à 1 'ANIF.

Article 29· Une instruction du Président de la Commission Bancaire pourra étendre l'obligation de déclaration susmentionnée aux opérations pour compte propre oui pour compte de tiers effectuées par les établissements assujettis avec des personnes physiques ou morales, y compris leurs filiales ou succursales, domiciliées, enregistrées ou établies dans l'ensemble des États ou territoires dont la législation est reconnue insuffisante ou dont les pratiques sont considérées comme faisant obstacle à la lutte contre le blanchiment des capitaux ou contre le financement du terrorisme.

·Section II· Exemptions de responsabilité

Article 30· Pour les sommes ou les opérations ayant fait l'objet de la déclaration ~t des diligences prescrites, aucune poursuite pénale ne peut être intentée contre l'établissement assujetti, ses dirigeants et ses préposés qui ont agi de bonne foi.

Article 31• Aucune action en responsabilité civile ne peut être intentée, ni aucune sanction professionnelle prononcée pcur violation du secret bancaire ou professionnel ou à un quelconque autre titre contre un établissement assujetti, ses dirigeants otr ses préposés qui ont effectué de bonne foi la déclaration et les autres diligences prescrites par les textes en vigueur ou procédé au blocage d'une opération dans le cadre <lesdits textes.

Les dispositions du précédent alinéa s'appliquent même si les enquêtes n'ont donné lieu ni à des poursuites ni à une condamnation, ou même si la preuve du caractère délictueux des faits à l'origine de la déclaration n'est pas rapportée ou encore si ces faits ont fait l'objet d'une décision de non-lieu, de relaxe ou d'acquittement.

Article 32· Lorsque l'opération ayant fait l'objet de la déclaration a été exécutée ans les conditions prévues par les textes en vigueur, sauf concertation frauduleuse avec le propriétaire des sommes ou l'auteur de l'opération, l'établissement assujetti est dégagé de toute responsabilité et aucune poursuite ne peut être engagée de ce fait contre ses dirigeants ou ses préposés au titre des infractions prévues par les textes relatifs à la; lutte contre le blanchiment ou par des dispositions non contraires en vigueur en matière de blanchiment des capitaux et de financement du terrorisme.

Section Hl- Respect de l'opposition à l'exécution des opérations

Article 33- L'ANIF peut, avant l'expiration du délai d'exécution mentionné par l'établissement assujetti déclarant conformément à l'article 27 alinéa 2, former opposition ·.. à l'exécution de l'opération.

Cette opposition est notifiée au déclarant par télécopie ou par tout moyen laissant! Trace écrite par le responsable de l'ANIF. L'établissement assujetti doit s'y soumettre pendant une durée qui ne peut excéder 48 heures, sauf en cas de prorogation dudit dél~i par ordonnance du juge pour une durée supplémentaire qui ne peut excéder huit jours.

Dans tous les cas, l'établissement assujetti est tenu de se soumettre aux termes !de la décision de blocage provisoire des fonds, des comptes ou des titres concernés par la · déclaration.

Chapitre VI· Traitement des opérations des personnes listées

Section I· Déclaration des fonds des personnes listées

Article 34- Chaque établissement assujetti doit déclarer à l' ANIF les opérations, sommes, avoirs ou autres biens des personnes reconnues coupables de financement du terrorisme ou figurant sur la liste établie par le Comité des sanctions ou sur celle arrêtée par le Comité Ministériel. Il bénéficie à ce titre des exemptions de responsabilité sus définies sous les mêmes conditions. 'Article 35· Dans le cadre de la déclaration susvisée, l'établissement assujetti examine de façon particulière les opérations qu'il effectue et les fonds qu'il détient de manière directe ou indirecte pour des organisations à but caritatif, culturel, cultuel ou social. '

Article 36· L'établissement assujetti doit conserver pendant cinq ans copie d~ tout document relatif à cet examen particulier et susceptible d'étayer ses soupçons) Ces documents sont, le cas échéant, joints en copie à la déclaration de soupçon. ·

Article 37· La mesure de suspension provisoire d'exécution de l'opération notifiée à l'établissement par le Parquet saisi par l'ANIF, doit être exécutée. Cette mesure interdit pendant un délai de 48 heures, renouvelable une seule fois, que l'exécution de l'opération suspectée soit poursuivie ou que les fonds des personnes ou entités suspectées soient mis à leur disposition ou utilisés à leur bénéfice.

Section Il· Gel des fonds des personnes listées ou reconnues coupables de financement du terrorisme

Article 38- L'établissement assujetti doit procéder sans délai au gel des fonds ou autres biens appartenant à des personnes reconnues coupables de terrorisme, de financement du terrorisme ou des organisations terroristes ou à celles figurant sur la liste établie par le Comité des sanctions ou sur celle arrêtée par le Comité Ministériel.

Chapitre VII- Conservation et communication des documents et pièces

Article 39- Sans préjudice des dispositions édictant des obligations plus contraignantes, l'établissement assujetti doit conserver pendant cinq ans à compter de la clôture de ses comptes, de la cessation de ses relations avec eux ou de l'exécution de leurs opérations, les documents relatifs à l'identité de ses clients habituels ou occasionnels ainsi que les caractéristiques de ces opérations.

Article 40- Pour l'application des dispositions du présent chapitre, I 'établissement assujetti doit, dans le strict respect de l'obligation de confidentialité des déclarations, communiquer aux entités suivantes les renseignements et les documents dont la conservation est requise.

:1. I' ANIF, dans le but de reconstituer l'ensemble des transactions faites P3t une personne physique ou morale et liées à une opération ayant fait l'objet d'une déclaration de soupçon mentionnée aux articles 26 et 28 ou de l'examen particulier prévu à l'article 17, ou dans le but de renseigner, dans les conditions prévues par les textes en vigueur, les services des autres Etats exerçant des compétences analogues ;

2. l'autorité judiciaire ou les fonctionnaires chargés de la détection et de la répression des infractions liées au blanchiment agissant dans le cadre d'une procédure pénale;

3. la Commission Bancaire de l'Afrique Centrale.

Chapitre VIII· Désignation des correspondants de I' ANIF et de la COBAC

Article 41· Tout établissement assujetti communique à l'ANIF et à la COBAC I 'identité de ses dirigeants et préposés normalement habilités à faire la déclaration mentionnée aux articles 25 et 28Tout dirigeant ou préposé d'un établissement assujetti, même s'il n'est pas habilité par application des dispositions de 1 'alinéa qui précède, peut prendre l'initiative de déclarer lui-même à l'ANIF, dans des cas exceptionnels et en raison notamment de l'urgence, une opération lui paraissant relever des articles 26 et 28. Il en rend compte dans les meilleurs délais à l'une des personnes normalement habilitées. ·

Article 42- Chaque établissement assujetti communique à I' ANIF et à la COBAC l'identité de ses dirigeants ou préposés chargés de répondre à toute demande émanant de 1 'ANIF ou de la COBAC, de recevoir les accusés de réception des déclarations faites par l'organisme en application des dispositions des articles 26 et 28, et d'assurer la diffusion aux membres concernés du personnel des informations, avis ou recommandations d caractère général en provenance de l' ANIF ou de la COBAC.

Chapitre IX·. Obligation de se doter d'une organisation et de procédés internes appropriés.

Article 43· Chaque établissement assujetti doit adopter des règles écrites internes définissant les procédures destinées à mettre en œuvre ses diligences en matière de lutte contre le blanchiment des capitaux et le financement du terrorisme.

Il doit assurer l'information et la formation de tous les membres concernés de son personnel.

Article 44· L'établissement assujetti prend les mesures d'organisation nécessaires pour être à même de communiquer dans les meilleurs délais à l' ANIF ou à la COBAC, sur leur demande, les rapports, documents et pièces qui s'y rattachent mentionnés dans le présent texte.

Article 45· Tout établissement assujetti est tenu de disposer de politiques, pratiques et procédures de nature à promouvoir un haut degré d'éthique et de professionnalisme et à empêcher qu'il ne soit utilisé intentionnellement ou non dans le cadre d'activités criminelles.

L'établissement assujetti doit faire figurer les pratiques connaissance clientèle dans ses systèmes de gestion des risques et de contrôle interne, conformément aux dispositions du Règlement COBAC R-2001/07 relatif au contrôle interne dans les établissements de crédit.

Les saines procédures connaissance clientèle devront être adaptées et suffisamment efficaces pour permettre aux établissements assujettis d'identifier la clientèle, de refuser les transactions douteuses et de coopérer avec les instances chargées de l'application des lois.

Article 46· Les programmes de prévention du blanchiment des capitaux e~ du financement du terrorisme élaborés par tout établissement assujetti devront comprendre notamment:

1. la centralisation des informations sur l'identité des clients, donneurs d' ordre, bénéficiaires et titulaires de procuration, mandataires, ayants droit économiques et sur les transactions suspectes déclarées en application des dispositions des textes en vigueur;
2. la désignation des responsables de la direction centrale, de chaque succursale, et de chaque agence ou service local chargés d'exécuter les obligations mises .à sa charge;

3. la formation continue du personnel;

4. un dispositif de contrôle interne de l'application et de l'efficacité des mesures adoptées pour la mise en œuvre des dispositions prévues dans le présent Règlement.

Article 47- Les éléments suivants qui participent d'une gestion efficiente des risques inhérents à l'activité bancaire devront être intégrés dans le dispositif de contrôle interne de chaque établissement assujetti:

1. la surveillance, par l'organe exécutif au sens du Règlement COBAC R-20p1!07 susvisé, des procédures connaissance clientèle, l'amélioration des systèmes et contrôles internes dans le sens du renforcement de la lutte contre le blanchiment des capitaux et le financement du terrorisme, la séparation des tâches du perso nnel opérationnel et l'adoption de politiques de formation des agents ;

2. la précision des attributions de l'organe délibérant au sens du Règlement CQBAC R-2001/07 susvisé au sujet de la lutte contre le blanchiment des capitaux: et le financement du terrorisme ;

3. la définition des responsabilités des organes sociaux et du personnel ;

4. la précision et fa diffusion des modalités des déclarations aux Autorités compétentes ;

5. la responsabilisation des agents chargés d'assumer les fonctions de contrôle et d'audit interne.

6. l'association des auditeurs externes à la lutte contre le blanchiment.

Le processus de surveillance devra comporter un examen des politiques et procédures, assorti d'un droit de communication permanent au profit de la COBAC.

Article 48- Tout établissement assujetti doit faire preuve d'une vigilance constante et se doter d'une organisation et de procédures internes propres à assurer le respect des dispositions du présent texte. En particulier : ·

1. chaque établissement assujetti doit adopter des règles écrites internes décrivant les diligences à accomplir pour l'application des dispositions contenues dans le présent Règlement et donnant des indications sur les sommes et la nature des opérations qui doivent faire l'objet d'une vigilance particulière, compte; tenu notamment de l'activité exercée par cet établissement assujetti.

L'interdiction pour les dirigeants ou agents, de porter à la connaissance des propriétaires des sommes ou de l'auteur de l'une des opérations ayant fait I' objet d'une déclaration de soupçon, l'existence de ladite déclaration faite auprès de 1'4,NIF ou de donner des informations sur les suites qui lui ont été réservées, doit: être expressément rappelée ainsi que les sanctions encourues.

Les règles relatives aux diligences à accomplir peuvent être adaptées à la nature des cocontractants de I 'établissement assujetti, notamment lorsqu'il s'agit d'autres établissements de crédit.

L'ensemble de ces règles est communiqué à la COBAC, sur sa demande;

2. un système de surveillance permettant de vérifier le respect des procédures internes prévues ci-dessus doit être mis en place dans chaque établissement assujetti;

3. les informations, déclarations et documents relatifs aux opérations visées dans le présent Règlement doivent être conservés selon des modalités propres à en assurer la confidentialité et à en faciliter la communication dans les meilleurs délais à l'ANIF et à la COBAC, sur leur demande;

4. les attributions de la ou des personnes mentionnées aux articles 41 et 42 doivent être définies.

Article 49- Les règles internes prévues aux articles 47 et 48 du présent Règlement doivent préciser la procédure à suivre au cas où une somme ou une opération paraît susceptible de faire l'objet d'une déclaration conformément aux articles 26 et 28.

Cette procédure doit notamment prévoir les modalités :

1. de transmission au responsable désigné à cet effet des caractéristiques de l'opération déjà exécutée ou à exécuter, le délai d'exécution devant, dans ce dernier cas, être indiqué ;
2. d'enregistrement et de conservation des documents se rapportant aux opérations ayant donné lieu à déclaration ;
3. d'application éventuelle des dispositions de l'article 41 alinéa 2.

Article 50- Tout établissement assujetti ayant son siège social dans le territoire de l'un des Etats membres de la CEMAC fait toutes recommandations utiles à ses filiales et succursales implantées dans un autre Etat de la CEMAC ou à l'étranger pour qu'elles se prémunissent, sous des formes appropriées, contre le risque d'être utilisées à des fins de blanchiment. Ces succursales et filiales communiquent à leur siège social, le cas échéant, les dispositions locales qui s'opposent à la mise en œuvre de tout ou partie de ces recommandations. Le siège en informe l'ANIF.

Article 51- Lorsqu'un établissement assujetti fait partie d'un groupe sis dans le territoire d'un Etat membre de la CEMAC, il peut, avec l'accord de l'entreprise mère, désigner pour l'application des dispositions du présent Règlement, une ou plusieurs personnes spécialement habilitées à cet effet et appartenant à un autre établissement assujetti du même groupe.

Article 52- Tout établissement assujetti affilié à un organe central sis dans le territoire d'un Etat membre de la CEMAC transmet à ce dernier ses règles internes.

Cet établissement peut éventuellement, avec l'accord de son organe central, désigner dans un autre établissement assujetti appartenant au même réseau, une ou plusieurs personnes spécialement habilitées à cet effet.

Article 53- Dans le cadre de la surveillance des opérations bancaires internationales sur une base consolidée, tout établissement assujetti ayant le statut de maison mère doit transmettre ses politiques et procédures à ses filiales et succursales à l'étranger et disposer d'un processus régulier de vérification de conformité à l'égard des normes connaissance clientèle des pays d'accueil et d'origine, pour assurer l'efficacité de ses programmes à l'échelle mondiale. Ce processus doit être soumis au contrôle de la COBA.C et éventuellement des auditeurs externes.

Article 54- Le rapport prévu à l'article 47 du Règlement COBAC R-2001/07 relatif au contrôle interne doit rendre compte, dans les mêmes conditions, de l'exécution des obligations prescrites dans le présent Règlement.

Article 55- En cas de non-respect avéré des procédures internes et exigences réglementaires par un établissement assujetti, la Commission Bancaire prend des mesures appropriées, sévères et publiques si les circonstances l'exigent.

Chapitre X- Dispositions diverses

Article 56- La COBAC peut exiger de tout établissement assujetti la production d'informations relatives à la situation de l'un de ses clients ou des comptes de ce dernier,

En cas d'impossibilité pour l'établissement de déférer à cette requête dans le délai prescrit, la COBAC peut lui enjoindre de procéder à la fermeture des comptes du client concerné,

Article 57- Une instruction du Président de la Commission Bancaire précise les obligations incombant aux établissements assujettis en matière de chèques utilisé$ aux fins de blanchiment des capitaux.

Toutefois, les procédures internes doivent décrire les diligences spécifiques à accomplir pour le contrôle des chèques aux fins de prévention du blanchiment des capitaux et de lutte contre le financement du terrorisme. ·

Article 58· Tout établissement émetteur et/ou distributeur de la monnaie électronique doit mettre en place un système automatisé de surveillance des transactions Inhabituelle ayant comme support la monnaie électronique[2].

---

[2] L'Autorité des Marchés Financiers (AMF) est chargée d'assurer la surveillance des marchés financiers, la protection et l'information des particuliers en matière d'épargne et la régulation des opérations financières. Elle participe également à l'harmonisation des réglementations financières aux niveaux européen et international.

L'organisation de l'AMF

L'Autorité des Marchés Financiers (AMF) est une autorité administrative indépendante dotée de la personnalité morale créée par la loi du 1er Août 2003 à la suite de la fusion de la Commission des opérations de Bourse (COB), du Conseil des marchés financiers (CMF) et du Conseil de discipline de la gestion financière (CDGF).

Son président est nommé par décret pour une durée de cinq ans non renouvelable par le Président de la République.

L'AMF est composé d'un Collège, d'une Commission des sanctions, de cinq commissions consultatives permanentes et d'un Conseil scientifique.

Le Collège est l'organe décisionnel de l'AMF. Il est composé de 16 membres dont le président de l'AMF. Les mandats des membres du Collège sont de cinq ans, renouvelables. Le Collège est renouvelé pour moitié tous les trente mois. Il autorise les nouvelles réglementations relatives à ses domaines de compétence que sont les marchés financiers et ses acteurs, les opérations financières et les produits financiers. Le Collège peut constituer des commissions consultatives sur certains sujets : les nouveaux produits financiers, la protection juridique des épargnants, les évolutions des techniques de marché. Le Collège de l'AMF dispose de pouvoirs de contrôle et d'enquête. En effet, en cas de manquement à la réglementation financière, le Collège peut décider de l'ouverture d'une procédure de sanction. Il transmet les griefs à la Commission des sanctions. Les décisions prises dans son enceinte se font à la majorité des voix.

La Commission des sanctions est constituée de 12 personnes (2 conseillers d'Etat, 2 conseillers de la cour de cassation, 6 personnes désignées par le Ministère de l'Économie et des Finances et représentant les sociétés cotées, 2 représentants des actionnaires salariés). L'AMF exerce par son intermédiaire son pouvoir de sanction à l'égard de toute personne dont les pratiques vont à l'encontre des réglementations en vigueur et sont « de

Article 59- Les informations sur le dispositif de prévention du blanchiment de capitaux doivent être reprises dans les états annexés à

---

nature à porter atteinte à la protection des investisseurs ou au bon fonctionnement des marchés ».
Les Commissions consultatives peuvent être consultées sur des thèmes précis par l'AMF et ont été créées à cet effet par la législation financière française. Cinq d'entre elles exercent des activités de manière permanente :

- la Commission consultative des Épargnants ;
- la Commission consultative Organisation et fonctionnement du marché ;
- la Commission consultative Activités de gestion financière ;
- la Commission consultative Activités de compensation ;
- la Commission consultative Opérations et informations financières.

Le Conseil scientifique rassemble des spécialistes financiers issus du monde académique et professionnel. Il a pour vocation de transmettre à l'AMF les réflexions financières en cours, d'identifier les éléments de ces diverses réflexions susceptibles d'avoir un impact sur les activités du régulateur et enfin de réaliser des travaux de recherche sur des thématiques spécifiques.
Missions de l'AMF
L'AMF a pour mission de veiller :

- au bon fonctionnement de la place financière de Paris,
- à la protection des épargnants qui investissent dans des produits financiers,
- à la qualité de l'information donnée aux agents économiques.

L'AMF joue également un rôle sur la scène internationale puisqu'elle participe à l'élaboration et à l'harmonisation des réglementations financières au niveau européen et international.
L'AMF surveille les marchés financiers
L'AMF est chargée de repérer toutes les pratiques ou comportements contraires à ses règlements ou constituant des infractions, pouvant nuire à la sécurité des épargnants.
Dans ce contexte et tel que rappelé par le règlement général de l'AMF : « la principale mission de surveillance des marchés est de détecter tout évènement ou comportement anormal qui pourrait être qualifié de manquement ou de délit boursier » au nombre de trois:

- La fausse information,
- La manipulation de cours,
- Le manquement ou le délit d'initié.
- La déclaration d'opérations suspectes à l'AMF

Tout acteur financier professionnel est tenu de signaler les opérations qui lui semblent suspectes auprès de l'AMF. Cette procédure suppose l'implication des acteurs financiers dans la prévention et la détection des abus de marché. Cette déclaration prend la forme d'une notification qui engagera une procédure d'enquête de l'AMF.
Lorsque le régulateur soupçonne un manquement ou un délit boursier, le Secrétaire général de l'AMF peut décider d'ouvrir une enquête. Un rapport est alors présenté au Collège qui décide de l'ouverture d'une procédure de sanction ou non.

transmettre au Secrétariat Général: de la COBAC, dont les modèles sont précisés par Instruction du Président de la COBAC .•

Article 60· Lorsque, par suite soit d'un grave défaut de vigilance, soit d'une carence dans l'organisation de ses procédures internes de contrôle, un établissement assujetti a omis d'accomplir· les obligations mises à sa charge, la COBAC peut engager une procédure disciplinaire sur le fondement des dispositions des textes régissant la profession. Dans ce cas, elle en avise le procureur de la République de l'Etat !sur le territoire duquel a été relevée l'infraction aux dispositions réglementaires. :Article 61· Les modalités d'application du présent Règlement seront en tant que de besoin précisées par Instructions du Président de la COBAC, lesquelles pourront tenir compte de la situation particulière de chaque catégorie d'établissement assujetti. ·Article 62· Le présent Règlement sera notifié par le Secrétaire Général de la C<PBAC aux ministres en chargé de la monnaie et du crédit, à l'ensemble des établissements assujettis ainsi qu'aux associations professionnelles constituées entre ces établissements.

Article 63· Le Secrétaire Général de la COBAC est chargé de l'exécution du présent

Règlement qui entre en vigueur à compter de sa date de signature.

Ainsi fait et décidé à Libreville, le 1er avril 2005.

RÈGLEMENT COBAC R-2018/03 RELATIF À L'IDENTIFICATION ET À LA SURVEILLANCE DES ÉTABLISSEMENTS D'IMPORTANCE SYSTÉMIQUE DANS LA COMMUNAUTÉ ECONOMIQUE ET MONÉTAIRE DE L'AFRIQUE CENTRALE (CEMAC)

La Commission Bancaire de l'Afrique Centrale,

Vu la Convention du 16 octobre 1990 portant création d'une Commission Bancaire de l'Afrique Centrale et son Annexe ;

Vu la Convention du 17 janvier 1992 portant harmonisation de la réglementation bancaire dans les Etats de l'Afrique Centrale et son Annexe ;

Vu le règlement n° 02/14/CEMAC/UMAC/COBAC/CM du 25 avril 2014 relatif au traitement des établissements de crédit en difficulté dans la CEMAC ;

Vu le règlement n°01/15/CEMAC/UMAC/COBAC du 27 mars 2015 relatif à la supervision des holdings financières et à la surveillance transfrontière ;

Vu le règlement n° 01/17/CEMAC/UMAC/COBAC du 27 septembre 2017 relatif aux conditions d'exercice et de contrôle de l'activité de microfinance dans la CEMAC ;

Vu le règlement COBAC R-2003/03 relatif à la comptabilisation et au traitement prudentiel des opérations sur titres effectuées par les établissements de crédit ;

Vu le règlement COBAC R-2016/03 relatif aux fonds propres nets des établissements de crédit ;

Vu le règlement COBAC R-2016/04 relatif au contrôle interne dans les établissements de crédit et les holdings financières ;

Vu l'Acte uniforme OHADA relatif au droit des sociétés commerciales et du groupement d'intérêt économique ;

Réunie le 16 janvier 2018 à Libreville

DECIDE

Article 1- Pour l'application du présent règlement, on entend par:

- établissements d'importance systémique : les établissements tels que définis à l'article t''' du règlement n° 02/14/CEMAC/UMAC/COBAC/C ;
- établissements assujettis : établissements soumis à la supervision de la CO BAC.

Article 2- Le présent règlement fixe les critères d'identification et les modalités de surveillance des établissements d'importance systémique dans la CEMAC.

L'identification et la surveillance des établissements d'importance systémique dans la CEMAC ont pour objectifs :

- de réduire les risques que font peser les difficultés de ces établissements sur la stabilité du système bancaire et financier ;
- d'assurer la continuité de leur exploitation, conformément à la réglementation en vigueur.

Article 3- La Commission Bancaire est chargée d'identifier chaque année les établissements d'importance systémique dans la zone CEMAC sur base sociale, consolidée ou combinée, selon le cas.

TITRE : IDENTIFICATION

CHAPITRE 1 : CRITERES D'IDENTIFICATION DES ETABLISSEMENTS D'IMPORTANCE SYSTEMIQUE

Article 4- Les établissements d'importance systémique sont identifiés sur la base, notamment des critères de taille, d'interdépendance de leurs activités, de l'absence de substituts directs ou d'infrastructure financière pour leurs prestations de services, de leurs activités à l'échelle sous régionale, régionale ou mondiale et de leur complexité.

Article 5- La taille mesure l'importance de l'activité d'un établissement au sein du système bancaire et financier de la CEMAC.

Pour l'application du présent règlement, la taille des établissements désigne l'actif total, tel qu'il ressort de leur reporting communiqué au Secrétariat Général de la CO BAC.

Le Secrétariat Général de la COBAC apprécie les éléments de hors bilan qui peuvent être pris en compte.

Article 6- L'interdépendance traduit le niveau d'imbrication des établissements dans le système bancaire et financier. Elle résulte des liens entre un établissement et les autres établissements, en raison des actifs et des passifs qu'il détient sur eux et inversement.

Pour l'application du présent règlement, l'interdépendance des établissements est analysée à travers le volume des avoirs et des dettes interbancaires.

Article 7- L'absence de substituts directs ou d'infrastructure financière pour les prestations de services des établissements s'exprime à travers le monopole ou l'exercice exclusif d'une ou de plusieurs prestations bancaires par l'établissement de crédit ou encore l'exclusivité dans la détention ou la gestion d'infrastructures nécessaires à la fourniture de services financiers jugés essentiels par la COBAC.

Ce critère concerne notamment les actifs sous conservation, les flux de paiements passant par les systèmes de paiements et les opérations de prise ferme sur les marchés financiers.

Article 8- La complexité des activités résulte de l'importance d'actifs ou de passifs dont la réalisation exige la mise en place de procédures de valorisation, d'identification des contreparties, de couverture, de comptabilisation, de suivi et de contrôle, dont la mise en œuvre présente des difficultés avérées.

Pour l'application du présent règlement, la complexité s'apprécie à partir des différents éléments du bilan et du hors bilan ainsi qu'à travers l'analyse des activités de l'établissement assujetti, notamment les actifs relatifs aux activités de marché et aux opérations de change à terme.

Article 9- Les activités transfrontières concernent les opérations réalisées avec l'étranger.

Pour l'application du présent règlement, les activités transfrontières sont appréciées à partir du volume relatif des opérations réalisées avec les contreparties non résidentes.

CHAPITRE 2 : DETERMINATION DE L'IMPORTANCE SYSTEMIQUE

Article 10- Pour la détermination de l'importance systémique des établissements assujettis, des pondérations seront appliquées sur chaque indicateur d'identification de l'importance systémique.

Il est attribué à chaque établissement un score pour chacun des critères et indicateurs, en tenant compte de leur poids relatif dans le système bancaire.

Les scores obtenus sont ensuite pondérés et cumulés pour obtenir le score final.

Article 11- L'importance systémique est établie à partir de la distribution des scores obtenus.

A ce titre, trois niveaux d'importance systémique sont ainsi déterminés : importance systémique élevée, importance systémique moyenne et importance systémique faible.

Article 12- La Commission Bancaire arrête une fois par an la liste des établissements d'importance systémique en indiquant pour chaque établissement le niveau d'importance systémique.

Le Secrétariat Général de la COBAC notifie cette décision aux établissements concernés et aux autorités monétaires des Etats de la CEMAC, avec ampliation à la Banque des Etats de l'Afrique Centrale et au Comité de Stabilité Financière de l'Afrique Centrale. La décision arrêtant la liste des établissements d'importance systémique est publiée.

Lorsque la filiale d'un groupe bancaire étranger est qualifiée d'importance systémique dans la CEMAC, le Secrétariat Général de la COBAC informe le superviseur bancaire du pays d'origine ou de la juridiction d'implantation du siège du groupe concerné du caractère systémique de cette filiale, ainsi que des exigences supplémentaires auxquelles elle sera soumise.

Article 13- Une instruction du Président de la COBAC fixe :

- la composition des différents critères d'identification des établissements d'importance systémique, les pondérations ainsi que les modalités de calcul des scores;
- les seuils de définition des différents niveaux d'importance systémique.

TITRE-T-II : SURVEILLANCE

CHAPITRE 2: EXIGENCES PARTICULIERES POUR LES ETABLISSEMENTS D'IMPORTANCE SYSTEMIQUE

Article 14- Les établissements d'importance systémiques constituent un volant supplémentaire en fonds propres de base destiné à réduire la probabilité de leur défaillance et à accroitre leur capacité à absorber les pertes pour assurer la continuité de leur exploitation.

Article 15- Le volant supplémentaire de conservation des fonds propres, prévu à l'article précédent, est fixé à :

- 2,5% des risques pondérés nets lorsque l'établissement est d'importance systémique élevée ;
- 1,5% des risques pondérés nets lorsque l'établissement est d'importance systémique moyenne ;
- 1 % des risques pondérés nets lorsque l'établissement est d'importance systémique faible.

L'exigence supplémentaire prévue au présent l'article vient augmenter le volant de conservation des fonds propres de base et le volant complémentaire fixés aux articles 25 et 28 du règlement COBAC R-2016/03 relatif aux fonds propres nets des établissements de crédit. Les seuils de restriction sur la distribution des bénéfices, prévus à l'article 26 dudit règlement, sont augmentés en conséquence.

Article 16- La Commission Bancaire peut augmenter le volant supplémentaire prévu pour les établissements d'importance systémique, sans excéder 3,5% dans le but de réduire l'impact de leur défaillance éventuelle sur le système financier. Cette situation est envisagée lorsque la Commission Bancaire estime que l'augmentation de leur taille et le volume de leur exposition dans un contexte macroéconomique et financier difficile peuvent induire une menace pour la stabilité du système financier.

Article 17- La Commission Bancaire peut fixer aux établissements d'importance systémique un rapport de liquidité de 50% supérieur à la norme fixée par le règlement COBAC R-93/06 relatif à la liquidité des établissements de crédit.

Lorsque la situation l'exige, notamment en période de forte tension ou de liquidité abondante, ce seuil peut être abaissé ou augmenté par la Commission Bancaire afin de tenir compte du niveau global de liquidité dans la CEMAC.

Article 18- Les établissements d'importance systémique sont soumis aux exigences de communication et de reporting spécifiques, suivant une fréquence et un format qui seront déterminés par le Secrétaire Général de la COBAC en fonction de la situation de l'établissement.

Ils communiquent notamment les informations relatives :

- au système d'évaluation des risques qui analyse les niveaux et les contrôles effectués sur ces risques ;
- au processus d'évaluation de l'adéquation des fonds propres ;
- au processus d'évaluation de l'adéquation du niveau de liquidité ;
- à la méthodologie de quantification du capital et de la liquidité qui évalue le besoin de l'établissement en capital et en liquidité en s'appuyant sur les résultats de l'évaluation des risques ;
- à la gestion actif /passif ;
- au risque opérationnel, de crédit et de marché ;
- au degré de conformité à l'égard de la réglementation en vigueur.

CHAPITRE 3 : PLAN DE REDRESSEMENT D'URGENCE

Article 19- Les établissements d'importance systémique élaborent un plan de redressement d'urgence pouvant être mis en œuvre immédiatement et permettant qu'en cas de violation persistante des normes prudentielles relatives à la solvabilité et à la liquidité, la continuité de l'exploitation soit garantie sans mise en place d'une procédure de restructuration spéciale définie par le règlement CEMAC 02/14/CEMAC/UMAC/COBAC/CM relatif au traitement des établissements de crédit en difficulté.

Le plan comprend l'ensemble des mesures permettant à l'établissement de rétablir à très court terme, dans un délai n'excédant pas trois mois, sa conformité à l'égard de la réglementation et de garantir la continuité de son exploitation.

Article 20- L'établissement doit indiquer notamment dans ce plan :

- la stratégie de redressement en cas de défaillance ainsi que les éventuels obstacles à la mise en œuvre de ce plan et les solutions envisagées ; ·
- les dispositions prévues par les actionnaires pour recapitaliser l'établissement et reconstituer rapidement ses fonds propres ;
- la stratégie à mettre en place pour bénéficier dans les meilleurs délais de nouvelles sources de financement ;
- les réformes organisationnelles envisagées pour maîtriser rapidement les risques identifiés;
- les outils permettant d'anticiper ou de faciliter la cession rapide d'actifs ou de lignes de métiers ;
- les nouveaux moyens humains et techniques à mettre œuvre ainsi que leur opérationnalité ;
- le détail de la mise en œuvre du plan de financement d'urgence indiqué ;
- les mesures de liquidation en cas d'échec du plan.

Le plan de redressement d'urgence est adopté par l'organe délibérant, pour une période de 12 mois. Il est mis à jour au moins une fois par an.

Article 21- Le plan de redressement d'urgence est transmis pour approbation au Secrétariat Général de la Commission Bancaire, au plus tard le 1er mars de chaque année.

Le Secrétariat Général de la Commission Bancaire peut demander que des mesures spécifiques soient intégrées au plan d'urgence, notamment une modification de la structure organisationnelle, la suspension temporaire de certaines activités ou la non-distribution des dividendes.

Le Secrétariat Général de la Commission Bancaire dispose d'un délai d'un mois pour se prononcer. En cas de rejet du plan, l'établissement produit un nouveau plan dans un délai d'un mois.

Article 22- En cas d'infraction à la réglementation, le Secrétaire Général de la COBAC demande à l'établissement de mettre en œuvre sans délais le plan de redressement d'urgence, notamment dans ses éléments relatifs à l'infraction constatée.

Lorsque l'établissement est appelé à mettre en œuvre son plan de redressement d'urgence, il adresse au Secrétariat Général de la COBAC, tous les mois, un rapport circonstancié de mise en œuvre de ce plan.

Article 23- En cas de difficultés sérieuses et persistantes, ou en cas d'échec du plan de redressement d'urgence, le Secrétaire Général de la COBAC informe l'autorité monétaire de la gravité de la situation de l'établissement, de l'échec de la mise en œuvre du plan de redressement d'urgence et lui demande de déclencher la procédure de restructuration spéciale.

TITRE Ill : DISPOSITIONS FINALES

Article 24- Les règles fixées dans le présent règlement sont applicables à l'établissement trois (3) mois après la notification de la décision prévue à l'article 12.

Article 25- En cas de non-respect des dispositions du présent règlement par les établissements assujettis, la Commission Bancaire peut prendre des mesures préventives et disciplinaires prévues par le règlement n °02/14/CEMAC/ UMAC/COBAC/CM sus cité.

Article 26- Le présent règlement abroge toutes les dispositions antérieures qui lui sont contraires, notamment l'article 29 du règlement COBAC R-2016/03 relatif aux fonds propres nets des établissements de crédit[3].

---

[3] **La procédure de sanction de l'AMF**

Dans le cas de l'ouverture d'une procédure de sanction, le président du Collège transmet les rapports d'enquête au président de la Commission des sanctions. La personne mise en cause est directement informée des griefs retenus à son encontre. Elle dispose d'un délai de deux mois pour répondre à la procédure. Après la rédaction d'un rapport par un membre de l'AMF en charge de l'instruction de la procédure, une décision est notifiée aux personnes mises en cause. Ces dernières peuvent faire appel de cette décision devant la Cour d'appel de Paris ou le Conseil d'État. Le président de l'AMF, après accord du

Collège, peut également faire un recours contre la décision prononcée par la Commission des sanctions.

L'AMF prononce des sanctions administratives (pécuniaires et disciplinaires : avertissement, blâme, retrait d'agrément...) par opposition aux sanctions pénales prononcées par la Justice.

Depuis 2011, la procédure de sanction peut également s'exercer par voie de composition administrative. C'est une procédure qui peut être proposée par le Collège à tout intermédiaire financier en infraction professionnelle. Ce dernier peut refuser ou accepter. Cette proposition oblige le Secrétaire général de l'AMF et le professionnel à trouver un accord dans un délai de 4 mois. La sanction est pécuniaire.

L'AMF protège et contrôle l'information transmise aux épargnants

L'une des missions de l'AMF est également d'informer et de protéger les épargnants. Dans ce cadre, elle met à leur disposition plusieurs outils pour les accompagner dans leur démarche d'investissement à savoir :

Un service gratuit de médiation.

L'AMF vérifie également la qualité et la compréhension des informations transmises au grand public concernant les produits d'épargne collectifs tels que les OPCVM. L'ensemble des éléments caractérisant ces produits financiers doivent être présentés dans un document « exact, non trompeur et avec des documents commerciaux équilibrés » : le Document d'Information Clé pour l'Investisseur (DICI).

Une fois ce travail de documentation effectuée, l'AMF est chargée de suivre la commercialisation de ces produits d'épargne collectifs pendant toute leur durée de vie.

L'AMF réglemente les opérations financières des sociétés cotées

Lors de toute opération financière telle qu'une offre publique d'achat (OPA) une augmentation de capital ou encore une introduction en bourse, les sociétés cotées sont tenues de présenter un document précis nommé, tel que prévu par le règlement général de l'AMF en s'assurant que l'information diffusée au grand public « soit complète, cohérente et compréhensible ». Par ailleurs, l'AMF s'assure également que toute information susceptible d'avoir une influence sur le cours de Bourse d'une société cotée soit correctement diffusée auprès du grand public.

L'AMF agrée les sociétés de gestion d'actifs

L'AMF agrée les sociétés de gestion de portefeuille pour compte de tiers, les organismes de titrisation, les sociétés de gestion des sociétés civiles de placement ainsi que les OPCVM ou tout autre organisme de placement collectif. Toute demande d'agrément effectuée par un de ces organismes présent dans un État membre de l'Union européenne autre que l'État français doit également être validée par l'AMF s'il désire exercer ses activités en France.

Elle émet également des avis ou des observations sur les activités des prestataires de services d'investissement (PSI), dont l'agrément est délivré par l'Autorité de Contrôle Prudentiel et de Résolution (ACPR), et agrée les associations professionnelles de conseillers en investissements financiers (CIF).

L'AMF autorise la commercialisation de placements atypiques

Article 27- Le présent règlement entre en vigueur à compter du 1er avril 2018.

Toutefois, les dispositions de l'article 14 sont applicables à compter du 1er janvier

2021.

Article 28- Le Secrétaire Général de la COBAC est chargé de l'application du présent règlement et de sa notification aux Autorités monétaires nationales, aux Directions Nationales de la Banque des Etats de l'Afrique Centrale, aux Associations professionnelles des établissements de crédit et aux Associations professionnelles des établissements de microfinance de la Communauté Economique et Monétaire de l'Afrique Centrale.

Ainsi décidé et fait à Libreville, le 16 janvier 2018,

La loi Sapin 2 a doté l'AMF de nouvelles compétences qui lui permettent d'effectuer un contrôle renforcé avant de commercialiser des offres de placements. De ce fait, depuis mai 2017, les sociétés ou intermédiaires proposant des investissements dans les forêts, le vin, les diamants, etc. doivent d'abord demander l'autorisation à l'AMF. Si une société commercialise ces produits atypiques sans avoir reçu le numéro d'enregistrement délivré par l'AMF (parce qu'elle n'en a pas fait la demande ou parce que l'autorisation ne lui a pas été donnée), elle agira dans l'illégalité.

La coopération internationale et européenne de l'AMF

Au niveau international, l'AMF est membre de l'Organisation Internationale des Commissions de Valeurs (OICV). Au sein de cette organisation internationale, qui regroupe plus de 100 pays, l'AMF est amenée à représenter la position française en matière d'harmonisation des règles de fonctionnement des marchés financiers. L'autorité de régulation y est présente à la fois au niveau exécutif et réglementaire dans la mesure où elle participe directement à l'élaboration des recommandations.

Au niveau communautaire, l'AMF est invitée sur certains sujets relatifs à la régulation financière à définir les standards ou les normes qui permettront de traduire réglementairement les principes et priorités élaborés à l'issue des travaux internationaux de l'OICV et d'autres institutions telles que le Conseil de stabilité financière ou encore le Joint Forum.

L'AMF participe aux groupes de travail de l'Autorité européenne des valeurs mobilières (AEVM ou ESMA). Elle dispose également d'un siège permanent au sein du Conseil Européen du risque systémique (CERS).

Actuellement, 80 % de la réglementation nationale en matière de protection des épargnants est d'origine européenne (transposition des directives européennes dans la législation nationale).

REGLEMENT COBAC R-93/13 RELATIF AUX ENGAGEMENTS DES ETABLISSEMENTS DE CREDIT EN FAVEUR DE LEURS ACTIONNAIRES OU ASSOCIES, ADMINISTRATEURS, DIRIGEANTS ET PERSONNEL (modifié par le règlement COBAC R-2001/05)

La Commission Bancaire de l'Afrique Centrale,

Vu la Convention du 16 octobre 1990 portant création d'une Commission Bancaire de l'Afrique Centrale ;

Vu l'article 9 alinéa 1 de l'Annexe à la Convention du 16 octobre 1990 ;

Vu la Convention du 17 janvier 1992 portant harmonisation de la réglementation bancaire dans les Etats de l'Afrique Centrale ;

Vu 1' alinéa 4 de l'article 32 de l'Annexe à la Convention du 17 janvier 1992 ; Vu le règlement COBAC R-93/02.

DECIDE:

Article 1er - Les engagements des établissements de crédit en faveur de leurs actionnaires ou associés, administrateurs, dirigeants et personnel, sont soumis aux conditions définies ci-après.

Pour l'application du présent règlement, sont considérés comme engagements les crédits par caisse et les garanties accordées par signature.

Ne sont pas soumis aux dispositions du présent règlement les engagements sur l'Etat, sur des établissements eux-mêmes assujettis et sur des établissements agréés à l'étranger.

Article 2 - Tout engagement en faveur d'un actionnaire ou associé, administrateur et dirigeant doit être soumis à l'approbation du Conseil d' Administration et porté à la connaissance des commissaires aux comptes.

Article 3 • Toute personne sollicitant un crédit ou une garantie ne peut être partie prenante, directement ou indirectement, au processus d'évaluation du risque et, a fortiori, à la décision d'accorder ce crédit ou cette garantie.

Article 4 - L'encours global des engagements calculés suivant les dispositions des articles 3 et 4 du règlement COBAC R-2001/02 relatif à la couverture des risques et portés directement ou indirectement par un établissement assujetti sur ses actionnaires ou associés, administrateurs, dirigeants et personnel ne pourra excéder 15 % du montant des fonds propres nets de l'établissement tels que définis par le règlement COBAC R-93/02.

Article S • Lorsqu'ils excèdent 5 % des fonds propres nets tels que définis par le règlement COBAC R-93/02, les engagements portés directement ou indirectement par un établissement assujetti, sur un actionnaire ou un associé détenant au moins 10 % des droits de vote, sur un de ses administrateurs ou dirigeants agréés au sens du Titre Il de l'Annexe à la Convention du 17 janvier 1992, sur un de ses agents, viennent en déduction du passif interne pris en compte pour la représentation du capital minimum au titre du règlement COBAC R-93/10 et du montant des fonds propres nets déterminé· conformément aux dispositions du règlement COBAC R-93/02 susvisé.

Article 6 • Les engagements indirects visés aux articles 4 et 5 sont les engagements portés sur des personnes morales ou physiques sur lesquelles un actionnaire ou associé, administrateur ou dirigeant de l'établissement exerce une influence tangible au sens du règlement COBAC R-93/11.

Article 7 - Aux dates prescrites pour les déclarations au titre de la centralisation des risques, les établissements de crédit communiquent au Secrétariat Général de la Commission Bancaire, dans les formes qui sont arrêtées par celui-ci, la liste nominative et l'encours individuel des bénéficiaires visés à I 'article 1.

L'organe délibérant, au sens de l'article l" du règlement COBAC R-93/08, ainsi que le ou les commissaires aux comptes des établissements assujettis sont également informés des opérations de cette nature.

Article 8 - Le présent règlement, qui prend effet à compter de la date dé signature, sera notifié par le Secrétariat Général de la Commission Bancaire aux Ministres en charge de la Monnaie et du Crédit et à l'ensemble des établissements de crédit agréés dans les Etats de l'Afrique Centrale ainsi qu'aux associations professionnelles constituées entre les établissements[4].

---

[4] **IMPORTATIONS ET MOYENS DE PAIEMENTS** : L'Euro, monnaie de facturation la plus fiable L'Euro reste la monnaie la plus sûre dans le cadre de transactions commerciales internationales compte tenu de la parité fixe. Moyens de paiement conseillés : Les moyens de paiements des importations les plus fiables sont :

- le crédit documentaire irrévocable et confirmé, qui offre le plus de sécurité
- , l'encaissement documentaire avec jeu complet de connaissement
- la lettre de change (traite avalisée). Ces deux derniers modes de règlement peuvent être envisagés dans l'hypothèse où il existe une relation commerciale solide avec le client.

Le transfert bancaire et le chèque sont déconseillés car ils n'engagent nullement la responsabilité du client.

Selon les banques locales, le moyen de paiement qui présente le meilleur rapport " qualité-prix " est le crédit documentaire, gage de qualité et de sécurité, ainsi que la lettre de crédit " stand by " (crédit documentaire annuel, moins coûteux).

Moyens de paiement A conseiller A proscrire Observations

Chèque X Risque très élevé

Chèque de banqueX - Chèque tiré sur une grande banque française

Virement SWIFT ou autre X - Très utilisé, mais dans le cadre du crédit documentaire uniquement

Lettre de change (traite) X - Sous réserve d'une très bonne connaissance du client

Contre-remboursement -- X Risque de non-retrait par le client des documents et de la marchandise

Encaissement documentaire :

- D/P Doc. contre paiement
- D/A Doc. contre acceptation

X

X -

Sous réserve d'une très bonne connaissance du client

Crédit documentaire irrévocable ou irrévocable et confirmé X - Le plus recommandable et utilisé

Lettre de crédit stand by X - Le plus recommandable et moins coûteux

S'assurer contre les risques de défaillances du débiteur : Il n'existe pas de procédure propre à chaque pays

Les procédures classiques telles que le crédit documentaire ou l'aval bancaire minimisent le risque de défaillance du débiteur.

Dans le cadre d'un litige portant sur une opération effectuée via crédit documentaire, l'organisme compétent est la Chambre de Commerce de Lausanne.

LES TRANSACTIONS LOCALES : Le règlement en espèce reste le plus utilisé Les paiements se font le plus fréquemment en espèces en FCFA ou en Euro (essentiellement pour les visiteurs étrangers), suivis du règlement par chèque sur banque locale.

Le système monétique au Gabon reste quant à lui peu développé.

Des cartes bancaires sont proposées par les banques mais celles-ci ne se sont pas banalisées compte tenu du nombre restreint de structures équipées pour ce type de paiement.

Il existe toutefois des guichets automatiques, essentiellement dans les banques, mais aussi dans certains lieux tels que des galeries commerciales, l'aéroport.

Les cartes bleues du type Mastercard, American Express, sont essentiellement acceptées dans les grands hôtels internationaux et les banques.

Les chèques sur une banque française sont assez couramment acceptés (hôtels, certains restaurants ou magasins).

Article *9* • Le Secrétaire Général de la Commission Bancaire est chargé de l'exécution du présent règlement.

Fait à Yaoundé, le 7 mai 2007

Clause de non-responsabilité

La ME s'efforce de diffuser des informations exactes et à jour, et corrigera, dans la mesure du possible, les erreurs qui lui seront signalées. Toutefois, il ne peut en aucun cas être tenu responsable de l'utilisation et de l'interprétation de l'information contenue dans cette publication qui ne vise pas à délivrer des conseils personnalisés qui supposent l'étude et l'analyse de cas particuliers.

REGLEMENT NO /02/CEMAC/UMAC/COBAC RELATIF AUX CONDITIONS D'EXERCICE ET DE CONTRÔLE DE L'ACTIVITÉ DE MICROFINANCE DANS LA COMMUNAUTÉ ÉCONOMIQUE ET MONÉTAIRE DE L'AFRIQUE CENTRALE.

TITRE I DES DISPOSITIONS GENERALES

Article *1* : La « Microfinance » est une activité exercée par des entités agréées n'ayant pas Je statut de banque ou d'établissement financier tel que défini à 1' Annexe à la Convention du 17 janvier 1992 portant Harmonisation de la Réglementation Bancaire dans les Etats de J' Afrique Centrale et qui pratiquent, à titre habituel, des opérations de crédit et ou de collecte de l'épargne et offrent des services financiers spécifiques au profit des populations évoluant pour l'essentiel en marge du circuit bancaire traditionnel.

Article 2 : La dénomination « Etablissement de Microfinance» en abrégé

« EMF », désigne les entités gui exercent l'activité de microfinance dans la

Communauté Economique et Monétaire de l'Afrique Centrale, en abrégé CEMAC.

Article 3 : Au sens du présent Règlement, on entend par :

- « Autorité Monétaire Nationale», le Ministre chargé de la Monnaie et du Crédit de l'Etat;
- « Commission Bancaire», la Commission Bancaire de l'Afrique Centrale, en abrégé COBAC ;
- « Établissement», l'Établissement de Microfinance ;
- «Membre», toute personne qui contribue au capital ou à la dotation d'un EMF de première catégorie, assume les responsabilités qui en découlent, et peut bénéficier des prestations délivrées par l'EMF;
- « Usager», toute personne physique ou morale qui bénéficie des services d'un EMF de première catégorie sans en être membre.

Article 4: La présente réglementation est applicable aux Établissements de Micro- Finance exerçant dans les États membres de la Communauté Économique et Monétaire de l'Afrique Centrale.

Article 5 : Les établissements sont regroupés en trois catégories.

- Sont classés en Première Catégorie, les établissements qui procèdent à la collecte de l'épargne de leurs membres qu'ils emploient en opérations de crédit, exclusivement au profit de ceux-ci.
- Sont classés en Deuxième Catégorie, les établissements qui collectent l'épargne et accordent des crédits aux tiers.
- Sont classés en Troisième Catégorie, les établissements qui accordent des crédits aux tiers, sans exercer l'activité de collecte de l'épargne.

Les formes juridiques des EMF sont, pour chaque catégorie, précisées par règlement de la Commission Bancaire de l'Afrique Centrale

Article 6 : Les établissements agréés dans l'une des catégories ci-dessus sont tenus de faire suivre leur dénomination de la mention « Etablissement de Micro- Finance », suivie des références du texte qui les régit, de celles de leur agrément, de celles de la catégorie dans laquelle ils ont été agréés et de leur immatriculation.

L'utilisation du mot « banque » ou « établissement financier» leur est interdite.

Article 7 : Le capital minimum des établissements est fixé comme suit :

Il n'est pas exigé de capital ou dotation minimum pour les établissements de la Première catégorie. Toutefois, le capital constitué doit être représenté et permettre de respecter l'ensemble des nonnes arrêtées par la Commission Bancaire.

Pour les établissements de la Deuxième catégorie, le capital minimum est fixé à 50 millions de francs.

Pour les établissements de la Troisième catégorie autres que les projets, le capital minimum est de 25 millions de francs.

Le capital ou dotation ou toute autre ressource en tenant lieu de l'organe faitier ne peut être inférieur à 20% du capital ou dotation constitué des établissements affiliés.

Les autorités nationales peuvent arrêter des niveaux de capital minimum plus élevés si Je développement du secteur de la microfinance l'exige, après avis conforme de la Commission Bancaire.

TITRE II DES OPERATIONS ET SERVICES AUTORISES

Article 8 : Les opérations effectuées par les établissements en qualité d'intermédiaire sont circonscrites à l'intérieur de l'Etat où ils sont implantés.

Pour les opérations avec l'extérieur, les établissements doivent recourt aux services d'une banque ou d'un établissement financier du même Etat.

Article 9 : Les opérations autorisées à titre principal comprennent :

1 °/ La Collecte de l'Epargne

Pour les établissements de la Première catégorie, sont considérés comme épargne, les fonds autres que les cotisations et contributions obligatoires recueillis par l'établissement auprès de ses membres avec le droit d'en disposer dans le cadre de son activité, à charge seulement pour lui de les restituer à la demande dudit membre.

L'épargne des établissements de la Deuxième catégorie est constituée de fonds recueillis par l'établissement auprès du public, sous forme de dépôts, avec le droit d'en disposer dans le cadre de son activité, à charge de les restituer à la demande du déposant.

Les établissements de la Troisième catégorie ne peuvent procéder à la collecte de l'épargne.

Pour les établissements de la Troisième catégorie, ne sont pas considérés comme épargne les fonds ci-après :

- les dépôts de garantie ;
- les sommes laissées par la clientèle en vue d'honorer ses engagements;
- les emprunts ;
- les fonds laissés en compte par les associés ou actionnaires.

2°/ Les Opérations de Crédit

Est considéré comme une opération de crédit, tout acte par lequel un établissement met ou promet de mettre des fonds à la disposition d'un membre, d'un tiers ou prend dans l'intérêt de celui-ci un engagement par signature tel un aval, une caution ou une autre garantie.

Les établissements de la Première catégorie ne peuvent accorder des crédits qu'à leurs membres. Ceux affiliés à un réseau ne peuvent prendre un engagement qu'au profit d'un établissement affilié au même réseau.

3°/ Les Placements Financiers

Les établissements disposant d'un excédent de ressources peuvent effectuer des placements auprès des banques commerciales de **1'** Etat d'implantation.

Ils peuvent également affecter ces ressources à la souscription des bons du Trésor ou de ceux émis par la Banque des Etats de l'Afrique Centrale.

4°/ Les autres ressources

Les établissements peuvent recevoir d'autres ressources dans le respect des dispositions de leurs statuts et des normes arrêtées par la Commission Bancaire.

Les établissements de Première catégorie sont tenus de constituer dès leur création un fonds de solidarité destiné à faire face aux pertes. Ce fonds recevra à chaque adhésion et au début de chaque exercice, des apports effectués par les membres de façon équitable ainsi que l'affectation d'une partie des bénéfices ou excédents d'exercice.

Article 10 : Les opérations autorisées à titre accessoire comprennent :

- l'approvisionnement auprès des établissements bancaires en devises et chèques de voyage pour les besoins de la clientèle ;
- la location de coffre-fort ;
- les actions de formation ;
- 1 'achat de biens pour les besoins de la clientèle. Cette opération doit être en rapport avec l'activité de celle-ci ;
- les opérations de crédit-bail.

Les opérations accessoires sont contenues dans les limites arrêtées par la

Commission Bancaire.

Article 11 : Les établissements peuvent émettre des moyens de paiement.

Est considéré comme moyen de paiement tout instrument qui, quel que soit le support ou le procédé technique utilisé, permet de transférer des fonds.

Toutefois, ces moyens de paiement ne peuvent être utilisés que pour le transfert des fonds réalisés à l'intérieur de l'Etat d'implantation et entre des établissements régis par la présente réglementation.

Les établissements ne peuvent délivrer de formules de chèque que pour un tirage sur une même place ou au sein d'un même réseau. La notion de place sera définie par règlement de la Commission Bancaire.

Les établissements peuvent organiser des mécanismes de compensation relatifs aux moyens de paiement qu'ils ont émis.

TITRE Ill DE L'ORGANISATION

CHAPITRE 1: DES RESEAU, ORGANE FAITIER ET ORGANE FINANCIER

Article 12 : Les établissements exercent leur activité soit de manière indépendante, soit à l'intérieur d'un réseau.

Article 13 : Le réseau est un ensemble d'établissements agrées, animés par un même objectif et qui ont volontairement décidé de se regrouper afin d'adopter une organisation et des règles de fonctionnement communes. 11 peut être local ou national.

Tout réseau doit se doter d'un organe faîtier.

Article 14: L'organe faîtier est un établissement disposant d'un capital ou d'une dotation approprié et qui assure obligatoirement les prérogatives ci-après :

- la représentation du réseau auprès des tiers, notamment des organes de tutelle et de contrôle ;

- la fixation des conditions d'adhésion, d'exclusion ou de retrait des affiliés ;

la définition et la mise en place de mesures nécessaires à assurer la cohésion du réseau et à garantir son équilibre financier, notamment le respect des normes prudentielles par les établissements affiliés ;

- l'exercice du pouvoir disciplinaire et la mise en application des mesures de redressement arrêtées et des sanctions pécuniaires à l'égard des affiliés, prévues dans le règlement intérieur du réseau ;

- la définition des normes et procédures comptables en rapport avec le plan comptable de la profession et les exigences des autorités de contrôle et de tutelle;

- l'élaboration des documents comptables consolidés et autres états définis par règlement de la Commission Bancaire ;

- l'organisation de la gestion des excédents de ressources des établissements affiliés ;

- la préservation de la liquidité du réseau ;

- l'organisation de la solidarité financière entre les structures affiliées en cas de défaillance d'un ou de plusieurs affiliés, tout en veillant à la préservation de l'équilibre financier du réseau ;

- la mise en place d'un système de contrôle interne du réseau, conformément aux exigences des autorités chargées de la supervision;

- veiller au respect des nonnes prudentielles par les établissements affiliés.

Article 15: Les établissements affiliés a un réseau sont tenus de satisfaire aux obligations suivantes :

- souscrire les parts sociales de l'organe faîtier;
- participer aux frais de son fonctionnement;
- verser à l'organe faitier une partie des ressources collectées;
- participer à la reconstitution des fonds propres de l'organe faitier et au comblement de son passif net, le cas échéant.

Article 16 : L'organe financier est un établissement de crédit créé par un réseau d'établissements. Il est agréé et régi en qualité d'établissement de crédit par les conventions bancaires de 1990 et 1992. Il a la faculté de recycler les excédents des ressources du réseau.

CHAPITRE-II : DES DISPOSITIONS PARTICULIERES A CERTAINS ETABLISSEMENTS

Article 17: L'exercice par des associations de l'activité de microfinance telle que définie à l'article 1 du présent Règlement s'effectue dans les conditions qui suivent.

Les membres de l'association sont solidairement responsables à l'égard des tiers pour les engagements contractés par l'association.

Ils sont tenus de contribuer à l'équilibre de la structure financière de leur entité. Le retrait d'un membre ne doit pas affecter l'équilibre financier de l'association.

Tout membre endetté ne peut se retirer de l'association que s'il a préalablement honoré l'intégralité de ses engagements.

La Commission Bancaire s'assure que les statuts des associations prévoient une organisation qui permette de déterminer les niveaux de responsabilité et de contrôle de l'institution.

Article 18 : Les entreprises promotrices de crédits filières peuvent créer une structure dédiée agréée en qualité d'EMF. Cette structure a une personnalité juridique distincte de celle de l'entreprise qui l'a créée.

Les entités de crédits-filières qui, en plus de l'activité de crédit, procèdent à la collecte de l'épargne, doivent se doter d'une structure dédiée, chargée de gérer ces activités.

Article 19 : Les établissements de la Deuxième catégorie ne peuvent adopter que la forme juridique de société anonyme. ·

CHAPITRE III : DE L'ORGANISATION DE LA PROFESSION

Article 20 : Les établissements doivent adhérer à l'Association Professionnelle des Établissements de Micro Finance de leur Etat. Il n'existe qu'une association professionnelle par Etat, au sens du présent Règlement.

L'association professionnelle a pour objet d'assurer la défense des intérêts collectifs des établissements. Elle a la charge d'informer ses adhérents et le public

Elle peut réaliser toute étude et élaborer toute recommandation en vue, le cas échéant, de favoriser la coopération entre membres ainsi que l'organisation et la gestion de services d'intérêt commun.

Les statuts de J 'association professionnelle sont soumis à l'approbation de l'Autorité Monétaire.

Les associations professionnelles des pays membres sont tenues d'adhérer à la Fédération des Associations Professionnelles des Établissements de microfinance de la CEMAC. Cette fédération est chargée de poursuivre les mêmes objectifs que les associations professionnelles auprès des institutions à caractère sous régional.

Article 21 : Les établissements sont classés et immatriculés au registre spécial du

Conseil National du Crédit.

La Commission Bancaire de l'Afrique Centrale arrête et publie la liste des établissements agréés dans la Communauté Économique et Monétaire de l'Afrique Centrale.

Les conditions de leur fonctionnement, notamment leurs relations avec la clientèle, relèvent de la compétence du Conseil National du Crédit.

TITRE IV DES AGRE!\'IENT, AUTORISATION DECLARATION ET INTERDICTIONS. PREALABLE,

CHAPITRE I: DEL' AGREMENT

1.1 - Agrément des établissements

I.l.1 - Conditions générales

Article 22 : L'exercice de l'activité de microfinance telle que définie à I' article l du présent Règlement est subordonné à l' 'agrément de l'Autorité Monétaire après avis conforme de la Commission Bancaire.

Article 23: La demande d'agrément de l'établissement dans l'une des catégories visées à l'article 5 du présent Règlement est adressée à l'Autorité Monétaire.

Article 23: La demande d'agrément de l'établissement dans l'une des catégories visées à l'article 5 du présent Règlement est adressée à l'Autorité Monétaire.

L'Autorité Monétaire dispose d'un délai de trois (3) mois, après réception du dossier complet, pour Je transmettre à la Commission Bancaire. A l'expiration de ce délai, le dossier peut être directement adressé à la Commission Bancaire par les promoteurs. La COBAC ne peut délivrer son avis qu'après saisine par l'Autorité Monétaire.

Le dossier de l'établissement, accompagné de celui des dirigeants et des commissaires aux comptes, est déposé en double exemplaire, contre récépissé. Il doit comporter les pièces et renseignements ci-après :

- une demande timbrée précisant la catégorie sollicitée ;
- le certificat d'enregistrement ou d'inscription;
- le procès-verbal de l'assemblée générale constitutive ;
- les statuts de l'établissement ;
- la liste des membres fondateurs ou des actionnaires ;
- les membres du conseil d'administration ou de l'organe en tenant lieu, le cas échéant;
- les pièces attestant des versements au titre de la libération des parts souscrites, accompagnées des relevés bancaires ou tout autre document en tenant lieu ;
- les prévisions d'activité, d'implantation et d'organisation sur trois ans;

- le détail des moyens techniques et financiers dont la mise en œuvre est prévue ainsi que tout élément susceptible d'éclairer les autorités compétentes.

L'Autorité Monétaire transmet le dossier à la Commission Bancaire pour avis conforme. Celle-ci est habilitée à recueillir tous renseignements jugés utiles et dispose d'un délai de trois (3) mois, à compter de la réception du dossier complet par son Secrétariat Général, pour statuer. L'absence de décision à l'expiration de ce délai vaut avis conforme.

Le dossier de l'établissement, accompagné de celui des dirigeants et des commissaires aux comptes, est déposé en double exemplaire, contre récépissé. Il doit comporter les pièces et renseignements ci-après :

- une demande timbrée précisant la catégorie sollicitée ;
- le certificat d'enregistrement ou d'inscription;
- le procès-verbal de l'assemblée générale constitutive ;
- les statuts de l'établissement ;
- la liste des membres fondateurs ou des actionnaires ;
- les membres du conseil d'administration ou de l'organe en tenant lieu, le cas échéant;
- les pièces attestant des versements au titre de la libération des parts souscrites, accompagnées des relevés bancaires ou tout autre document en tenant lieu ;
- les prévisions d'activité, d'implantation et d'organisation sur trois ans;
- le détail des moyens techniques et financiers dont la mise en œuvre est prévue ainsi que tout élément susceptible d'éclairer les autorités compétentes.

L'Autorité Monétaire transmet le dossier à la Commission Bancaire pour avis conforme. Celle-ci est habilitée à recueillir tous renseignements jugés utiles et dispose d'un délai de trois (3) mois, à compter de la réception du dossier complet par son Secrétariat Général, pour statuer. L'absence de décision à l'expiration de ce délai vaut avis conforme.

Le refus d'agrément est motivé et notifié au demandeur par l'Autorité Monétaire. La décision portant agrément de l'établissement est publiée au Journal officiel, dans un journal d'annonces légales ou dans le Bulletin de la Commission Bancaire.

Elle précise la catégorie dans laquelle l'établissement est classé et énumère, en tant que de besoin, les opérations qui lui sont autorisées.

Article 24: Le retrait d'agrément de l'établissement est prononcé par Monétaire soit à la demande de l'établissement ou de l'organe faîtier, soit d'office lorsque celui-ci ne remplit plus les conditions de son agrément. Lorsque l'établissement n'a pas fait usage de son agrément dans un délai de douze (12) mois ou lorsqu'il n'exerce plus son activité depuis six (6) mois, cet agrément devient caduc.

1.1.2 - Conditions particulières aux réseaux

Article 25: Aucun établissement ne peut adhérer à un réseau s'il n'a été préalablement agréé par l'Autorité Monétaire, après avis conforme de la Commission Bancaire.

La demande d'agrément est introduite par l'organe faitier. Elle comporte les mêmes pièces que celles visées à l'article 23 du présent Règlement.

Article 26 : Les établissements agréés à titre individuel, qui souhaitent intégrer un réseau, sont tenus de requérir l'autorisation préalable de la Commission Bancaire.

La demande d'autorisation préalable est introduite par l'organe faîtier. Elle comporte :

- l'exposé des motifs;
- le procès-verbal de l'assemblée générale de l'établissement autorisant son adhésion au réseau ;
- le procès-verbal de l'assemblée générale de l'organe faîtier accordant l'adhésion ;
- les documents comptables des trois derniers exercices ;
- le projet de contrat d'adhésion fixant les droits et obligations réciproques.

1.1.3 - Conditions particulières aux organes faitiers

Article 27: L'exercice des fonctions d'organe faîtier est subordonné à un agrément de l' Autorité Monétaire, après avis conforme de la Commission Bancaire.

L'organe faîtier doit justifier que deux au moins des établissements affiliés ont une durée minimale de deux années d'activité.

Une dérogation peut être accordée par la Commission Bancaire, en particulier dans le cas d'un réseau constitué avec l'appui d'un organisme expérimenté.

Le dossier d'agrément doit démontrer la capacité de l'organe faitier à assumer l'ensemble des fonctions qui lui sont dévolues par la présente réglementation.

Il doit comporter :

- une demande timbrée ;
- le certificat d'enregistrement ou d'inscription ;
- la liste et les actes d'agrément des établissements affiliés ;
- la liste des établissements fondateurs ;
- le procès-verbal de l'assemblée générale constitutive de l'organe faîtier;
- le procès-verbal de l'assemblée générale de chaque établissement autorisant son adhésion au réseau ;
- les statuts et le règlement intérieur de l'organe faîtier ;
- un état donnant la composition des organes de gestion, d'administration et de surveillance de l'organe faîtier ;
- les dossiers des dirigeants et principaux responsables ;
- les informations sur le dispositif de contrôle des établissements affiliés ;
- le détail des ressources humaines et des moyens techniques et financiers dont la mise en œuvre est nécessaire pour assurer les prérogatives dévolues à l 'organe faîtier ;
- les pièces attestant des versements au titre de la souscription des parts et les relevés bancaires correspondants ou tout autre document en tenant lieu ;
- les contrats d'adhésion dûment signés par les parties concernées et fixant les droits et obligations réciproques ;
- les documents comptables certifiés des trois derniers exercices des établissements fondateurs et les comptes prévisionnels sur trois ans de l'organe faitier.

Article 28 : La décision retirant l'agrément de l'organe faîtier doit préciser le sort réservé aux établissements affiliés.

1.2 - Agrément des dirigeants et des commissaires aux comptes

1.2.1 - Conditions générales

Article 29 : Les dirigeants et les commissaires aux comptes des établissements sont agréés par l'Autorité Monétaire, après avis conforme de la Commission Bancaire.

La demande d'agrément est adressée à l'Autorité Monétaire. Le dossier est déposé en double exemplaire et doit comporter les pièces et renseignements ci-après :

a) Pour les dirigeants :

- une copie d'acte de naissance ;
- deux photos d'identité ;
- un curriculum vitae ;
- les copies des diplômes obtenus ;
- une expédition du procès-verbal du Conseil d' Administration ou de l'organe en tenant lieu portant désignation des intéressés ;
- le certificat de domicile;
- un extrait du casier judiciaire ;
- une carte de séjour en cours de validité pour les étrangers.

b) **Pour les commissaires aux comptes :**

Outre, les pièces citées ci-dessus,

- une copie de l'acte d'agrément CEMAC en qualité de comptable ou d'expert-comptable;
- une copie d'inscription à)'Ordre National des comptables ou experts comptables agréés ou tout autre document en tenant lieu.

l.2.2 - Conditions particulières aux dirigeants

Pour les EMF indépendants :

Article 30 : Lorsque le total de bilan ne dépasse pas 250 millions, l'établissement est dirigé par un responsable agréé. Il est désigné par l'organe compétent. Dans la limite de ce seuil, l'activité de dirigeant peut être exercée à titre accessoire.

Au-delà de ce seuil et jusqu'à un total de bilan de 500 millions, l'établissement est dirigé par deux responsables agréés dont l'un au moins doit être titulaire d'un diplôme au moins égal au Baccalauréat de l'enseignement du second degré et disposer d'une expérience professionnelle de cinq (5) ans au moins dans le domaine bancaire, associatif ou coopératif. Ils sont désignés par l'organe compétent. Dans la limite de ce seuil, l'activité de dirigeant est exercée à titre principal par l'un au moins de ces deux responsables.

Au-delà du seuil fixé au paragraphe précédent,) 'établissement est dirigé par deux (2) responsables agréés. L'activité de dirigeant est, dans ce cas, exercée à titre exclusif. Le dirigeant doit être titulaire au moins d'une licence en sciences économiques, bancaires, financières, juridiques ou de gestion ou tout autre diplôme reconnu équivalent au moment du dépôt du dossier et justifier de solides références et d'une expérience professionnelle de cinq (5) ans au moins dans une fonction d'encadrement de haut niveau.

En l'absence de diplôme d'enseignement supérieur, une expérience professionnelle de dix (10) ans dans une fonction d'encadrement de haut niveau suffit.

Pour les établissements affiliés :

Article 31 : Les dirigeants des établissements affiliés à un réseau sont agréés dans les conditions ci-après :

- jusqu'à un total de bilan de 500 millions, l'établissement est dirigé par un responsable agréé. Il est désigné par l'organe compétent. L'activité du dirigeant peut être exercée à titre accessoire.
- Au-delà de la limite prévue au précédent paragraphe et jusqu'à un milliard, l'établissement est dirigé par deux (2) personnes responsables dont une a au moins le Baccalauréat de l'enseignement du second degré ou tout autre diplôme jugé équivalent et disposant d'une expérience d'au moins deux (2) ans dans les domaines bancaire, associatif ou coopératif. Le dirigeant est désigné par l'organe compétent.

L'activité du responsable titulaire du Baccalauréat est exercée à titre principal.

Au-delà de la limite précédente, l'établissement est dirigé par deux responsables agréés dont l'un au moins doit réunir les conditions prévues à l'article 30 alinéa 4 du présent règlement. L'activité du dirigeant est dans ce cas, exercée à titre exclusif.

Les pièces à transmettre à l'appui de la demande sont identiques à celles visées à l'article 29.

1.2.3 - Conditions particulières aux dirigeants des organes faîtiers

Article 32: La direction de l'organe faitier est assurée par deux (2) personnes responsables au moins. Ces dirigeants sont agréés par l'Autorité Monétaire, après avis conforme de la Commission Bancaire.

Le dirigeant doit être titulaire au moins d'une licence en sciences économiques, bancaires, financières, juridiques ou de gestion ou tout autre diplôme reconnu équivalent au moment du dépôt du dossier et justifier de solides références et d'une expérience professionnelle de cinq (5) ans au moins dans une fonction d'encadrement de haut niveau en matière bancaire, coopérative ou associative.

En l'absence de diplôme d'enseignement supérieur, une expérience professionnelle de dix (10) ans dans une fonction d'encadrement de haut niveau suffit.

Dans le cas où les exigences ci-dessus ne pourraient être satisfaites, les conditions de diplôme et d'expérience des dirigeants seront appréciées par la COBAC.

1.2.4 - Conditions particulières aux commissaires aux comptes

Article 33 : Les conditions particulières relatives aux commissaires aux comptes des EMF de Première catégorie sont définies comme suit:

Pour les EMF de Première Catégorie dont le total de bilan est inférieur ou égal à

50 Millions, les conditions de certification des comptes et les diligences des personnes chargées de cette tâche sont fixées par règlement de la Commission Bancaire de l'Afrique Centrale.

Pour les EMF de Première Catégorie dont le total de bilan est compris entre 50

Millions et 500 Millions, les conditions de certification de comptes sont les mêmes que celles appliquées aux EMF de Deuxième et Troisième Catégorie dont le total de bilan est inférieur ou égal à 500 M. Le commissaire aux comptes est au moins un comptable agréé par la CEMAC.

Au-delà de ce seuil, l'établissement est contrôlé par un commissaire aux comptes qui doit être un expert-comptable agrée par la CEMAC.

Article 34 : Les opérations d'un réseau sont contrôlées par des commissaires aux comptes agréés dans les conditions ci-après :

- jusqu'à un total de bilan de un milliard, la certification des comptes du réseau est assurée par au moins un comptable agrée CEMAC ;

- au-delà des limites ci-dessus, la certification des comptes est assurée par au moins un expert-comptable agréé CEMAC.

Les pièces à transmettre à l'Autorité Monétaire, en vue de l'agrément, sont celles visées à l'article 29 du présent Règlement.

Article 35: Le retrait d'agrément du dirigeant ou du commissaire aux comptes est prononcé par l'Autorité Monétaire soit à la demande de l'établissement, soit à la demande des intéressés, soit d'office lorsque les personnes visées ne remplissent plus les conditions de leur agrément.

Article 36: Le retrait d'agrément de l'établissement, du dirigeant ou du commissaire aux comptes peut être prononcé par la Commission Bancaire à titre de sanction disciplinaire.

Article 37: Toute décision de retrait d'agrément est motivée et notifiée aux intéressés. Elle est publiée au Journal officiel, dans un journal d'annonces légales de l'Etat ou au Bulletin de la Commission Bancaire.

CHAPITRE Il : DES **AUTORISATIONS PREALABLES ET DECLARATIONS De l'autorisation préalable**

Article 38 : Les établissements classés en Troisième Catégorie constitués en projet de micro - crédit ou ceux résultant de l 'activité de crédit - filière d'une entreprise sont soumis à une autorisation préalable de la Commission Bancaire.

Pour les projets de micro - crédit résultant de conventions signées avec des partenaires autres que l'Etat, la demande d'autorisation préalable doit contenir l'ensemble <lesdites conventions.

Les entreprises exerçant une activité de crédit - filière, qui procèdent à la collecte de l'épargne auprès de producteurs, sont tenues de créer une structure dédiée qui est agréée par l'Autorité Monétaire après avis conforme de la Commission Bancaire.

Pour tout Etablissement de microfinance, le changement de catégorie est soumis à l'autorisation préalable de la Commission Bancaire.

Article 39: Le développement d'opérations de crédit-bail par un EMF; la fusion, l'absorption, la scission, la cessation volontaire d'activité des établissements indépendants ou affiliés à un réseau ou d'un organe faîtier, est soumise à l'autorisation préalable de la Commission Bancaire.

Article 40: L'ouverture d'un guichet ou d'une agence, par les structures de la Deuxième catégorie, est soumise à l'autorisation préalable de l'Autorité Monétaire après avis du Conseil National du Crédit.

Article 41 : La poursuite, au terme du délai de sa maturité ou au terme d'une durée de quatre (4) ans à compter de la date de signature des conventions par les parties concernées, d'un projet de micro-crédit sans volet épargne et résultant de conventions signées avec) 'Etat ou initié par l'Etat lui-même, est soumise à) 'autorisation préalable de la COBAC.

De la simple déclaration

Article 42 : Sont soumis à une simple déclaration à l'Autorité Monétaire, à la

Commission Bancaire et au Conseil National du Crédit:

- L'ouverture d'un guichet ou d'une agence par les structures de Première et

Troisième Catégorie ;

-) 'abandon de tout projet de micro - crédit ne comportant pas de volet épargne;

- la cessation des fonctions de dirigeant et de commissaire aux comptes ;

- la mise en place de crédits - filière et de projets de micro - crédit sans volet épargne et résultant d'une convention entre l'Etat et les bailleurs de fonds.

CHAPITRE III : DES INTERDICTIONS

Article 43 : Nul ne peut être membre du Conseil d'administration ou de tout autre organe en tenant lieu d'un établissement, ni directement, ni par personne interposée, administrer, diriger ou gérer un établissement, ni disposer du pouvoir de signer pour son compte:

- s'il a fait l'objet d'une condamnation pour crime, atteinte à la sécurité ou tentative ou complicité de ces infractions;
- s'il a été condamné pour vol, abus de confiance, abus de biens sociaux, ou escroquerie ;
- s'il a été déclaré en faillite, sauf réhabilitation en sa faveur;
- s'il a été condamné en tant que gérant ou dirigeant d'une société en vertu de la législation sur les faillites ou la banqueroute, sauf réhabilitation en sa faveur ;
- s'il a fait l'objet d'une mesure de destitution ou radiation des fonctions d'Officier Ministériel ou d'Auxiliaire de Justice;

- si le système bancaire et financier des Etats membres de la Communauté Economique et Monétaire de l'Afrique Centrale porte des créances douteuses au sens défini par règlement de la Commission Bancaire, sur sa signature ou, à l'appréciation de la Commission Bancaire, sur celles d'entreprises placées sous son contrôle ou sa direction.

Article 44: Il est interdit à toute entité autre qu'un établissement régi par In présente réglementation d'utiliser une dénomination, une raison sociale, une publicité ou de façon générale, des expressions faisant croire qu'elle est agréée en tant que telle ou de créer une confusion à ce sujet.

Article 45 : Il est interdit aux établissements d'effectuer toute opération financière avec l'extérieur en qualité d'intermédiaire.

Il est interdit aux établissements d'effectuer des opérations autres que celles qui leurs sont ouvertes par la catégorie à laquelle ils appartiennent ou de créer une confusion à ce sujet.

TITRE V DES NORMES REGLEMENTAIRES

Article 46: La Commission Bancaire fixe les règles relatives à l'équilibre financier des établissements et, plus généralement, celles relatives à la pérennité du secteur de la microfinance.

Elle définit les règles relatives :

- aux conditions de recours aux emprunts ;
- aux conditions de prise de participation dans ces établissements ;
- aux normes de gestion que les établissements sont tenus de respecter en vue notamment de garantir leur liquidité, leur solvabilité et) 'équilibre de leur situation financière ;
- au plan comptable, à la consolidation des comptes et à la publicité des documents comptables et autres informations destinées tant aux autorités compétentes qu'au public;
- aux conditions dans lesquelles ces établissements peuvent prendre des participations et accorder des crédits à leurs membres, actionnaires, administrateurs, dirigeants et personnel ;
- à la notion de place en ce qui concerne 1 'émission de chèques ;
- aux limites appliquées aux établissements en ce qui concerne les opérations accessoires ;

- au nombre minimum des membres et au maximum des parts détenues par un membre dans un établissement de Première catégorie ;

- aux modifications de situation juridique.

Article 47 : La Commission Bancaire fixe les conditions de constitution sur le bénéfice à affecter, des réserves obligatoires des établissements.

Article 48 : La Commission Bancaire détermine la liste, la teneur et les délais de transmission des documents que les établissements sont tenus de lui adresser régulièrement.

Elle peut demander à ces établissements tous renseignements ou justificatifs utiles à l'exercice de sa mission.

TITRE VI DE LA SURVEILLANCE ET DU CONTROLE DES ETABLISSEMENTS

Article 49 : Le contrôle de 1 'activité des établissements est organisé selon les modalités ci-après :

- le contrôle interne, exercé au sein de la structure par ses propres organes ;

- le contrôle externe, effectué par les commissaires aux comptes ou les auditeurs

- la surveillance; de la Commission Bancaire.

Article 50 : Tout établissement est tenu de se doter d'un système de contrôle interne susceptible de lui permettre de :

- vérifier que ses opérations, son organisation et ses procédures internes sont conformes à la réglementation en vigueur, aux normes et usages professionnels et déontologiques ainsi qu'aux orientations de l'organe exécutif et délibérant ;

- vérifier le respect des limites fixées en matière de prise des risques, notamment pour les crédits accordés aux membres ou à la clientèle ainsi que les opérations avec d'autres établissements;

- veiller à la qualité de l'information comptable et financière, en particulier aux conditions de conservation et de disponibilité de cette information.

Article 51 : Pour les EMF organisés en réseau, l'organe faîtier a l'obligation d'effectuer régulièrement le contrôle des établissements affiliés. Il est tenu d'élaborer un rapport annuel qui est transmis à la

Commission Bancaire. Celle-ci est habilitée à se faire communiquer les rapports individuels.

Pour les projets, cette fonction est assurée par un Comité de suivi comprenant les administrations concernées. Obligation lui est faite de contrôler l'activité des projets et d'en dresser un rapport qui sera communiqué à l'Autorité Monétaire et à la Commission Bancaire.

Article 52 : Le contrôle exercé par les commissaires aux comptes ou les auditeurs externes est effectué au moins une fois l'an et permet notamment la certification des comptes. Le rapport de base est transmis à la Commission Bancaire et à l'Autorité Monétaire.

Article 53 : La Commission Bancaire est chargée de veiller au respect par les établissements des dispositions réglementaires édictées par le Comité Ministériel, par l'Autorité Monétaire, par la Banque des Etats de l'Afrique Centrale ou par elle-même, qui leur sont applicables et de sanctionner les manquements constatés.

Les établissements concernés, leurs commissaires aux comptes et toute autre personne ou organisme dont le concours peut être requis sont tenus de satisfaire aux demandes qui leur sont adressées dans le cadre de ces contrôles.

La surveillance des établissements s'exerce à travers des contrôles sur pièces et sur place.

Article 54 : La Commission Bancaire est habilitée à adresser des injonctions ou des mises en garde aux établissements assujettis.

Elle peut prononcer à leur encontre, à celle de leurs dirigeants et commissaires aux comptes les sanctions disciplinaires visées à l'article 57 du présent Règlement.

Elle peut leur désigner un administrateur provisoire, conformément aux dispositions de l'article 63 du présent règlement.

Article 55 : Pour les établissements organisés en réseau, la Commission Bancaire assure le contrôle de l' organe faîtier et se réserve la possibilité de réaliser des contrôles sur place dans les établissements affiliés afin de s'assurer de la qualité des diligences accomplies par l'organe faîtier.

Les entreprises qui accordent des crédits-filières et les projets sont tenues d'adresser à la Commission Bancaire un rapport annuel d'activité. La Commission Bancaire peut procéder à des vérifications plus approfondies.

Article 56: Le secret professionnel n'est pas opposable à la Commission Bancaire dans l'exercice de sa mission de surveillance des établissements assujettis.

TITRE VII DES SANCTIONS

Article 57: Lorsqu'un établissement n'a pas déféré à une injonction ou n'a pas tenu compte d'une mise en garde ou a violé la réglementation, la Commission Bancaire peut prononcer à son encontre l'une des sanctions disciplinaires ci-après :

L'avertissement ;

- le blâme;
- l'interdiction d'effectuer certaines opérations ou l'exercice de certaines activités ;
- la suspension, la démission d'office ou la révocation du commissaire aux comptes ;
- la suspension ou la démission d'office des membres du Conseil d'administration, du directeur général ou du gérant;
- le retrait d'agrément.

Article 58 : Sans préjudice des sanctions que pourra prendre, du même chef, la Commission Bancaire, sera puni d'un emprisonnement de trois (3) mois à deux (2) ans et d'une amende de 100 000 francs à 10 millions de francs, ou seulement de l'une de ces deux peines, quiconque, agissant soit pour son compte, soit pour le compte d'une personne morale, aura contrevenu aux dispositions et aux textes d'application du présent Règlement pour:

- défaut d'agrément pour l'exercice de l'activité d'Etablissement de Micro- Finance tel que définies à 1 'article 1 ;
- poursuite des activités d'Etablissement de Micro - Finance après retrait d'agrément;
- défaut d'agrément pour l'exercice des fonctions de dirigeant d'établissement ou de commissaire aux comptes ;
- réalisation illégale d'opérations de microfinance a titre habituel telles que définies à l'article 1
- et toute autre violation des interdictions énoncées dans le présent Règlement.

Le tribunal pourra ordonner que le jugement soit publié intégralement ou par extraits dans les journaux qu'il désigne et qu'il soit affiché dans les lieux qu'il détermine, aux frais du condamné sans que ceux-ci puissent excéder le montant maximum de l'amende encourue.

Article 59: Sans préjudice des sanctions énoncées à l'article 57, sera puni d'un emprisonnement d'un mois à un an et d'une amende de 100 000 à 5 000 000 de francs, ou de l'une de ces peines seulement, quiconque aura sciemment :

- mis obstacle aux contrôles de la Commission Bancaire ou des commissaires aux comptes d'un établissement de crédit à caractère spécial ;

- mis obstacle à l'accomplissement de la mission impartie par la Commission

Bancaire, à l'administrateur provisoire désigné au titre de l'article 63;

- mis obstacle à l'accomplissement de la mission impartie par la Commission

Bancaire au liquidateur désigné au titre de l'article 64;

- donné, certifié ou transmis des renseignements inexacts au titre des dispositions et textes d'application des articles 22 ; 23 ; 24; 27; 49; 52; 54;

- contrevenu aux dispositions et textes d'application des articles 25 ; 26; 32;

45 ; 62 ; 63 et 64.

Article 60 : Est passible des peines stipulées à l'article 59 quiconque aura contrevenu aux dispositions et aux textes d'application de l'article 24 du présent Règlement, pour non désignation de commissaires aux comptes ou absence d'agrément préalable de ceux-ci.

Article 61 : La Commission Bancaire peut se constituer partie civile en cas de poursuite exercée au titre de ces infractions. Elle est habilitée à saisir le Ministère Public pour l'ouverture d'une procédure pénale.

Article 62 : Les établissements qui n'auront pas satisfait dans les délais impartis aux obligations prescrites par la présente réglementation ou n'auront pas tenu compte d'une mise en garde ou déféré à une injonction de la Commission Bancaire encourent les astreintes suivantes par jour de retard et par omission :

- 10 000 francs pour les quinze (15) premiers jours ;
- 20 000 francs pour les quinze (1 5) jours suivants ;
- 30 000 francs au-delà.

La notification de ces astreintes aux établissements défaillants et leur liquidation relèvent respectivement de la Commission Bancaire et de la Banque Centrale des Etats de l' Afrique Centrale.

Sur simple saisine de ces Autorités, l'établissement teneur du ou des comptes de l'établissement défaillant est tenu de procéder au débit de ce compte et d'en porter le montant au compte du Conseil National du Crédit.

TITRE VIII DE L'ADMINISTRATION PROVISOIRE

Article 63 : En cas de carence constatée dans l'administration, la gérance ou la direction d'un établissement, la Commission Bancaire est habilitée à lui désigner un administrateur provisoire.

Cette désignation peut également intervenir si la gestion de l'établissement ne peut plus être assurée dans des conditions normales ou lorsque la démission d'office des dirigeants est prononcée ou encore lorsque la sauvegarde des intérêts des membres de l'établissement l'exige.

Dans tous les cas, la décision portant désignation d'un administrateur provisoire doit être motivée.

Outre les attributions nécessaires à l'administration et à la direction de l'établissement et le pouvoir de déclarer la cessation des paiements, la décision portant nomination de l'administrateur provisoire peut préciser l'étendue des pouvoirs, les obligations, la durée du mandat et la rémunération de l'administrateur provisoire.

La mise sous administration provisoire entraîne le dessaisissement des dirigeants et des organes sociaux, la suspension d'office de leurs pouvoirs qui sont, selon le cas, transférés en totalité ou en partie à l'administrateur provisoire.

TITRE IX DE LA LIQUIDATION

Article 64 : Tout établissement dont l'agrément est retiré entre en liquidation. La liquidation peut être organisée selon le régime de droit commun.

L'autorité compétente qui procède au retrait d'agrément peut nommer un liquidateur. Elle fixe sa rémunération et l'étendue de ses pouvoirs.

Pendant la période de liquidation, l'établissement ne peut effectuer que les opérations strictement nécessaires à l'apurement de son passif et ne peut faire état de sa qualité qu'en précisant qu'il est en liquidation.

TITRE X DES DISPOSITIONS DIVERSES

Article 65 : Les établissements doivent publier périodiquement leur situation financière et comptable et afficher les conditions applicables à la clientèle.

Article 66: La Banque des Etats de l' Afrique Centrale assure la centralisation des risques des établissements assujettis.

Elle détermine la liste la teneur et les délais de transmission des documents et informations qui doivent lui être remis.

Les établissements sont tenus de lui adresser régulièrement leurs déclarations.

Article 67 : Les décisions applicables aux établissements sont exécutoires dès leur notification à l'Autorité Monétaire Nationale et aux intéressés.

Article 68 : Les décisions prises par la Commission Bancaire sont susceptibles de recours devant la Cour de Justice de la CEMAC, seule habilitée à en connaître en dernier ressort.

Le recours doit être signifié à la Cour de Justice de la CEMAC dans un délai de deux (2) mois suivant la notification de la décision. Il n'a pas de caractère suspensif, sauf en cas de saisine de la Cour de Justice de la CEMAC préalable à la notification du retrait d'agrément. Il peut être formé par les dirigeants sanctionnés, par l'établissement concerné, ou par l'Autorité Monétaire Nationale[5].

---

[5] **LES MOYENS DE PAIEMENT**

LA MONNAIE : LE FRANC CFA Une parité fixe avec l'Euro Le FCFA est à parité fixe avec l'Euro (1 € = 655,957 FCFA / 1000 FCFA = 0,1524 €).

Sa convertibilité avec la monnaie européenne est illimitée et garantie par le Trésor Français.

La monnaie nationale au Gabon est le FCFA de la zone CEMAC (Communauté Économique et Monétaire d'Afrique Centrale).

FCFA est une appellation commune aux deux monnaies circulant dans les 14 pays membres de la Zone Franc, elle-même divisée en 2 zones : la zone CEMAC dont est membre le Gabon. La devise est le " Franc de la Coopération Financière en Afrique Centrale " pour les pays de cette zone, à savoir le Gabon, le Cameroun, la RCA, le Congo, la Guinée Équatoriale et le Tchad. Son émission est assurée par la BEAC (Banque Économique d'Afrique Centrale). Le sigle utilisé à l'international est XAF

La zone UEMOA (Union Économique et Monétaire Ouest Africaine). Elle concerne le Bénin, le Burkina Faso, la Côte d'Ivoire, la Guinée équatoriale, le Mali, le Niger, le Sénégal, le Togo. On parle pour cette zone de " Franc de la Communauté Financière Africaine ", monnaie émise par la BCEAO (Banque Centrale des États d'Afrique de

TITRE XI DES DISPOSITIONS TRANSITOIRES ET FINALES

Article 69 : Les établissements, leurs dirigeants ainsi que leurs commissaires aux comptes sont tenus de se conformer aux dispositions du présent règlement dans un délai de trente-six (36) mois, à compter de son entrée en vigueur.

Les EMF de la Première catégorie qui procèdent à titre accessoire à la collecte de l'épargne des usagers et accordent des crédits à ceux-ci à la date d'entrée en vigueur de la présente réglementation, demeurent classés dans cette même catégorie. L'admission de tout nouvel usager et l'octroi de nouveaux concours à ces usagers leur sont interdits.

Article 70: Les présentes dispositions, dont les modalités d'application seront définies par règlements de la Commission Bancaire de l'Afrique Centrale, peuvent être modifiées par décision du Comité Ministériel de l'UMAC à l'unanimité.

Article 71 : Le présent Règlement qui abroge toutes dispositions antérieures contraires, entre en vigueur à compter de sa signature et est publié au Bulletin Officiel de la Communauté.

---

l'Ouest). Le sigle utilisé à l'international est XOF. A noter que les FCFA émis par la BCEAO ne sont pas valables dans la zone CEMAC et inversement.

LA RÉGLEMENTATION DES CHANGES : Des mouvements financiers libres mais contrôlés Les mouvements financiers entre les Etats membres et la France (Monaco compris) sont libres.

Toutefois, la réglementation des changes, édictée par la BEAC et commune à la zone CEMAC, prévoit des mesures de contrôle des changes.

Cette réglementation oblige à la justification des transferts (et non à une autorisation) dès lors que les montants dépassent 5 Millions de FCFA.

Les banques réalisant les opérations de transfert sont tenues de s'assurer de la réalité économique de la transaction et demandent de ce fait toutes pièces justificatives.

Au Gabon, cette justification de sortie de fonds vaut : pour les entreprises, pour les transferts supérieurs à 5 Millions de FCFA qui doivent présenter les factures correspondantes, les documents de transport, la licence d'importation le cas échéant.

Pour les particuliers, pour les transferts supérieurs à 1 Million de FCFA qui nécessitent par exemple la présentation de la fiche de paie.

REGLEMENT N°01/03-CEMAC-UMAC PORTANT PREVENTION ET REPRESSION DU BLANCHIMENT DES CAPITAUX ET DU FINANCEMENT DU TERRORISME EN AFRIQUE CENTRALE

En sa séance du 28 mars 2003,

ADOPTE LE REGLEMENT DONT LA TENEUR SUIT:

TITRE 1 : DEFINITIONS ET CHAMP D'APPLICATION Article 1 : Définition du blanchiment des capitaux. Au sens du présent Règlement, le blanchiment des capitaux désigne un ou plusieurs des agissements ci-après énumérés commis intentionnellement :

a) la convention ou le transfert de biens provenant d'un crime ou d'un délit au sens des textes applicables dans l'Etat membre ou du présent Règlement, dans le but de dissimuler ou de déguiser l'origine illicite desdits biens ou d'aider toute personne qui est impliquée dans la commission de ce crime ou délit à échapper aux conséquences juridiques de ses actes ;

b) la dissimulation ou le déguisement de la nature, de l'origine, de l'emplacement, de la disposition, du mouvement ou de la propriété de biens provenant d'un crime ou d'un délit au sens des textes applicables dans l'Etat membre ou du présent Règlement ;

c) l'acquisition, la détention ou l'utilisation de biens provenant d'un crime ou d'un délit au sens des textes applicables dans l'Etat membre ou du présent Règlement ;

d) la participation à l'un des actes visés au présent article, l'association pour commettre ledit acte, les tentatives de le perpétrer, le fait d'aider, d'inciter ou de conseiller quelqu'un à le faire ou le fait d'en faciliter l'exécution.

La connaissance de l'origine des biens ou l'intention de commettre les faits susvisés nécessaire en tant qu'élément de l'infraction peut être établie à partir de circonstances de fait objectives.

Pour servir de base à des poursuites pour blanchiment des capitaux en application du présent Règlement, les faits d'origine commis dans un autre Etat membre ou dans un Etat tiers doivent avoir le caractère d'une infraction pénale dans le pays où ils ont été commis.

Article2 : Définition du financement du terrorisme

Au sens du présent Règlement, le financement du terrorisme est le fait pour toute per- sonne de fournir ou de réunir, par quelque moyen que ce soit, directement ou indirectement, illi- citement et délibérément, des fonds dans l'intention de les voir utilisés ou en sachant qu'ils seront utilisés, en tout ou partie, en vue de commettre :

a) un acte qui constitue une infraction de terrorisme selon la définition de l'un des traités interna- tionaux pertinents régulièrement ratifié par l'Etat membre ;

b) tout autre acte destiné à tuer ou blesser grièvement un civil, ou toute autre personne qui ne participe pas directement aux hostilités dans une situation de conflit armé, lorsque, par sa nature ou son contexte, cet acte vise à intimider une population ou à contraindre un gouvernement ou une organisation internationale à accomplir ou à s'abstenir d'accomplir un acte quelconque.

Article3 : Autres définitions

Aux fins du présent Règlement, les termes suivants sont définis comme suit :

1. Communauté ou CEMAC: la communauté Economique et Monétaire de l'Afrique Centrale;

2. Acte Additionnel : I' Acte Additionnel n°9/00/CEMAC-086/CCE 02 du 14 décembre 2000 portant création du GABAC ;

3. UEAC : l'Union Economique de l'Afrique Centrale;

4. UMAC : l'Union Monétaire de l'Afrique Centrale ;

5. Comité Ministériel : le Comité Ministériel de l'Union Monétaire de l'Afrique Centrale;

6. Conseil : le Conseil de Ministres de l'Union Economique de l'Afrique Centrale;

7. GABAC : le Groupe d'Action contre le Blanchiment d'Argent en Afrique Centrale ;

8. BEAC : la Banque des Etats de l'Afrique Centrale ;

9. COBAC: la Commission Bancaire de l'Afrique Centrale;

10. Gouverneur: le Gouverneur de la Banque des Etats de l'Afrique Centrale ;

11. Comité des sanctions ou Comité contre-terrorisme : Comité du Conseil de sécurité de l'Organisation des Nations Unies composé de tous

les membres dudit Conseil créé par la Résolution n° 1373 adoptée par le 28 septembre 2001 par le Conseil de Sécurité de l'Organisation des Nations Unies concernant le contre-terrorisme et chargé de suivre l'application de cette même résolution n° 1373 ;

12. Autorité Monétaire : le Ministre en charge de la Monnaie et du Crédit dans l'Etat membre ;

13. Agence ou ANIF: l'Agence Nationale d'investigation Financière instituée à l'article 25 du présent Règlement ;

14. Etat membre : tout Etat partie ou Traité instituant la Communauté Economique et Monétaire de l'Afrique Centrale ;

15. Etat tiers : tout Etat non membre de la Communauté Economique et Monétaire de l'Afrique Centrale;

16. Produit du crime : tout bien ou tout avantage économique tiré directement ou indirecte- ment d'un crime ou délit ;

17. Bien : tous les types d'avoir, corporels ou incorporels, meubles ou immeubles, tangibles ou intangibles, ainsi que les actes juridiques ou documents attestant la propriété de ces avoirs ou des droits y relatifs ;

18. Instrument : tous objets employés ou destinés à être employés de quelque façon que ce soit, en tout ou en partie, pour commettre une ou des infractions pénales ;

19. Organisation criminelle ou groupe criminel organisé : tout groupe structuré dans le but de commettre des crimes ou délits ou des actes terroristes, pour en tirer, directement ou indirecte- ment, un avantage financier ou un autre avantage matériel ;

20. Confiscation : la dépossession permanente de biens sur décision d'un tribunal ;

21. Infraction d'origine : toute infraction notamment pénale, même commise à l'étranger, ayant permis à son tour de se procurer des produits au sens du présent Règlement ;

22. Terrorisme : l'un quelconque des actes suivants :

a) acte qui constitue une infraction au regard et selon la définition de l'un des traités internationaux pertinents ratifié par l'Etat membre ;

b) acte destiné à causer la mort ou des dommages corporels graves à toute personne civile, ou à toute autre personne qui ne participe pas directement aux hostilités dans une situation de conflit armé, lorsque, par sa nature ou son contexte, cet acte est destiné à intimider une population ou à contraindre un gouvernement ou une organisation internationale à accomplir ou à s'abs- tenir d'accomplir un acte quelconque ;

c) la tentative de commettre une infraction au sens des alinéas (a) et (b);

d) la participation en tant que complice à une infraction au sens des alinéas (a), (b) et (c) ;

e) le fait d'organiser la commission d'une infraction au sens des alinéas (a), (b) et (c) ;

f) le fait de contribuer délibérément à la commission de l'un ou plusieurs des actes visés aux alinéas (a), (b) et (c) par un groupe de personnes agissant de concert afin de faciliter l'activité criminelle du groupe ou en servir les buts, lorsque cette activité ou ces buts supposent la commission d'un acte au sens des points (a) et (b), ou d'être amené en pleine connaissance de l'intention du groupe à commettre un acte au sens des alinéas (a) et (b) ;

23 Auteur : toute personne ayant participé à l'infraction en qualité d'auteur principal, de coauteur ou de complice ;

24 Etablissement de crédit : les organismes qui effectuent à titre habituel des opérations de banque au sens de l'article 4 de l'Annexe à la Convention du 17 janvier 1992 portant harmonisation de la Réglementation Bancaire dans les Etats de l'Afrique Centrale, ainsi qu'une succursale, au sens de l'article 16 de l'Annexe à cette même Convention, d'un établissement de crédit ayant son siège social dans ou en dehors de la CEMAC ;

25 Fonds : les avoirs de toute nature, corporels ou incorporels, mobiliers ou immobiliers, acquis par quelque moyen que ce soit, et les documents ou instruments légaux sous quelque forme que ce soit, y compris sous forme électronique ou numérique, qui prouvent un droit de propriété ou un intérêt sur ces avoirs, incluant, mais non exclusivement, crédits bancaires, chèques de voyage, chèques bancaires, mandats, actions, titres, obligations, traites et lettres de crédit ;

26. Gel des fonds : toute action visant à empêcher tout mouvement, transfert, modification, utilisation ou manipulation de fonds qui auraient pour conséquence un changement de leur volume, de leur montant, de leur localisation, de leur propriété, de leur possession, de leur nature, de leur destination ou de toute autre modification qui pourrait en permettre l'utilisation, notamment la gestion de portefeuille ;

27. Saisie : l'interdiction temporaire du transfert, de la conversion, de la disposition ou du mouvement de biens, ou le fait d'assumer

temporairement la garde ou le contrôle de biens sur décision d'un tribunal ou d'une autre autorité compétente ;

28. Livraison surveillée : l'opération consistant à permettre le passage par le territoire d'un ou de plusieurs Etats d'expéditions illicites ou suspectées de l'être, au su et sous le contrôle des autorités compétentes de ces Etats, en vue d'enquêter sur une infraction et d'identifier les personnes impliquées dans sa commission.

Article 4 : Objet.

Le présent Règlement définit les règles visant à parvenir, détecter, empêcher ou réprimer: l'utilisation du système financier ou des autres secteurs de la vie économique des Etats de la

CEMAC à des fins de blanchiment des capitaux ; le financement des actes de terrorisme associé au blanchiment des capitaux ou non.

Article 5 : Assujettis.

Les dispositions du Titre Il, Ill et IV du présent Règlement sont applicables à toute personne physique ou morale qui, dans le cadre de sa profession, réalise, contrôle, ou conseille des opéra- entraînant des dépôts, des échanges, des placements, des conversions ou tous autres mouvements de capitaux, et en particulier :

- les Trésors Publics des Etats membres ;
- la BEAC;
- les organismes financiers ;
- les changeurs manuels ;
- les gérants, propriétaires et directeurs de casinos et établissements de jeux ;
- les notaires et autres membres des professions juridiques indépendantes lorsqu'ils conseillent ou assistent des clients ou agissent au nom et pour le compte de leurs clients pour l'achat et la vente de biens, d'entreprises ou de fonds de commerce, la manipulation d'actifs, de titres ou d'autres actifs, l'ouverture de comptes bancaires, la constitution la gestion ou la direction de sociétés, de fiducies ou de structures similaires, ou toutes opérations financières ;
- les agents immobiliers ;
- les sociétés de transport et de transfert de fonds ;
- les agences de voyage ;
- les commissaires aux comptes, les experts comptables et auditeurs externes, les conseillers fiscaux ;

- les marchands d'articles de valeur tels que les œuvres d'art, les métaux et les pierres précieuses, les automobiles.

Article 6 : Organismes financiers

Pour l'application du présent article sont considérés comme organismes financiers : les établissements de crédit (banques et établissements financiers) y compris les succursales, au sens de l'article 16 de l'Annexe à la Convention du 17 janvier 1992 portant harmonisation de la réglementation Bancaire dans les Etats de l'Afrique Centrale, d'un établissement de crédit ayant son siège à l'étranger ; les intermédiaires en opérations de banque ; les services financiers de la Poste ; les établissements de micro finance ; les sociétés d'assurance et de réassurance, les courtiers d'assurance et de réassurance ; les bourses des valeurs mobilières ; les organismes assurant les fonctions de dépositaire central ou de banque de règlement ;les sociétés de bourse; les intermédiaires en opérations de bourse ; les sociétés de gestion de patrimoine ; les entre- prises offrant des services d'investissement, les organismes de placement collectif en valeurs mobilières (OPCVM) et les sociétés de gestion des OPCVM.

Article 7 : Spécification des catégories professionnelles assujetties.

Le Comité Ministériel précise an tant que de besoin la définition des catégories professionnelles assujetties au sens de l'article 5 ci-dessus.

L'application de tout ou partie des dispositions du Titre Il, Ill et IV du présent Règlement peut être étendue par le Comité Ministériel ou à défaut par des dispositions prises par chaque Etat membre, à toute profession ou catégorie d'entreprises a été utilisée aux fins de blanchiment ou de financement du terrorisme ou exerce des activités particulièrement susceptibles d'être utilisées à de telles fins.

Article 8 : Déclaration au Procureur de la République

Les personnes autres que celles expressément assujetties au titre de l'article 5 ci-dessus sont tenues de déclarer au procureur de la République les opérations dont elles ont connaissance et qui portent sur des sommes qu'elles savent susceptibles de provenir d'un crime ou délit ou s'inscrire dans un processus de blanchiment des capitaux ou de financement du terrorisme.

Le Procureur de la République en informe !'Agence Nationale d'investigation Financière qui lui fournit tous renseignements utiles.

Lorsqu'elles ont fait de bonne foi une telle déclaration, ces personnes bénéficient des dis- positions des articles 22 et 23 ci-dessous. Elles sont tenues de respecter les obligations de confidentialité des déclarations, et passibles des sanctions pénales y relatives prévues par le présent Règlement.

TITRE-T-II : PREVENTION ET DETECTION DU BLANCHIMENT

Article 9 : identification des clients.

Les organismes financiers et les autres personnes assujetties au titre de l'article 5 ci-dessus doivent, avant d'ouvrir un compte, de prendre en garde des titres, valeurs ou bons, d'attribuer un coffre ou d'établir toutes autres relations d'affaires, s'assurer de l'identité et de l'adresse de leur cocontractant en exigeant la présentation d'un document officiel original en cours de validité et comportant une photographie, dont il est copie.

Ils s'assurent dans les mêmes conditions de l'identité et de l'adresse de leurs clients occasionnels pour toute transaction portant sur une somme supérieure à un montant défini par le Comité Ministériel ou, à défaut, par l'Etat membre.

L'identification est requise même si le montant de l'opération est inférieur au seuil fixé lors- que la provenance licite des capitaux n'est pas certaine. L'identification devra aussi avoir lieu en cas de répétition d'opérations distinctes, effectuées dans une période limitée et pour un montant individuel inférieur au seuil prévu.

Article10: Identification de l'ayant droit économique

Les organismes financiers et les autres personnes assujetties au titre de l'article 5 ci-dessus se renseignent sur l'identité véritable des personnes au bénéfice desquelles un compte est ouvert ou une opération réalisée lorsqu'il leur apparaît que les personnes qui demandent l'ouverture du compte ou la réalisation de l'opération pourraient ne pas agir pour leur propre compte.

Si le client est un avocat, un comptable public ou privé, une personne privée ayant une délégation d'autorité publique, ou mandataire, intervenant en tant qu'intermédiaire financier, il ne pourra invoquer le secret professionnel pour refuser de communiquer l'identité du véritable opérateur.

Article11 : Méthodes d'identification

La vérification de l'identité d'une personne physique est opérée par la présentation d'un document officiel original en cours de validité et comportant une photocopie, dont il est pris une copie. L'identification d'une personne morale est effectuée par la production des statuts et de tout document établissant qu'elle a été légalement constituée et qu'elle a une existence réelle au moment de l'identification.

Il en est pris copie.

Les responsables, employés et mandataires appelés à entrer en relation pour le compte d'autrui doivent, outre les pièces ci-dessus relatives à la justification de leur identité et de leur adresse, produire les documents attestant de la délégation de pouvoir qui leur est accordée, ainsi que des documents attestant de l'identité et de l'adresse des ayants droit économiques.

Article12 : Surveillance particulière de certaines opérations

Toute opération importante portant sur des sommes dont le montant unitaire ou total est supérieur à une somme fixée par le Comité Ministériel ou, à défaut, par des dispositions nationales, et qui, sans pouvoir faire l'objet d'une déclaration de soupçon au sens de l'article 18, se présente dans des conditions inhabituelles de complexité et ne paraît pas avoir de justification économique ou d'objet licite, doit faire l'objet, de la part de l'organisme financier et les autres per- sonnes assujetties au titre de l'article 5, d'un examen particulier visant à obtenir du client des renseignements sur l'origine et la destination de ces sommes ainsi que sur l'objet de la transaction, l'identité et le domicile du donneur d'ordre ou de la personne qui en bénéficie.

L'organisme financier ou la personne assujettie au titre de l'article 5 «établit un rapport confidentiel écrit comportant tous les renseignements recueillis en application de l'alinéa précédent qu'il conserve dans les conditions prévues à l'article 13 du présent Règlement.

Tout paiement en espèces ou par titres au porteur d'une somme dont le montant unitaire ou total est supérieur à un seuil fixé par le Comité Ministériel ou à défaut par des dispositions prises par chaque Etat membre, donne lieu à une déclaration précisant l'objet de l'opération, l'origine et la destination des espèces ou titres, ainsi que l'identité des parties, qui est faite à !'Agence Nationale d'investigation Financière instituée à l'article 25 ci-après.

Une vigilance particulière doit être exercé à l'égard des transferts électroniques et plus généralement de tout type de transfert de fonds quel que soit le mode de réception ou d'exécution de l'ordre, ainsi qu'à l'égard des opérations en provenance ou à destination d'établissements ou institutions financières qui ne sont pas soumis à des obligations au moins équivalentes à celles du présent Règlement en matière d'identification des clients ou de contrôle des transactions ou qui sont situés dans des pays non membres du Groupe d'Action Financière (GAFI) ou dans des pays identifiés comme non coopératifs dans les matières objet du présent Règlement.

La vigilance particulière prescrite à l'alinéa précédent vise notamment à établir l'origine des sommes en cause.

Article13 : Conservation des documents et pièces

Dans le cas visés à l'article 12, les caractéristiques de l'opération et les informations concernant l'identité et le domicile des intéressés sont consignées par écrit et conservées par l'organisme financier ou la personne assujettie au titre de l'article 5, qui les tient avec les documents et pièces qui s'y rattachent à la disposition des autorités et administrations visées à l'article 15 ci-dessous qui peuvent seules en obtenir communication.

Sans préjudice des dispositions édictant des obligations plus contraignantes, les organismes financiers conservent les documents relatifs à l'identité des clients habituels ou occasionnels ou aux opérations effectuées par ceux-ci pendant cinq ans au moins à compter de la clôture des comptes, de la cessation des relations avec le client ou de l'exécution de l'opération.

Article14 : Organisation interne des organismes financiers

Les organismes financiers élaborent des programmes de prévention du blanchiment des capitaux et du financement du terrorisme. Ces programmes comprennent :

a. la centralisation des informations sur l'identité des clients, donneurs d'ordre, bénéficiaires et titulaires de procuration, mandataires, ayants droit économiques, et sur les transactions suspectes déclarées en application des dispositions du présent Règlement ;

b. la désignation de responsables de la direction centrale, de chaque succursale, et de chaque agence ou service local ;

c. la formation continue des fonctionnaires ou employés ;

d. un dispositif de contrôle interne de l'application et de l'efficacité des mesures adoptées pour l'application du présent Règlement.

Article15 : Communication de documents et pièces

Pour l'application du présent Règlement, peuvent demander communication des renseignements et documents visés aux articles 9 à 13 ci-dessus :

- !'Agence Nationale d'investigation Financière, dans le but de reconstituer l'ensemble des transactions faites par une personne physique ou morale et liées à une opération ayant fait l'objet d'une déclaration de soupçon ou dans le but de renseigner, dans les conditions prévues par le présent Règlement, les services des autres Etats exerçant des compétences analogues ;
- l'autorité judiciaire ou les fonctionnaires chargés de la détection et de la répression des infractions liées au blanchiment agissant dans le cadre d'une procédure pénale ;
- l'autorité de contrôle de la profession.

En aucun cas les personnes ayant l'obligation de transmettre les renseignements et les documents susmentionnés, ainsi que toute autre personne en ayant connaissance, ne les communiqueront à d'autres personnes physiques ou morales que celles énumérées au présent article.

Article 16 : Changeurs manuels

Les personnes physiques ou morales autres que les établissements de crédit et la BEAC, qui font profession habituelle d'effectuer des opérations de change manuel, adressent, avant de commencer leurs opérations, une déclaration d'activité à la BEAC comprenant la justification de l'origine des fonds nécessaires.

Les changeurs manuels sont soumis aux obligations prescrites aux articles 9 à 13 ci-dessus pour leurs opérations dont le montant excède un seuil fixé par le comité ministériel ou à défaut par des dispositions prises par chaque Etat membre.

Ils tiennent un registre de toutes leurs transactions qui consigne dans l'ordre chronologique le montant et la nature de l'opération, l'identité et l'adresse du client, ainsi que les références du document officiel présenté. Ce registre est coté et paraphé par l'autorité administrative compétente et conservé pendant cinq ans au moins après la dernière opération enregistrée.

Article 17 : Casino et établissements de jeux

Les casinos et établissements de jeux sont tenus d'adresser, avant de commencer leurs opérations, une déclaration d'activité à l'autorité de tutelle et à l'ANIF comprenant la justification de l'origine des fonds nécessaires.

Les casinos et établissements de jeux sont tenus d'enregistrer et de conserver pendant cinq ans au moins les noms et adresses des joueurs qui échangent ou apportent notamment de jetons, plaques ou tickets pour une somme supérieure à un montant fixé par le Comité Ministériel ou à défaut par des dispositions prises par chaque Etat membre. Ils s'assurent de leur identité en exigeant la présentation d'un document officiel original en cours de validité et comportant une photographie, dont il est pris copie.

Les casions et établissements de jeux sont tenus d'exercer la surveillance particulière de certaines opérations prescrites à l'article 12 ci-dessus.

Ils tiennent un registre de toutes leurs transactions qui consigne dans l'ordre chronologique le montant et la nature de l'opération, l'identité et l'adresse du client, ainsi que les références du document officiel présenté. Ce registre est coté et paraphé par l'autorité administrative compétente et conservé pendant cinq ans au moins après la dernière opération enregistrée.

Article18 : Obligation de déclaration de soupçon

Les organismes financiers et les autres personnes assujetties au titre de l'article 5 ci-dessus sont tenus, dans les conditions fixées par le présent Règlement, de déclarer à !'Agence Nationale d'investigation Financière :

- les sommes ou tous autres biens qui sont en leur possession lorsqu'ils pourraient être liés à un crime ou à un délit ou s'inscrire dans un processus de blanchiment des capitaux ;

- les opérations qui portent sur des sommes ou biens qui pourraient provenir d'un crime ou d'un d élit ou s'inscrire dans un processus de blanchiment des capitaux.

Les organismes financiers et les autres personnes assujetties au titre de l'article 5 sont égale- ment tenus de déclarer à !'Agence Nationale d'investigation Financière :

- toute opération dont l'identité du donneur ou du bénéficiaire reste douteuse malgré les diligences effectuées conformément aux articles 9 à 11 du présent Règlement ;

- les opérations effectuées par les organismes financiers pour compte propre ou pour compte de tiers avec des personnes morales y compris leurs filiales ou établissements, agissant sous forme ou pour compte de fonds fiduciaires ou de tout autre instrument de gestion d'un patrimoine d'affectation dont l'identité des constituants ou des bénéficiaires n'est pas connue.

La déclaration peut porter sur des opérations déjà exécutées lorsqu'il a été impossible de surseoir à leur exécution ou lorsqu'il est apparu postérieurement à la réalisation de l'opération que les sommes pourraient provenir du trafic de stupéfiants ou s'inscrire dans un processus de blanchiment des capitaux.

Toute information de nature à renforcer le soupçon ou à l'infirmer doit être immédiatement déclarée à !'Agence Nationale d'investigation Financière.

Article 19 : Formes et mentions

La déclaration peut être verbale ou écrite.

Les déclarations faites téléphoniquement peuvent être confirmées par télécopie ou tout autre moyen écrit.

La déclaration précise le délai dans lequel l'opération suspecte doit être exécutée ou le cas échéant les raisons pour lesquelles l'opération a déjà été exécutée.

La déclaration est adressée à l'Agence Nationale d'investigation Financière.

Article 20 : Accusé réception

Dès réception, l'Agence Nationale d'investigation Financière accuse réception de la déclaration.

Le déclarant peut demander que l'Agence Nationale d'investigation Financière n'accuse pas réception de la déclaration.

Dans le cas où !'Agence Nationale d'investigation Financière saisit le Procureur de la République, la déclaration, dont ce dernier est avisé, ne figure pas au dossier de la procédure.

Article 21 : Absence de déclaration

Lorsque, par suite soit d'un défaut de vigilance, soit d'une carence dans l'organisation de ses procédures internes de contrôle, un organisme financier a omis de faire la déclaration pré- vue à l'article 18 ci-dessus, l'autorité ayant pouvoir disciplinaire est habilitée à engager une procédure sur le fondement des règlements professionnels ou administratifs et à en aviser le Procureur de la République.

Article 22 : Exemptions de responsabilité

Pour les sommes ou les opérations ayant fait l'objet de la déclaration et des diligences prescrites par le présent Règlement, aucune poursuite pénale ne peut être intentée contre les dirigeants et les préposés de l'organisme financier ou de toute autre personne assujettie au titre de l'article 5 qui ont agi de bonne foi.

Aucune action en responsabilité civile ne peut être intentée ni aucune sanction professionnelle prononcée pour violation du secret bancaire ou professionnel ou à un quelconque autre titre contre un organisme financier, ses dirigeants ou ses préposés qui ont effectué de bonne foi la déclaration et les autres diligences prescrites par le Présent Règlement ou procédé au blocage d'une opération dans le cadre dudit Règlement ; et ce même si ~es enquêtes n'ont donné lieu ni à des poursuites ni à une condamnation.

Lorsque l'opération ayant fait l'objet de la déclaration a été exécutée dans les conditions prévues à l'article 18 alinéa 3 ci-dessus et sauf concertation frauduleuse avec le propriétaire des sommes ou l'auteur de l'opération, l'organisme financier ou toute autre assujettie au titre de l'article 5 est dégagé de toute responsabilité, et aucune poursuite ne peut être engagée de ce fait contre ses dirigeants ou ses préposés au titre des infractions prévues par le présent Règlement ou par des dispositions non contraires en vigueur de blanchiment des capitaux et de financement du terrorisme.

Article23 : Portée **de l'exemption**

Les dispositions de l'article précédent s'appliquent même si la preuve du caractère *délictueux des faits à l'origine de la déclaration n'est pas rapportée ou si ces faits ont fait* l'objet d'une décision de non-lieu, de relaxe ou d'acquittement.

Article24 : Etendue des obligations des assujettis

Le Comité Ministériel précise en tant que de besoin les obligations incombant aux catégories professionnelles assujetties au présent Règlement.

Article 25 : Agence **Nationale d'investigation Financière**

Il est institué dans chaque Etat membre une Agence Nationale d'investigation Financière, en abrégé ANIF, chargée de recevoir, de traiter et, le cas échéant, de transmettre aux autorités judiciaires compétentes les déclarations auxquelles sont tenus les organismes financiers et per- sonnes assujetties· au titre de l'article 5.

Un Décret précise dans chaque Etat membre, en conformité avec le présent Règlement, les modalités d'organisation, de fonctionnement et de financement de !'Agence Nationale d'Investigation Financière.

Agence Nationale d'investigation Financière rassemble et traite, dans le cadre de la mise en œuvre du présent Règlement et de textes pris pour son application, tous renseignement propres à établir l'origine des sommes ou la nature des opérations faisant l'objet de la déclaration.

Elle reçoit aussi toutes autres informations utiles à sa mission, notamment celles communiquées par les autorités judiciaires et les autorités de contrôle des assujettis.

L'Agence élabore notamment, dans le respect des textes en vigueur, une banque de don- nées contenant toutes informations utiles aux fins poursuivies par le présent Règlement. Ces informations sont mises à jour et organisées de façon à optimiser les recherches permettant d'étayer les soupçons ou de les lever.

L'Agence élabore des rapports trimestriels sur son activité. Ce rapport recense les techniques de blanchiment relevées sur le territoire national et contient les propositions de !'Agence visant à renforcer la lutte contre le blanchiment des capitaux et le financement du terrorisme. Elle établit annuellement u rapport récapitulatif. Ces rapports sont adressés au Ministre en charge des Finances, au Ministre chargé de la Sécurité et au Ministre en charge de la Justice ainsi qu'au Secrétaire Permanent du GABAC et au Gouverneur.

Elle assure toute autre mission prévue par le présent Règlement ou qui lui est assignée par le Comité Ministériel ou l'Autorité Monétaire, notamment en matière de prévention du financement du terrorisme.

Article 26 : Organisation

L'Agence Nationale d'investigation Financière est un service administratif placé dans chaque Etat membre sous l'autorité du Ministre en charge des Finances.

Elle est dotée de l'autonomie financière et d'un pouvoir propre de décision dans les matières relevant de ses attributions en application du présent Règlement et des textes pris pour son application.

Dans chaque Etat membre, l'ANIF est destinataire des déclarations de soupçon et centra- lise l'ensemble des renseignements et documents qui lui sont adressés en application du pré- sent Règlement.

Article27 : Composition

L'Agence Nationale d'investigation Financière est composée de quatre membres:

- un fonctionnaire détaché par le Ministère en charge des Finances ;

- un officier de police judiciaire spécialisé dans les questions financières, détaché par le Ministère en charge de l'Intérieur, de la Sécurité ou de la Défense ;

- un inspecteur des services de douanes détaché par le Ministère en charge des Finances ;

- un magistrat spécialisé dans les questions financières issu du Ministère en charge de la Justice.

Le Chef de l'Agence Nationale d'investigation Financière est l'un des fonctionnaires détachés du Ministère en charge des Finances. Il représente l'Agence à l'égard des tiers et assure dans les conditions fixées par le présent Règlement la mise en œuvre des attributions de l'Agence.

Article28 : Correspondants

Dans chaque Etat membre, des correspondants de l'Agence Nationale d'investigation Financière sont désignés es qualité au sein de la Police de la Gendarmerie, des Douanes et de la Justice ou de tout autre service public dont le concours est jugé nécessaire dans le cadre de la lutte contre le blanchiment des capitaux et le financement du terrorisme, par décision du

Ministre compétent prise à la demande du Ministre en charge des Fiances sur proposition du Chef de l'ANIF.

Les correspondants collaborent avec l'Agence Nationale d'investigation Financière dans le cadre de l'exercice de ses missions de façon à assurer une bonne coopération entre l'ANIF et les administrations dont ils relèvent.

Article29 : Règlement Intérieur

Un Règlement intérieur est adopté dans chaque Etat membre par les membres de l'Agence Nationale d'investigation Financière. Il précise les règles de fonctionnement interne de l'Agence Nationale d'investigation Financière.

Article30 : Financement

Les ressources de l'Agence Nationale d'investigation Financière proviennent des contributions de l'Etat membre, ainsi que de celles des institutions communautaires des partenaires du Développement.

Article 31 : Droit de communication et confidentialité

L'agence Nationale d'investigation Financière peut, sur sa demande, obtenir de toute autorité publique, des personnes assujetties au titre de l'article 5 ou de toute personne physique ou morale, la communication des informations et documents, dans le cadre des investigations qu'elle entreprend à la suite d'une déclaration de soupçon.

Le secret professionnel ne peut être opposé à l'Agence Nationale d'investigation Financière.

Les membres et les correspondants de l'Agence Nationale d'investigation Financière prêtent, dès leur nomination et avant d'entrer en fonction, le serment d'accomplir loyalement et dans le strict respect du présent Règlement et des dispositions prises pour son application.

Les membres et les correspondants de l'Agence Nationale d'investigation Financière, sont tenus au secret des informations recueillies dans le cadre de leurs fonctions ou missions, même après la cessation de celles-ci.

Article 32 : Incompatibilités

Les fonctionnaires ou agents de l'Etat détachés auprès de l'Agence Nationale d'investigation Financière en tant que membre cessent d'exercer leurs fonctions dans le cadre de leur administration d'origine.

Les correspondants et les membres de l'Agence ne peuvent exercer concomitamment aucune activité pouvant porter atteinte à l'indépendance de leurs fonctions. Ils ne peuvent exercer des fonctions auprès de l'un des assujettis définis à l'article 5 du présent Règlement que sur autorisation du Chef de l'Agence.

Article 33 : Opposition **à l'exécution des opérations**

L'Agence Nationale d'investigation Financière peut, avant l'expiration du délai d'exécution mentionné par le déclarant, former opposition à l'exécution de l'opération. Cette opposition est notifiée au déclarant par télécopie ou tout moyen laissant trace écrite par le Chef de l'Agence.

L'opposition fait obstacle à l'exécution de l'opération pendant une durée qui ne peut excéder 48 heures. L'exécution de l'opération est reportée pour cette durée.

Si l'accusé de réception de l'agence Nationale d'investigation Financière n'est pas assorti d'une opposition, ou si, au terme du délai ouvert par l'opposition, aucune décision de la juridiction compétente ou, le cas échéant, du juge d'instruction ou du Parquet, n'est parvenue à l'organisme financier ou à la personne qui a effectué la déclaration, l'opposition peut être exécutée.

Le juge compétent en matière d'urgence peut, sur requête de l'Agence Nationale d'investigation Financière, proroger par ordonnance rendue au pied de ladite requête, le délai prévu au deuxième alinéa du présent article ou ordonner le blocage provisoire des fonds, des comptes ou des titres concernés par la déclaration pour une durée supplémentaire qui ne peut excéder huit jours. Le Procureur de la République près la juridiction compétente peut présenter une requête aux mêmes fins. L'ordonnance qui fait droit à la requête est exécutoire sur minute avant toute notification à la personne concernée par la déclaration.

Article 34 : Suites données aux déclarations de soupçon

Dès que les informations recueillies mettent en évidence des faits susceptibles de relever du trafic de stupéfiants, de l'activité d'organisations criminelles, du blanchiment ou de toute autre infraction prévue par le présent règlement, !'Agence Nationale d'investigation Financière en réfère au Procureur de la République près la juridiction compétente à qui elle transmet un rap- port sur les faits comportant son avis.

Le rapport mentionné à l'alinéa précédent est accompagné de toutes pièces utiles, à l'exception des déclarations de soupçon elles-mêmes. L'identité de l'auteur de la déclaration ne figure pas dans le rapport.

Article 35 : Coordination et action régionale

Le GABAC est destinataire des rapports trimestriels ou annuels des Agences Nationales d'investigation Financière ainsi que, sur sa demande, d'informations d'ordre statistique et non nominatives recueillies par les Agences.

Il favorise la coopération entre les Agences Nationales d'investigation Financière et est chargé de la coordination de leurs actions visant la prévention du blanchiment des capitaux et du financement du terrorisme.

Le GABAC établit semestriellement un rapport régional de synthèse des rapports des Agences Nationales d'investigation Financière qui est transmis au Gouverneur de la BEAC et au Secrétaire Exécutif de la CEMAC aux fins d'information des Etats membres et des institutions de la Communauté.

TITRE III : PREVENTION ET DETECTION DU FINANCEMENT DU TERRORISME

Article 36 : Déclaration des transactions et fonds suspects

Les organismes financiers et les autres personnes assujetties au titre de l'article 5 du pré- sent Règlement doivent lorsqu'ils ont des motifs raisonnables de suspecter que des fonds ou mouvements de fonds sont liés, associés ou destinés à être utilisés pour le financement du terrorisme, des actes terroristes ou des organisations terroristes, déclarer rapidement dans les for- mes et suivant les modalités de la déclaration de soupçon décrites aux articles 18 à 23 ci-dessus leurs soupçons à l'Agence Nationale d'investigation Financière.

Article 37 : Listes **des personnes, entités ou organismes**

Le Comité des Sanctions établit conformément aux résolutions des Nations Unies relatives à la prévention et à la répression du financement des actes terroristes, une liste des personnes physiques ou morales et des organisations devant faire l'objet de mesures restrictives comme étant terroristes ou liées à des organisations terroristes ou qui financent le terrorisme et les organisations terroristes.

Le Comité Ministériel arrête la liste des personnes, entités ou organisations dont les fonds sont gelés par les organismes financiers ou les autres personnes assujetties au présent Règlement, conformément à la liste du Comité des Sanctions et aux informations recueillies dans les Etats membres.

Le Président du Comité Ministériel modifie, le plus rapidement possible, la liste qu'il arrête afin notamment de tenir compte des changements sur la liste du Comité de sanctions. Il veille à ce que les noms des personnes physiques ou morales, des entités et des organismes qui sont énumérés sur la liste qu'il arrête comportent des précisions suffisantes pour permettre l'identification effective de personnes physiques ou morales, d'entités ou d'organismes spécifiques et faciliter ainsi la disculpation des personnes, entités ou organismes portant des noms identiques ou analogues.

Article 38 : Déclaration des fonds et transactions des personnes listées.

Les organismes financiers ou les autres personnes assujetties au titre de l'article 5 du pré- sent Règlement sont tenus de déclarer à !'Agence Nationale d'investigation Financière les opérations, sommes, avoirs ou autres biens des personnes figurant sur la liste établie par le Comité des sanctions conformément aux résolutions des Nations Unies relatives à la prévention et à la répression du financement des actes terroristes ou sur celle arrêtée par Comité Ministériel.

Lorsque ces organismes et personnes ont effectué une telle déclaration, ils bénéficient des exemptions de responsabilité définies aux articles 22 et 23 ci-dessus.

Le procureur de la République informe sans délai l'Agence Nationale d'investigation Financière des déclarations qui lui sont faites directement.

Article 39 : Examen particulier de certains fonds et opérations

Aux fins de la déclaration prévue à l'article précédent les organismes financiers et les per- sonnes assujetties au titre de l'article 5 du présent Règlement examinant de façon particulière les opérations qu'ils effectuent et les fonds qu'ils détiennent de manière directe ou indirecte pour des organisations à but caritatif, culturel ou social.

Ils conservent pendant cinq ans copie de tout document relatif à cet examen particulier et susceptible d'étayer leurs soupçons. Ces documents sont, le cas échéant, joints en copie à la déclaration de soupçon prévue à l'article 36 alinéa 1er ci-dessus.

Article 40 : Suite donnée aux déclarations de soupçon de financement du terrorisme concernant des personnes non listées.

Lorsque les informations réunies à la suite de la déclaration mettent en évidence des faits susceptibles de relever du financement du terrorisme. L'Agence Nationale d'investigation Financière en réfère sans délai au Parquet sur la base d'un rapport écrit en joignant copie de la déclaration et éventuellement les résultats de ses propres investigations.

Le Parquet peut, dès sa saisine, prononcer une mesure de suspension provisoire qu'il notifie au déclarant et aux parties en cause par télécopie ou par tout autre moyen laissant trace écrite. Cette mesure interdit pendant un délai de 48 heures renouvelable une seule fois que l'exécution de l'opération suspectée soit poursuivie ou que les fonds des personnes ou entités suspectées soient mis à leur disposition ou utilisés à leur bénéfice.

La suspension provisoire prend fin à l'expiration du délai ci-dessus, sauf notification à l'’organisme financier d'une ordonnance confirmant la suspension provisoire rendue par le juge de l'urgence territorialement compétent à la requête du Procureur de la République ou d'une ordonnance de renvoi devant la juridiction pénale compétente.

La suspension provisoire prend également fin par la notification d'une ordonnance de main- levée de la mesure de suspension prononcée par le juge de l'urgence territorialement compétent. Cette ordonnance de mainlevée ne peut mettre fin à la mesure de suspension provisoire décidée par le Procureur de la République en cas de renvoi devant la juridiction pénale de jugement.

Article41 : Gel de fonds des personnes listées ou reconnues coupables de financement du terrorisme

Les fonds appartenant directement ou non à des personnes reconnues coupables de financement du terrorisme ou à celles figurant sur la liste établie par le Comité des sanctions conformément aux résolutions des Nations Unies relatives à la prévention et à la répression du financement des actes terroristes ou sur celle arrêtée par le Comité Ministériel, sont gelés.

Article42 : Dérogations, autorisations et exemptions à titre humanitaire

Afin de protéger les intérêts de la Communauté, qui englobent les intérêts de ses ressortissants et de ses résidents, des autorisations spécifiques permettant de dégeler ou de mobiliser des fonds ou de fournir des services financiers peuvent être accordées par le Comité Ministériel, à l'initiative de l'Etat membre, du Secrétaire Exécutif de la CEMAC, du Gouverneur ou du Secrétaire Général de la COBAC.

En cas d'urgence, le Ministre des Finances de l'Etat membre peut donner l'autorisation visée ci-dessus. Il en est rendu compte au Comité Ministériel pour validation.

Toute demande en vue d'obtenir l'autorisation visée au présent article doit être adressée à l'Autorité Monétaire de l'Etat membre ou au Secrétaire Exécutif de la CEMAC lorsque la demande émane d'un pays tiers.

TITRE IV : MESURES COERCITIVES

Article 43 : Saisies et autres mesures conservatoires

Dans le cadre de la détection et de la répression des infractions liées au blanchiment et au financement du terrorisme, l'autorité judiciaire compétente peut, d'office ou sur requête du ministère public ou d'une administration compétente :

- saisir les biens en relation avec l'infraction objet de l'enquête, ainsi que tous éléments de nature à permettre de les identifier ;
- ordonner aux frais de l'Etat des mesures, y compris le gel des capitaux et des opérations financières sur des biens, quelle qu'en soit la nature, susceptibles d'être saisis.

La mainlevée de ces mesures peut être ordonnée à tout moment à la demande du ministère public ou, après avis de ce dernier, à la demande de l'administration compétente ou du propriétaire.

Article 44 : Biens des personnes listées

Les biens des personnes figurant sur la liste du Comité Ministériel visée à l'article précédent ou sur celle établie par le Comité des sanctions sont présumés servir au financement du terrorisme, des actes terroristes ou des organisations terroristes, ou en constituer le produit et peuvent également faire l'objet de saisie dans les conditions définies à l'article précédent.

Article 45 : Sanctions prononcées par les autorités de contrôle

Lorsque, par suite soit d'un grave défaut de vigilance, soit d'une carence dans l'organisation des procédures internes de contrôle, un organisme financier ou toute autre personne physique ou morale assujettie au titre de l'article 5 ci-dessus aura méconnu l'une des obligations qui lui sont assignées par le présent Règlement, l'autorité de contrôle ayant pouvoir disciplinaire peut agir d'office et prononcer des sanctions disciplinaires dans les conditions prévues par les textes en vigueur.

Pour l'application du présent Règlement, la COBAC exerce le contrôle et le pouvoir disciplinaire sur les établissements de crédit y compris les succursales d'établissements de crédit ayant leur siège dans un Etat tiers.

L'Eta membre exerce le contrôle sur les services financiers de la Poste et les changeurs manuels.

TITRE V : SANCTIONS PENALES

Article 46 : Blanchiment de capitaux

Est puni d'un emprisonnement de 5 ans à 10 ans et d'une amende pouvant aller jusqu'à cinq fois le montant des sommes blanchies sans être inférieure à FCFA 10.000.000, celui qui aura commis intentionnellement un ou plusieurs des agissements énumérés à l'article 1er ci-dessus relatif à la définition du blanchiment des capitaux.

La tentative d'un fait de blanchiment ou la complicité par aide, conseil ou incitation sont punies comme l'infraction consommée.

Est punie des mêmes peines la participation à une association ou entente en vue de la commission des faits de blanchiment de capitaux.

Les personnes morales autres que l'Etat, pour le compte ou au bénéfice desquelles le blanchiment de capitaux a été commis par l'un de leurs organes ou représentants, sont punies d'une amende d'un taux égal au quintuple des amendes spécifiées pour les personnes physiques, sans préjudice de la condamnation de ces dernières comme auteurs ou complices de l'infraction.

Article 47 : Circonstances aggravantes

Les peines prévues à l'article précédent sont doublées lorsque :

1 ° le blanchiment des capitaux est commis de façon habituelle ou en utilisant les facilités que procure l'exercice d'une activité professionnelle ;

2° le blanchiment des capitaux est commis en bande organisée ;

3° lorsque les circonstances prévues par le régime général des circonstances aggravantes de la législation pénale applicable dans l'Etat membre sont établies.

Article 48 : Sanction des autres infractions liées au blanchiment

Est puni des peines prévues pour l'infraction de blanchiment des capitaux le fait, pour les dirigeants ou les agents d'organismes financiers ou de toute personne assujettie au titre de l'article 5, de porter à la connaissance du propriétaire des sommes ou de l'auteur de l'une des opérations mentionnées aux articles 18 et 36 du présent Règlement l'existence de la déclaration faite auprès de !'Agence Nationale d'investigation Financière ou de donner des informations sur les suites qui lui ont été réservées.

Est punie des peines prévues pour l'infraction de blanchiment des capitaux, toute personne qui :

- méconnaît les règles relatives au secret des informations recueillies au titre des dispositions du présent Règlement, à l'interdiction de les divulguer ou communiquer hors les cas prévus audit Règlement ou à d'autres fins que celles dudit Règlement ;
- détruit, falsifie ou soustrait des registres ou documents dont la conservation est prévue par le présent Règlement ;

- réalise ou tente de réaliser sous une fausse identité l'une des opérations pour lesquelles la vérification de l'identité ou une surveillance particulière est prescrite par le présent Règlement;
- ayant eu connaissance en raison de leur profession, d'une enquête pour des faits de blanchi- ment, en a sciemment informé par tous moyens la ou les personnes visées par l'enquête ;
- communique aux autorités judiciaires ou aux fonctionnaires compétents pour constater les infractions d'origine et subséquentes des actes ou documents qu'elle sait tronqués ou erronés.

Article49 : Amendes applicables aux dirigeants et préposés des entreprises de change manuel, des casinos et établissements de jeux

Sont punis d'une amende de 50.000 FCFA à 10.000.000 FCFA, les dirigeants et préposés des entreprises de change manuel, des casinos et établissements de jeux qui ne se seront pas conformés aux obligations et diligences qui leur incombent en application du présent Règlement.

Article50 : Interdiction définitive ou temporaire

Les personnes coupables de l'une ou de plusieurs infractions spécifiées aux articles 46 à 49 ci-dessus pourront également être condamnées à l'interdiction définitive ou pour une durée de cinq ans au moins d'exercer la profession à l'occasion de laquelle l'infraction a été commise.

Article51 : Infraction d'origine

Les dispositions du présent titre s'appliquent quand bien même l'auteur de l'infraction d'origine ne serait ni poursuivi ni condamné, ou quand bien même il manquerait une condition pour agir en justice à la suite de ladite infraction. L'auteur du délit d'origine peut être également poursuivi pour l'infraction de blanchiment.

Article52 : Financement du terrorisme

Le financement du terrorisme est puni d'un emprisonnement de 1 O ans au moins et d'une amende pouvant aller jusqu'à dix fois le montant des sommes en cause sans être inférieure à 10.000.000 FCFA. Il n'est pas nécessaire pour l'application de ces peines que les fonds aient été effectivement utilisés pour commettre une infraction visée aux alinéas a) ou b) de l'article 2 du présent Règlement.

Article 53 : Sanctions complémentaires applicables aux personnes morales

Les personnes morales condamnées pour les infractions prévues par le présent Règlement sont passibles des peines complémentaires suivantes :

a. interdiction à titre définitif ou pour une durée de cinq ans au moins d'exercer directement ou indirectement certaines activités professionnelles ;

b. fermeture définitive ou pour une durée de cinq ans au moins de leurs établissements ayant servi à commettre l'infraction ;

c. dissolution lorsqu'elles ont été créées pour commettre les faits incriminés ;

d. diffusion de la décision par la presse écrite ou par tout autre moyen de communication audiovisuelle.

Article 54 : Confiscation

Dans le cas de condamnation pour l'une des infractions prévues ci-dessus, la juridiction compétente peut ordonner la confiscation :

- des biens objet de l'infraction, y compris les revenus et autres avantages qui en ont été tirés, à moins que leur propriétaire n'établisse qu'il les a acquis en versant effectivement le juste prix ou en échange de prestations correspondant à leur valeur ou à tout autre titre licite, et qu'il en igno- rait l'origine illicite.
- des biens appartenant, directement ou indirectement, à une personne condamnée pour le fait de blanchiment des capitaux ou de financement du terrorisme ou ses proches (conjoint, concubin, enfants, etc.), à moins que les intéressés n'en établissent l'origine licite ou l'absence de lien entre ces biens et l'infraction.

En cas d'infraction constatée par le tribunal, lorsqu'une condamnation ne peut être prononcée contre son ou ses auteurs, celui-ci peut néanmoins ordonner la confiscation des biens sur les- quels l'infraction a porté.

La décision ordonnant une confiscation désigne les biens concernés et comporte les précisions nécessaires à leur identification et localisation.

La juridiction compétente peut prononcer la confiscation des biens saisis ou gelés sur requête du ministère public établissant :

- que lesdits biens constituent les produits d'un crime ou d'un délit au sens du présent Règlement ;

- que les auteurs des faits ayant généré les produits ne peuvent être poursuivis soit parce qu'ils sont inconnus, soit parce qu'il existe une impossibilité légale aux poursuites du chef de ces faits.

Article 55 : Dévolution des biens confisqués

Les ressources ou les biens confisqués sont dévolus à l'Eta qui peut les affecter à un fonds de lutte contre le crime organisé, le trafic de drogues, le blanchiment ou le financement du terrorisme. Ils demeurent grevés à concurrence de leur valeur des droits réels licitement constitués au profit de tiers.

En cas de confiscation prononcée par défaut, les biens confisqués sont dévolus à l'Etat. Toutefois, si le tribunal, statuant sur opposition, relaxe la personne poursuivie, il ordonne la restitution en valeur par l'Etat des biens confisqués, à moins qu'il soit établi que lesdits biens sont le produit d'un crime ou d'un délit.

TITRE VI : COOPERATION INTERNATIONALE

Article56 : Relations de I' ANIF avec les services de renseignements financiers étrangers

Dans le respect des dispositions législatives et des conventions internationales applicables en matière de protection de la vie privée. L'Agence Nationale d'investigation Financière peut communiquer aux autorités des autres Etats membres ou des Etats tiers exerçant des compétences analogues, les informations qu'elle détient sur des opérations qui paraissent en relation avec l'une des infractions prévues par le présent Règlement, sous réserve de réciprocité et à condition que les autorités étrangères compétentes soient soumises aux mêmes obligations de secret professionnel.

Cette communication ne peut être effectuée si une procédure pénale a déjà été engagée dans l'Etat membre sollicité sur la base des mêmes faits ou s'il peut en résulter une atteinte à la souveraineté, à la sécurité, aux intérêts essentiels de l'Etat membre ou à l'ordre public.

Les Agences Nationales d'investigation Financière se font représenter aux réunions des services en charge du traitement du renseignement financier et aux autres instances internationales consacrées à la lutte contre le blanchiment des capitaux et le financement du terrorisme.

Article 57 : Entraide judiciaire

Les autorités judiciaires des Etats coopèrent avec celles des autres Etats aux fins d'entraide judiciaire, d'échanges d'informations, d'investigation et de procédure, visant la prévention et la répression des infractions prévues par le présent Règlement et en particulier les mesures conservatoires et les confiscations des instruments et produits desdites infractions.

L'entraide peut notamment inclure : le recueil de témoignages ou de dépositions, la fourniture d'une aide pour la mise à disposition des autorités judiciaires de l'Etat requérant de per- sonnes détenues ou d'autres personnes, aux fins de témoignage ou d'aide dans la conduite de l'enquête, la remise de documents judiciaires, les perquisitions et les saisies, l'examen d'objets et de lieux, la fourniture de renseignements et de pièces à conviction, la fourniture des originaux ou de copies certifiées conformes de dossiers et documents pertinents y compris de relevés bancaires, de pièces comptables, de registres montrant le fonctionnement d'une entreprise ou ses activités commerciales et financières.

Article58 : Cas où l'entraide judiciaire peut être refusée

La demande d'entraide ne peut être refusée que :

a. si elle n'émane pas d'une autorité compétente selon la législation de l'Etat requérant, ou si elle n'a pas été transmise régulièrement ;
b. si son exécution risque de porter atteinte à l'ordre public, à la souveraineté, à la sécurité ou aux principes fondamentaux du droit de l'Eta membre requis ;
c. si les faits sur lesquels elle porte font l'objet de poursuites pénales ou ont déjà fait l'objet d'une décision définitive sur le territoire de l'Etat membre requis ;
d. si l'infraction visée dans la demande n'est pas prévue par le présent Règlement ou les dispositions non contraires en vigueur dans l'Etat membre requis ou ne présente pas de caractéristiques communes avec une infraction prévue par le présent Règlement ou les dispositions non contraires en vigueur dans l'Etat membre requis.

Article59 : Demande de mesures d'enquête et d'instruction

Les mesures d'enquête et d'instruction émanant d'une autorité d'un Etat membre ou de l'Etat tiers sont exécutées conformément au présent Règlement et aux dispositions non contraires en vigueur dans l'Etat requis.

Un magistrat ou un fonctionnaire délégué par l'autorité compétente de l'Etat membre ou de l'Eta tiers dont émane la demande peut assister à l'exécution des mesures selon qu'elles sont effectuées par un magistrat ou par un fonctionnaire.

Article 60 : Demande de mesures conservatoires

La juridiction saisie par une autorité compétente d'un autre Etat membre ou d'un Etat tiers aux fins de prononcer des mesures conservatoires ordonne lesdites mesures sollicitées conformément au présent règlement et aux dispositions non contraires en vigueur dans l'Etat sollicité. Elle peut prendre toute mesure appropriée équivalente dans ses effets aux mesures demandées prévue par le présent Règlement et les dispositions non contraires en vigueur.

La juridiction saisie d'une demande relative à l'exécution de mesures conservatoires prononcées dans un autre Etat peut substituer des mesures prévues par le présent Règlement et les dispositions non contraires en vigueur ayant des effets équivalents.

Article 61 : Demande de confiscation

Dans le cas d'une demande d'entraide judiciaire à l'effet de prononcer une décision de confiscation, la juridiction statue sur saisine de l'autorité chargée des poursuites. La décision de confiscation doit viser un bien, constituant le produit ou l'instrument d'une infraction, et se trouvant sur le territoire de l'Etat sollicité.

La juridiction saisie d'une demande relative à l'exécution d'une décision de confiscation prononcée dans un Etat membre ou dans un Etat tiers est liée par la constatation des faits sur lesquels se fonde la décision et elle ne peut refuser de faire droit à la demande que pour l'un des motifs énoncés ci-dessus à l'article 58 comme pouvant justifier un refus d'exécution.

Article 62 : Sort des biens confisqués

Tout Etat membre peut disposer des biens confisqués sur son territoire à la demande d'autorités d'un autre Etat membre ou d'un· Etat tiers, sauf accord contraire conclu avec le Gouvernement de l'Etat requérant.

TITRE VII : DISPOSITIONS DIVERSES Article 63 : Nullité de certains actes

Est nul tout acte passé à titre onéreux ou gratuit entre vifs ou à cause de mort qui a pour but de soustraire des biens aux mesures de saisie, de gel ou de confiscation prévues par le pré- sent Règlement.

Article 64 : Confidentialité

Les informations recueillies à quelque titre que ce soit en application du présent Règlement sont utilisées exclusivement pour les fins poursuivies par le présent Règlement. Elles ne peuvent être divulguées ou communiquées que dans les cas et dans les conditions prévues par le présent Règlement.

Article 65 : Techniques particulières d'investigation

Afin d'obtenir la preuve de l'infraction d'origine et la preuve des infractions prévues par le présent Règlement, les autorités judiciaires peuvent notamment ordonner, pour une durée déterminée:

a. le placement sous surveillance des comptes bancaires et des comptes assimilés aux comptes bancaires;

b. l'accès à des systèmes, réseaux et serveurs informatiques ;

c. le placement sous surveillance ou sur écoutes de lignes téléphoniques, de télécopieurs ou de moyens électroniques de transmission ou de communication ;

d. l'enregistrement audio et vidéo des faits et gestes et des conversations;

e. la communication d'actes authentiques et sous seing privé, de documents bancaires, financiers et commerciaux.

Elles peuvent ordonner la saisie des documents susmentionnés.

Dans le seul but d'obtenir des éléments de preuve relatifs aux infractions prévues par le présent Règlement, l'autorité judiciaire compétente peut également autoriser l'accomplissement de faits qui pourraient être réprimés en application du présent Règlement au titre des opérations sous couverture ou de livraisons surveillées. Un compte-rendu détaillé lui est transmis à l'issue des opérations.

Les opérations mentionnées au présent article ne peuvent être ordonnées que lorsque des indices sérieux permettent de suspecter que ces comptes, lignes téléphoniques, systèmes et réseaux informatiques ou documents sont utilisés ou sont susceptibles d'être utilisés par des personnes soupçonnées de participer aux infractions prévues par le présent Règlement.

L'autorité judiciaire peut, par décision motivée rendue à la demande du Parquet effectuant les opérations prévues au présent article, retarder le gel ou la saisie de l'argent ou de tout autre bien ou avantage, jusqu'à la conclusion des enquêtes et ordonner, si cela est nécessaire, des mesures spécifiques pour leur sauvegarde.

Les opérations prévues au présent article ne peuvent donner lieu à aucune responsabilité pénale, civile ou à un quelconque autre titre des personnes qui les ont réalisés.

Article 66 : Transparence des relations économiques et financières

Les pouvoirs publics établissent dans le respect du présent Règlement toute disposition interne de nature à en faciliter l'application. Ils veillent à ce que les règles et les contrôles applicables aux organismes et professions assujettis au titre de l'article 5 ci-dessus qui relèvent des dispositions nationales assurent la transparence des relations économiques et financières[6].

---

[6] **L'organisation des marchés financiers**

Les autorités publiques

_ La Commission des opérations de Bourse (COB), instituée par l'ordonnance du 28 septembre 1967, est chargée de veiller à la protection de l'épargne investie en valeurs mobilières ou tous autres placements donnant lieu à appel public à l'épargne, à l'information des investisseurs et au bon fonctionnement des marchés de valeurs mobilières, de produits financiers cotés ou de contrats à terme négociables.

_ La Banque de France assure un rôle général de surveillance des opérations se déroulant sur le marché interbancaire et sur le marché monétaire. Elle veille ainsi au bon fonctionnement du marché des titres de créances négociables.

_ La Commission bancaire contrôle le respect par les établissements de crédit des dispositions législatives et réglementaires qui leur sont applicables; elle sanctionne les manquements constatés. La commission examine les conditions de leur exploitation et veille à la qualité de leur situation financière.

_ Le Comité de réglementation bancaire (CRB) fixe, dans le cadre des orientations définies par le gouvernement, les prescriptions d'ordre général applicables aux établissements de crédit (montant du capital, normes de gestion, règles comptables...).

_ Le Comité des établissements de crédit (CEC) est chargé d'accorder l'agrément des établissements de crédit. C'est à lui qu'appartient, depuis le 1er janvier 1993, la responsabilité d'examiner les projets de création par les établissements de crédit français de succursales dans d'autres Etats membres de la Communauté ou de recevoir les déclarations de ces établissements en vue de l'exercice d'activités en libre prestation de service dans d'autres Etats membres.

Les autorités professionnelles de marché

_ Le Conseil des Bourses de valeurs (CBV), institué par la loi du 22 janvier 1988, est responsable de l'élaboration et du respect de la réglementation boursière. Il établit le règlement général des Bourses et décide de l'admission, de la suspension de cotation ou de la radiation des valeurs mobilières. Par ailleurs, il détermine les conditions d'agrément et de retrait des sociétés des Bourses et édicte les règles prudentielles qui leur sont applicables.

_ Le Conseil du marché à terme, institué par la loi du 11 juillet 1988, est chargé d'établir un règlement général du marché à terme et de veiller à son bon fonctionnement. Il prononce l'admission à la négociation des contrats, assure le contrôle de l'application de ces règles de déontologie et exerce un pouvoir disciplinaire.

Les entreprises de marché

_ La Société des Bourses françaises assure le fonctionnement quotidien et le développement du marché boursier, conformément aux règles établies par le CBV. Elle gère l'introduction des valeurs admises à la cote et enregistre les négociations exécutées

Article 67 : Transferts de fonds

Tout transfert, dans la CEMAC et entre un Etat de la CEMAC et un Etat tiers, de fonds, titres ou valeurs doit être effectué dans le respect des textes en vigueur et en particulier de la Réglementation des changes.

Article 68 : Responsabilité de l'Etat

En cas de préjudice résultant directement des déclarations, diligences et mesures pré- vues par le présent Règlement, l'Eta répond du dommage subi dans les conditions prévues par les textes en vigueur sans aucune possibilité d'action récursoire.

Article 69 : Entrée en vigueur

Le présent Règlement entre en vigueur le 1er jour du mois suivant celui de sa publication au Bulletin officiel de la Communauté.

---

par les sociétés de Bourse, ainsi que les cours cotés. Elle assure la diffusion de ces cours. Elle contrôle le marché et les sociétés de Bourse par délégation du CBV.

_ MATIF SA (marché à terme international de France) représente l'autorité de gestion opérationnelle du MATIF. Elle est en charge d'organiser les négociations selon les règles approuvées par le CMT et veille au respect des règles régissant la cotation. Chargée de la compensation des opérations réalisées sur le MATIF, elle contrôle en outre la régularité des opérations par des vérifications sur place et sur pièces et par délégation du CMT.

_ La société de compensation des marchés conditionnels est en charge de l'organisation et du fonctionnement du MONEP (marché des options négociables de Paris).

Quels sont les acteurs des marchés financiers ?

Pour réussir une recette il convient de disposer des bons ingrédients... Sur un marché financier qui fonctionne de façon efficiente, il faut des investisseurs qui placent leur argent en bourse, des émetteurs qui viennent chercher de l'argent, des intermédiaires qui facilitent leur rencontre et un régulateur... Mode d'emploi.

Les Investisseurs

Parmi les investisseurs qui placent leur argent, les particuliers ont un rôle clé par le biais de la gestion de leur épargne. Ce sont soit des personnes privées, soit des clubs d'investissement qui regroupent les actionnaires individuels et qui recherchent la meilleure performance pour leur argent en plaçant leurs économies en bourse dans les sociétés cotées.

Les entreprises peuvent aussi investir directement en bourse pour placer leur trésorerie ou se prémunir, "se couvrir" dans le jargon financier, face à un risque en devises ou de taux d'intérêt...

Enfin, dernière catégorie à mentionner au sein des investisseurs, les "institutionnels" pèsent de plus en plus lourd dans la balance, à savoir les fonds de pension, souvent anglo-saxons, qui placent l'argent de leurs clients, les banques ou les sociétés d'assurance qui viennent investir leurs liquidités, mais aussi les gérants de placement collectif (fonds ou Sicav) et les fonds spéculatifs (hedge funds).

REGLEMENT N° 01 /03/CEMAC/UMAC/CM RELATIF AUX SYSTEMES, MOYENS ET INCIDENTS DE PAIEMENT

LE COMITE MINISTERIEL,

Vu le Traité instituant la Communauté Economique et Monétaire de l'Afrique Centrale (CEMAC) du 16 mars 1994 et son Additif en date du 5 juillet 1996 relatif au système Institutionnel et Juridique de la Communauté,

Vu la Convention du 5 juillet 1996 régissant l'Union Economique del' Afrique Centrale (UEAC),

Vu la Conveution du 5 juillet 1996 régissant l'Union Monétaire de l'Afrique Centrale (UMAC),

Vu la Convention du 16 octobre 1990 portant création d'une Commission Bancaire de l'Afrique Centrale,

Vu la Convention du 17 janvier 1992 portant harmonisation de la réglementation bancaire dans les Etats de l'Afrique Centrale,

Considérant la nécessité de favoriser le développement économique et social des Etats membres de la Communauté Economique et Monétaire de l'Afrique Centrale (CEMAC), grâce à l'harmonisation des législations en matière de systèmes et de moyens de paiement,

Considérant l'inadaptation des systèmes de paiement en fonction dans les Etats membres de la CEMAC aux contraintes d'efficacité, de rapidité et de sécurité inhérentes à la participation à un système économique mondial ouvert et globalisé,

Considérant le faible taux de bancarisation des populations des Etats membres de la CEMAC,

Considérant qu'il convient de maintenir les principales règles issues des Conventions internationales de Genève du 7 juin 1930, régissant la lettre de change et le billet à ordre, et du 19 mars 1931, régissant le chèque, mais qu'il est néanmoins nécessaire de modifier certaines dispositions pour les adapter aux réalités économiques et sociales propres aux Etats membres de la CEMAC,

Considérant l'opportunité et la nécessité d'édicter des règles fondamentales destinées à promouvoir, à encadrer l'usage et l'essor de moyens modernes de paiement scripturaux, notamment le virement, le prélèvement, les cartes de paiement et la monnaie électronique,

Rappelant la mission confiée à la Banqne Centrale de proposer, dans l'intérêt du développement économique et social général, avec le souci de préserver les intérêts légitimes des différents acteurs économiques, les bases juridiques harmonisées et organisationnelles nécessaires :

- à la mise en place et au fonctionnement de systèmes de paiement modernes efficaces, rapides et sécurisés conformes aux normes et standard internationaux,
- à la promotion et à la sécurisation des moyens de paiement;
- à la prévention, à la centralisation et à la répression des incidents de paiement;

Considérant que ces objectifs et orientations sont particulièrement adaptés à la situation des pays de la CEMAC,

Vu l'avis conforme du Conseil d'Administration de la BEAC délivré lors de sa séance du 20 novembre 2002,

Sur proposition du Gouverneur de la BEAC, En sa séance du 28 mars 2003,

ADOPTE LE REGLEMENT DONT LA TENEUR SUIT

CHAPITRE 1 : DEFINITIONS

Article 1er. Au sens du présent Règlement, on entend par :

«Communauté» ou ((CEMAC »: la Communauté Economique et Monétaire de l'Afrique Centrale ;

« Union Monétaire » ou « UMAC » : l'Union Monétaire de l'Afrique Centrale ;

«Banque», « Banque Centrale» « ou BEAC »: la Banque des Etats de l'Afrique Centrale;

« COBAC » : la Commission Bancaire de l'Afrique Centrale ;

« Autorité Monétaire » : le Ministre ou l'Autorité politique nationale en charge de la monnaie ou du crédit.

CHAPITRE2 : DU CHAMPD'APPLICATION

Article 2. Le présent Règlement s'applique aux établissements assujettis notamment :

- les établissements de crédit au sens de la Convention du 17 janvier 1992 portant harmonisation de la Réglementation bancaire dans les Etats de **1** 'Afrique Centrale;

- les services des chèques postaux, sous réserve des spécificités liées à leur statut;

- le Trésor public, sous la même réserve ;

- la BEAC, sous réserve des spécificités ~ à son statut ;

- les autres établissements agréés qui émettent les moyens de paiement.

CHAPITRE 3: DE L'OBLIGATION DE PAYER PAR MOYEN SCRIPTURAL Article 3. Dans les localités dotées d'au moins un établissement de crédit, ou d'un service de chèques postaux ou d'un établissement agrée qui émet des moyens de paiement, visés à l'article 2 ci-dessus, tout paiement qui excède la somme de

500 000 F CFA ou qui a pour objet le paiement par fraction d'une dette supérieure à ce montant doit être effectué par chèque, par virement interbancaire ou postal, par carte de paiement ou par tout autre moyen de paiement inscrivant le montant réglé au débit d'un compte tenu au nom du payeur chez un établissement assujetti.

Le paiement des traitements et salaires est soumis aux mêmes conditions au-delà d'un montant fixé par l'Autorité Monétaire.

Article 4. Le montant mentionné à l'article 3 ci-dessus est porté à 1 000 000 F CFA lorsque le paiement s'opère entre particuliers non-commerçants.

Article 5. La violation des dispositions des articles 3 et 4 ci-dessus est sanctionnée par une amende de 5 % des sommes indûment réglées en numéraire.

Article 6. Tout refus d'acceptation d'un paiement par chèque, virement interbancaire ou postal, par carte de paiement ou tout autre moyen de paiement inscrivant le montant réglé au débit d'un compte tenu au nom du payeur chez un établissement assujetti, dans les conditions fixées par les articles 3 et 4 ci-dessus, est sanctionné par une amende égale à 5 % du montant du paiement refusé.

CHAPITRE 4 : DE L'OUVERTURE DU COMPTE

Article 7. Toute personne physique ou morale domiciliée dans un Etat membre de la CEMAC et dépourvue d'un compte de dépôt, a droit à l'ouverture d'un tel compte dans l'établissement assujetti de son choix.

En cas de refus établi, d'au moins trois établissements choisis, la personne peut saisir la Banque Centrale afin qu'elle désigne un établissement assujetti qui est tenu d'ouvrir le compte de dépôt et d'assurer sur ce compte au minimum les services de base liés aux opérations de dépôt, de retrait et de virement au guichet, au traitement d'avis de prélèvement et à la remise de toute autre formule de retrait.

Toute décision de clôture d'un tel compte sur l'initiative du teneur ne peut produire d'effet moins de 60 jours calendaires après communication par celui-ci d'une notification écrite et motivée de la décision adressée au client et à la Banque Centrale pour information.

Les dispositions du présent article s'appliquent également aux interdits bancaires ou judiciaires.

Article 8. Les conditions tarifaires de fonctionnement applicables aux comptes de dépôt du régime du droit au compte sont celles des comptes de dépôts.

Article 9. La demande d'ouverture d'un compte de dépôt peut être faite par écrit. L'établissement assujetti sollicité qui s'oppose à cette demande d'ouverture est tenu de délivrer par écrit, au demandeur un avis de refus ou de le lui communiquer par lettre avec avis de réception. L'établissement de crédit n'est pas tenu de motiver son avis de refus.

Article 10. Toute ouverture de compte donne lieu à la conclusion d'une convention de compte écrite entre l'établissement assujetti et son client.

La convention de compte fixe les obligations réciproques de l'établissement assujetti et de son client.

Article 11. L'ouverture d'un compte de dépôt donne droit à la délivrance d'une formule de retrait au profit du titulaire du compte.

L'Etablissement assujetti_ peut délivrer au titulaire un compte des formules de chèques, des cartes de paiement ou tout autre moyen de paiement.

DEUXIEME PARTIE : MOYENS DE PAIEMENT

Article 12. Sont considérés comme des moyens de paiement tous les instruments qui permettent à toute personne de transférer des fonds, quel que soit le support ou le procédé technique utilisé.

Les moyens de paiement comprennent notamment, le chèque, la lettre de change, le billet à ordre, le virement, le prélèvement, la carte de paiement, la monnaie électronique.

TITRE I : LE CHEQUE

CHAPITRE 1 : DE LA CREATION ET DE LA FORME DU CHEQUE Article 13. Le chèque contient :

1 °) - La dénomination de chèque, insérée dans le texte même du titre et exprimée dans la langue employée pour la rédaction de ce titre ;

2 °) - Le mandat pur et simple de payer une somme déterminée ;

3 °) - Le nom de celui qui doit payer, dénommé tiré ;

4 °) - L'indication du lieu où le paiement doit s'effectuer ;

5°) - L'indication de la date et du lieu de création du chèque;

6°) - La signature de celui qui émet le chèque, dénommé tireur.

Article 14. Le titre dans lequel une des énonciations indiquées à l'article précédent fait défaut ne vaut pas comme chèque, sauf dans les cas déterminés par les alinéas suivants.

A défaut d'indication spéciale, le lieu désigné à côté du nom du tiré est réputé être le lieu de paiement. Si plusieurs lieux sont indiqués à côté du nom du tiré, le chèque est payable au premier lieu indiqué.

A défaut de ces indications ou de l'Acte autre indication, le chèque est payable au lieu où le tiré a son établissement.

Le chèque, sans indication du lieu de sa création, est considéré comme souscrit dans le lieu désigné à côté du nom du tireur.

Article 15. Le chèque ne peut être tiré que sur un établissement assujetti ou toute autre entité habilitée à être tiré de chèque et, ayant au moment de la création du titre, des fonds suffisants à la disposition du tireur et conformément à une convention, expresse ou tacite, aux termes de laquelle le tireur a le droit de disposer de ces fonds par chèque.

La provision doit être faite par le tireur ou par celui pour le compte de qui le chèque sera tiré, sans que le tireur pour compte d'autrui cesse d'être personnellement obligé envers les endosseurs et le porteur seulement.

Le tireur seul est tenu de prouver, en cas de dénégation, que ceux sur qui le chèque était tiré avaient provision au moment de la création du titre ; sinon il est tenu de le garantir quoique le protêt ait été fait après les délais fixés.

Les titres tirés et payables dans l'un des pays membres de la CEMAC sous forme de chèques sur toute autre personne que celles du premier alinéa du présent article ne sont pas valables comme chèques.

Article 16. Le chèque ne peut pas être soumis à l'acceptation. Une mention d'acceptation portée sur le chèque est réputée non écrite.

Toutefois, le tiré a la faculté de viser le chèque, le visa ayant pour effet de constater l'existence de la provision à la date à laquelle il est donné.

Article 17. Le chèque peut être stipulé payable :

- à une personne dénommée, avec ou sans clause expresse « à ordre »;
- à une personne dénommée, avec la clause « non à ordre » ou une clause équivalente ;

- au porteur.

Le chèque au profit d'une personne dénommée, avec la mention « au porteur» ou un terme équivalent, vaut comme chèque au porteur.

Le chèque sans indication du bénéficiaire vaut comme chèque au porteur.

Article 18. Le chèque peut être à l'ordre du tireur lui-même. Le chèque peut être tiré pour le compte d'un tiers.

Article 19. Toute stipulation d'intérêts insérée dans le chèque est réputée non écrite. Article 20. Le chèque peut être payable au domicile d'un tiers soit dans la localité où le tiré a son domicile, soit dans une autre localité, à condition toutefois que le tiers soit un établissement habilité à être tiré de chèque.

Cette domiciliation ne pourra pas être faite contre la volonté du porteur.

Article 21. Le chèque dont le montant est écrit à la fois en toutes lettres et en chiffres vaut, en cas de différence, pour la somme écrite en toutes lettres.

Le chèque dont le montant est écrit plusieurs fois, soit en toutes lettres, soit en chiffres, ne vaut, en cas de différence, que pour la moindre somme.

Article 22. Si le chèque porte des signatures de personnes incapables de s'obliger par chèques, des signatures fausses ou des signatures de personnes imaginaires ou des signatures qui, pour toute autre raison, ne sauraient obliger les personnes qui ont signé le chèque, ou au nom desquelles il a été signé, les obligations des autres signataires n'en sont pas moins valables.

Article 23. Quiconque appose sa signature sur un chèque, comme représentant d'une personne pour laquelle il n'avait pas le pouvoir d'agir, est obligé lui-même en vertu du chèque et, s'il a payé, a les mêmes droits qu'aurait eus le prétendu représenté. Il en est de même du représentant qui a dépassé ses pouvoirs.

Article 24. Le tireur est garant du paiement. Toute clause par laquelle le tireur s'exonère de cette garantie est réputée non écrite.

Article 25. Tout chèque pour lequel la provision correspondante existe à la disposition du tireur doit être certifié par le tiré si le tireur ou le porteur le demande, sauf la faculté pour le tiré de le remplacer par un chèque émis dans les conditions prévues à l'article 18 alinéa 3.

La provision du chèque certifié reste, sous la responsabilité du tiré, bloquée au profit du porteur jusqu'au terme du délai de présentation fixé par l'article 43.

La certification résulte de l'apposition sur le chèque par le tiré d'une formule comportant, outre sa signature, les mentions relatives à la certification et à la date de celle-ci, au montant pour lequel le chèque a été établi et à la désignation de l'établissement tiré. Ces mentions doivent être apposées au moyen d'un procédé de marquage ou d'impression offrant toute garantie de sécurité.

CHAPITRE II : DE LA TRANS MISSION

Article 27. Le chèque stipulé payable au profit d'une personne dénommée avec ou sans clause expresse « à ordre» est transmissible par la voie de l'endossement.

Le chèque stipulé payable au profit d'une personne dénommée avec la clause « non à ordre» ou une clause équivalente n'est transmissible que dans la forme et avec les effets d'une cession ordinaire.

Article 28. L'endossement peut être fait même au profit du tireur ou de tout autre obligé. Ces personnes peuvent endosser le chèque à nouveau.

Article 29. L'endossement doit être pur et simple. Toute condition à laquelle il est subordonné est réputée non écrite.

L, endossement au tiré ne vaut que comme quittance, sauf dans le cas où le tiré a plusieurs établissements et où l'endossement est fait au bénéfice d'un établissement autre que celui sur lequel le chèque a été tiré.

Article 30. L'endossement doit être inscrit sur le chèque ou sur une feuille qui y est attachée dite allonge. Il doit être signé par l'endosseur. La signature de celui-ci est apposée, soit à la main, soit par tout procédé non manuscrit.

L'endossement peut ne pas désigner le bénéficiaire ou consister simplement dans la signature de l'endosseur, constituant un endossement en blanc. Dans ce dernier cas, l'endossement, pour être valable, doit être inscrit au dos du chèque ou sur l'allonge[7].

---

[7] **Les Emetteurs**

Du côté des émetteurs, on retrouve donc les entreprises qui viennent financer leurs projets en bourse en levant des capitaux propres (actions) ou en empruntant (obligations)...

L'Etat français qui est fortement endetté est aussi un très gros émetteur puisqu'il doit se refinancer périodiquement sur les marchés via des émissions de titres dont le pilotage revient à l'Agence France Trésor. Les titres d'Etat se retrouvent ainsi placés dans les portefeuilles des investisseurs institutionnels français ou étrangers.

Enfin, les institutions financières, comme les banques d'investissements, émettent sur les marchés des produits financiers qui sont des outils de couverture de risque, d'épargne ou de spéculation comme les Turbos, les Warrants, ou encore les Certificats etc...

Les Intermédiaires

Parmi les intermédiaires on retrouve tout d'abord les entreprises de marché comme Euronext qui chapeaute les bourses de Paris, Lisbonne, Bruxelles et Amsterdam et qui sont réglementées et soumises aux autorités de surveillance. Euronext Paris pilote les marchés réglementés, principalement l'Eurolist sur lequel on retrouve toutes les grandes valeurs de la cote, mais aussi non réglementés (Euronext Growth, Euronext Access) qui sont soumis à un code moins strictes, notamment en ce qui concerne les informations des émetteurs.

En second lieu, les membres des marchés (banques, courtiers...) sont des prestataires de services d'investissement (PSI). Ce sont eux qui sont autorisés à transmettre et à traiter les ordres de bourse sur les marchés. Ils sont agréés par les autorités de régulation et agissent pour leurs clients ou leur propre compte. Ils sont habilités à ouvrir des comptes au nom de leurs clients, à recevoir et conserver des titres et des espèces.

Les compensateurs, enfin, sont des établissements qui se chargent des opérations de règlement / livraison de titres sur les marchés : systèmes ou chambres de compensation, etc... Une fois que les ordres sont exécutés, les compensateurs assurent le transfert des titres à livrer aux acheteurs et le règlement des sommes dues aux vendeurs. Les acheteurs seront livrés et les vendeurs payés dans des délais réglementaires propres à chaque marché.

Les Régulateurs

Enfin, les autorités de marchés (ou instances de régulation) sont des institutions qui assurent la surveillance des marchés et de leurs acteurs... Ce sont des autorités publiques indépendantes qui ont pour mission de veiller à la protection des investisseurs et au bon fonctionnement des marchés financiers. Chaque pays a sa propre autorité de marchés : En France, il s'agit de l'Autorité des marchés financiers (AMF) qui a été créée en 2003 et qui a succédé à la Commission des Opérations de Bourse (COB). Ses trois missions premières sont la protection de l'épargne investie dans les instruments financiers, l'information des investisseurs et le bon fonctionnement des marchés d'instruments financiers

A quoi sert L'AMF ? L'organisme a quatre prérogatives :

- la réglementation : l'AMF réglemente les opérations financières et l'information diffusée par les sociétés cotées.
- l'autorisation : l'AMF autorise la création des produits d'épargne collectifs (OPCVM) et leur présentation aux investisseurs.
- la surveillance : l'AMF définit les principes d'organisation et de fonctionnement sur les marchés et leurs infrastructures. L'AMF s'assure que les entreprises de marchés, les systèmes de règlement-livraisons, les dépositaires centraux (Euroclear France) et les chambres de compensation (Clearnet) respectent les règles.
- la sanction : la Commission des Sanctions de l'AMF a le pouvoir de sanctionner les Prestataires de Services d'Investissement. Elle fixe les règles de bonne conduite et les obligations que doivent respecter ces prestataires.

Article 31. L'endossement transmet tous les droits résultant du chèque et notamment la propriété de la provision. Si 1' endossement est en blanc, le porteur peut :

1 °) - Remplir le blanc, soit de son nom, soit du nom d'une autre personne;

2 °) - Endosser le chèque de nouveau en blanc, ou à une autre personne ;

3°) - Remettre le chèque à un tiers, sans remplir le blanc et sans l'endosser.

Article 32. L'endosseur est, sauf ...cl~se contraire, garant du paiement.
Article 33. Le détenteur d'un chèque endossable est considéré comme porteur légitime s'il justifie de son droit par une suite ininterrompue d'endossements, même si le dernier endossement est en blanc. Les endossements biffés sont, à cet égard, réputés non écrits. Quand un endossement en blanc est suivi d'un autre endossement, le signataire de celui-ci est réputé avoir acquis le chèque par l'endossement en blanc.

Article 34. Un endossement figurant sur un chèque au porteur rend l'endosseur responsable aux termes des dispositions qui régissent le recours ; il ne convertit pas le titre en un chèque à ordre.

Article 35. Lorsqu'une personne a été dépossédée d'un chèque à ordre par quelque événement que ce soit, le bénéficiaire qui justifie de son droit de la manière indiquée à l'article 33 n'est tenu de se dessaisir du chèque que s'il J'a acquis de mauvaise foi ou si, en l'acquérant, il a commis une faute lourde.

Article 36. Les personnes actionnées en vertu du chèque ne peuvent pas opposer au porteur les exceptions fondées sur leurs rapports personnels avec le tireur ou avec les porteurs antérieurs, à moins que le porteur, en acquérant le chèque, n'ait agi sciemment au détriment du débiteur.

Article 37. Lorsque l'endossement contient la mention « valeur en recouvrement»,

~ pour encaissement», « par procuration» ou toute autre mention impliquant un simple mandat, le porteur peut exercer tous les droits découlant du chèque, mais il ne peut endosser celui-ci qu'à titre de procuration.

Les obligés ne peuvent, dans ce cas, invoquer contre le porteur que les exceptions qui seraient opposables à l'endosseur.

Le mandat renfermé dans un endossement de procuration ne prend pas fin par le décès du mandant ou la survenance de son incapacité.

CHAPITRE ID : DEL' AVAL

Article 39. Le paiement d'un chèque peut être garanti pour tout ou partie de son montant par un aval.

Cette garantie est fournie par un tiers, sauf le tiré, ou même par un signataire du chèque.

Article 40. L'aval est donné soit sur le chèque ou sur une allonge, soit par un acte séparé indiquant le lieu où il est intervenu.

Il est exprimé par les mots ~ bon pour aval ~ ou par toute autre formule équivalente ;

il est signé par le donneur d'aval avec indication de ses nom et adresse.

Il est considéré comme résultant de la seule signature du donneur d'aval apposée au recto du chèque, sauf quand il s'agit de la signature du tireur.

L'aval doit indiquer pour le compte de qui il est donné. A défaut de cette indication, il est réputé donné pour le tireur.

Article 41. Le donneur d'aval est tenu de la même manière que celui dont il s'est porté garant.

Son engagement est valable, alors même que l'obligation qu'il a garantie serait nulle pour toute cause autre qu'un vice de forme.

Quand il paye le chèque, le donneur d'aval acquiert les droits résultant du chèque contre le garanti et contre ceux qui sont tenus envers ce dernier en vertu du chèque.

CHAPITRE IV : DE LA PRESENTATION ET D U PAIEMENT

Article 42. Le chèque est payable à vue. Toute mention contraire est réputée non écrite.

Le chèque présenté au paiement avant le jour indiqué comme date d'émission est payable le jour de la présentation.

Article 43. Le chèque émis et payable sur une même place doit être présenté au paiement dans le délai de 8 jours.

Le chèque émis et payable dans l'un des pays de la CEMAC doit être présenté dans le délai de 20 jours, sans préjudice de l'exception prévue à l'alinéa précédent.

Article 45. La présentation à une chambre de compensation équivaut à la présentation au paiement.

Article 46. Le tiré doit payer, même après l'expiration du délai de présentation, sous réserve de l'existence au compte d'une provision disponible. Il doit aussi payer, même si le chèque a été émis au mépris de l'injonction prévue à l'article 197 ou en violation de l'interdiction prévue à l'article 206.

Il n'est admis d'opposition au paiement du chèque par le tireur qu'en cas de perte, de vol, d'utilisation frauduleuse du chèque et en cas d'ouverture d'une procédure de redressement judiciaire ou de liquidation des biens à l'égard du porteur. Le tireur doit immédiatement confirmer son opposition et en indiquer le motif par écrit, quel que soit le support de cet écrit.

Si, malgré cette défense, le tireur fait une opposition pour d'autres causes, le juge des référés, même dans le cas où une instance au principal est engagée, doit, sur la demande du porteur, ordonner la mainlevée de l'opposition. Tout établissement habilité à être tiré de chèque doit informer par écrit les titulaires de comptes des sanctions encourues en cas d'opposition fondée sur une autre cause que celles prévues dans le présent article.

Article 47. Ni le décès du tireur ni son incapacité survenant après l'émission ne touchent aux effets du chèque.

Article 48. Le tiré peut exiger, en payant le chèque, qu'il soit remis acquitté par le porteur.

Le porteur ne peut pas refuser un paiement partiel.

Si la provision est inférieure au montant du chèque, le porteur a le droit d'exiger le paiement jusqu'à concurrence de la provision.

En cas de paiement partiel, le tiré peut exiger que mention de ce paiement soit faite sur le chèque et qu'une quittance lui en soit donnée.

Cette quittance, délivrée sur titre séparé, jouit à l'égard du droit de timbre de la même dispense que la quittance donnée sur le chèque lui-même.

Article 49. Celui qui paye un chèque sans opposition est présumé valablement libéré.

Le tiré qui paye un chèque endossable est obligé de vérifier la régularité de la suite des endossements, mais non la signature des endosseurs.

Article 50. Lorsqu'un chèque est stipulé payable en une monnaie n'ayant pas cours dans les pays de la CEMAC, le montant peut en être payé, dans le délai de présentation du chèque, d'après sa valeur en francs CFA au jour du paiement. Si le paiement n'a pas été effectué à la présentation, le porteur peut, à son choix, demander que le montant du chèque soit payé en francs CFA d'après le cours, soit du jour de la présentation, soit du jour du paiement.

Les usages en vigueur, pour la cotation des différentes devises dans lesquelles sont libellés les chèques, doivent être suivis pour déterminer la valeur de ces monnaies en francs CFA. Toutefois, le tireur peut stipuler que la somme à payer sera calculée d'après un cours déterminé dans le chèque.

Les règles ci-dessus énoncées ne s'appliquent pas au cas où le tireur a stipulé, dans le respect de la réglementation des changes, que le paiement devra être fait dans une certaine monnaie indiquée par une clause de paiement effectif eu une monnaie étrangère.

Si le montant du chèque est indiqué dans une monnaie ayant la même dénomination, mais une valeur différente, dans le pays d'émission et dans celui du paiement, on est présumé s'être référé à la monnaie du lieu de paiement.

Article 51. En cas de perte du chèque, celui à qui il appartient peut en poursuivre le paiement sur un second, troisième, quatrième, etc.

Si celui qui a perdu le chèque ne peut représenter le second, troisième, quatrième, etc., il peut demander le paiement du chèque perdu et l'obtenir par ordonnance du juge en justifiant de sa propriété par ses livres et en donnant caution.

En cas de refus de paiement, sur la demande formée en vertu de l'alinéa précédent, le propriétaire du chèque perdu conserve tous ses droits par un acte de protestation. Cet acte doit être fait au plus tard le premier jour ouvrable qui suit l'expiration du délai de présentation. Les avis prescrits par l'article 57 doivent être donnés au tireur et aux endosseurs dans les délais fixés par cet article.

Le propriétaire du chèque égaré doit, pour s'en procurer le second, s'adresser à son endosseur immédiat qui est tenu de lui prêter son nom et ses soins pour agir envers son propre endosseur, et ainsi en remontant d'endosseur à endosseur jusqu'au tireur du chèque.

Article 57. Le porteur doit donner avis du défaut de paiement à son endosseur et au tireur dans les quatre jours ouvrables qui suivent le jour du protêt et, en cas de clause de retour sans frais, le jour de la présentation.

Les notaires et les huissiers sont tenus, à peine de dommages et intérêts, lorsque le chèque indiquera les nom et domicile du tireur, de prévenir celui-ci dans les quarante-huit heures qui suivent l'enregistrement, par lettre recommandée, des motifs du refus de payer. Cette lettre donne lieu, au profit du notaire ou de l'huissier, à un droit de correspondance conforme à la tarification en vigueur.

Chaque endosseur doit, dans les deux jours ouvrables qui suivent le jour où il a reçu l'avis, faire connaître à son endosseur l'avis qu'il a reçu, en indiquant les noms et adresses de ceux qui ont donné les avis précédents, et ainsi de suite, en remontant jusqu'au tireur. Les délais ci-dessus indiqués courent de la réception de l'avis précédent.

Lorsque, conformément à l'alinéa précédent, un avis est donné à un signataire du chèque, le même avis doit être donné dans le même délai à son avaliseur.

Dans le cas où un endosseur n'a pas indiqué son adresse ou l'a indiquée d'une façon illisible, il suffit que l'avis soit donné à l'endosseur qui le précède.

Celui qui a un avis à donner peut le faire sous une forme quelconque, même par un simple renvoi du chèque.

II doit prouver qu'il a donné l'avis dans le délai imparti. Ce délai sera considéré comme observé si une lettre missive donnant l'avis a été mise à la poste dans ledit délai.

Celui qui ne donne pas l'avis dans le délai ci-dessus indiqué n'encourt pas la déchéance ; il est responsable, s'il y a lieu, du préjudice causé par sa négligence, sans que les dommages et intérêts puissent dépasser le montant du chèque.

Article 58. Le tireur, un endosseur ou un avaliseur peut, par la clause « retour sans frais», « sans protêt», ou toute autre clause équivalente, inscrite sur le titre et signée, dispenser le porteur, pour exercer ses recours, de faire établir un protêt.

Cette clause ne dispense pas le porteur de la présentation du chèque dans le délai prescrit ni des avis à donner. La preuve de l'inobservation du délai incombe à celui qui s'en prévaut contre le porteur.

Si la clause est inscrite par le tireur, elle produit ses effets à l'égard de tous les signataires ; si elle est inscrite par un endosseur ou un avaliseur elle produit ses effets seulement à l'égard de celui-ci. Si, malgré la clause inscrit par le tireur, le porteur fait établir le protêt, les frais en restent à sa charge. Q la clause émane d'un endosseur ou d'un avaliseur, les frais du protêt, s'il en est dressé un, peuvent être recouvrés contre tous les signataires.

Article 59. Toutes les personnes obligées en vertu d'un chèque sont tenues solidairement envers le porteur.

Le porteur a le droit d'agir contre toutes ces personnes individuellement ou collectivement, sans être astreint à observer l'ordre dans lequel elles se sont obligées.

Le même droit appartient à tout signataire d'un chèque qui a remboursé celui-ci. L'action intentée contre un des obligés n'empêche pas d'agir coutre les autres, même postérieurs à celui qui a été d'abord poursuivi.

Article 60. Le porteur peut réclamer à celui contre lequel il exerce son recours :

1 °) - Le montant du chèque non payé ;

2°) - Les intérêts à partir du jour de la présentation dus au taux des appels d'offres positifs de la BEAC pour les chèques émis et payables dans l'un des pays de la CEMAC, et au taux précédent majoré de deux (2) points pour les autres chèques;

3 °) - Les frais de protêt, ceux des avis donnés, ainsi que les autres frais.

Article 61. Celui qui a remboursé le chèque peut réclamer à ses garants :

1 °) - La somme intégrale qu'il a payée ;

2°) - Les intérêts de ladite somme, à partir du jour où il l'a déboursée, calculés au taux des appels d'offres positifs de la BEAC pour les chèques émis et payables dans l'un des pays de la CEMAC, et au taux précédent majoré de deux (2) points pour les autres chèques

3°) - Les frais supportés.

Article 62. Tout obligé contre lequel un recours est exercé ou qui est exposé à un recours peut exiger, contre remboursement, la remise du chèque avec le protêt, et un compte acquitté.

Tout endosseur qui a remboursé le chèque peut biffer son endossement et ceux des endosseurs subséquents.

Le porteur est tenu de donner, sans retard, un avis du cas de force majeure à son endosseur et de mentionner cet avis, daté et signé de lui, sur le chèque ou sur une allonge ; pour le surplus, les dispositions de l'article 57 sont applicables.

Après cessation de la force majeure, le porteur doit, sans retard, présenter le chèque au paiement et, s'il y a lieu, faire établir le protêt.

Si la force majeure persiste au-delà de 15 jours à partir de la date à laquelle le porteur a, même avant l'expiration du délai de présentation, donné avis de la force majeure à son endosseur, les recours peuvent être exercés, sans que ni la présentation ni le protêt soit nécessaire.

Ne sont pas considérés comme constituant des cas de force majeure les faits purement personnels au porteur ou à celui qu'il a chargé de la présentation du chèque ou de l'établissement du protêt.

CHAPITRE VII : DE LA PLURALITE D'EXEMPLAIRES

Article 64. A la condition qu'il ne soit pas stipulé au porteur, tout chèque émis dans un pays et payable dans un antre pays peut être tiré en plusieurs exemplaires identiques. Dans ce cas, ces exemplaires doivent être numérotés dans le texte même du titre, faute de quoi, chacun d'eux est considéré comme un chèque distinct.

Article 65. Le paiement fait sur un des exemplaires est libératoire, alors même qu'il n'est pas stipulé que ce paiement annule l'effet des autres exemplaires.

L'endosseur qui a transmis les exemplaires à différentes personnes, ainsi que les endosseurs subséquents, sont tenus à raison de tous les exemplaires portant leur signature qui n'ont pas été restitués.

CHAPITRE VIII : DES ALTERATI ONS

Article 66. En cas d'altération du texte du chèque, les signataires postérieurs à cette altération sont tenus dans les termes du texte altéré ; les signataires antérieurs le sont dans les termes du texte originaire.

CHAPITRE IX : DE LA PRESCRIPTION

Article 67. Les actions en recours du porteur contre les endosseurs, le tireur et les autres obligés se prescrivent par six mois à partir de l'expiration du délai de présentation.

L'action du porteur, contre le tiré, se prescrit par un (l) an à partir de l'expiration du délai de présentation.

Toutefois, en cas de déchéance ou de prescription, il subsiste une action contre le tireur qui n'a pas fait provision ou les autres obligés qui se seraient enrichis injustement.

Article 68. Les prescriptions en cas d'action exercée en justice ne courent que du jour de la dernière poursuite judiciaire. Elles ne s'appliquent pas s'il y a eu condamnation ou si la dette a été reconnue par acte séparé.

L'interruption de la prescription n'a d'effet que contre celui à l'égard duquel l'acte interruptif a été fait.

Néanmoins, les prétendus débiteurs seront tenus, s'ils en sont requis, d'affirmer sous serment qu'ils ne sont plus redevables de sorte que leurs conjoints survivants, héritiers ou ayants cause, estimés de bonne foi ne doivent plus rien.

CHAPITRE X : DES PROTETS

Article 69. Le protêt doit être fait, par un notaire ou par un huissier, au domicile de celui sur qui le chèque était payable, ou à son dernier domicile connu.

Article 70. L'acte de protêt contient la transcription littérale du chèque et des endossements ainsi que la sommation de payer le montant du chèque. Il énonce la présence ou l'absence de celui qui doit payer, les motifs du refus de payer et l'impuissance ou le refus de signer et, en cas de paiement partiel, le montant de la somme qui a été payée.

Les notaires et huissiers sont tenus, à peine de dommages et intérêts, de faire, sous leur signature, mention sur le chèque du protêt avec sa date.

Article 71. Nul acte de la part du porteur du chèque ne peut suppléer l'acte de protêt, hors le cas prévu par l'article 46 relatif à la perte du chèque.

Article 72. Les notaires et les huissiers sont tenus, à peine de sanctions pénales, dépens, dommages et intérêts envers les parties, de laisser copie exacte des protêts. Sous les mêmes sanctions, ils sont également tenus de remettre contre récépissé au greffier du tribunal du domicile du débiteur, ou de lui adresser, par lettre recommandée avec accusé de réception, deux copies exactes des protêts, dont l'une est destinée au parquet ; cette formalité doit être accomplie dans la quinzaine de l'acte.

CHAPITRE XI : DISPOSITIONS DIVERSES

Article 73. La présentation et le protêt d'un chèque ne peuvent être faits qu'un jour ouvrable.

Lorsque le dernier jour du délai accordé pour l'accomplissement des actes relatifs au chèque et notamment pour la présentation ou pour l'établissement du protêt est un jour férié légal, ce délai est prorogé jusqu'au premier jour ouvrable qui en suit l'expiration. Les jours fériés intermédiaires sont compris dans la computation du délai.

Aux jours fériés légaux sont assimilés les jours fériés, même non prévus, en vertu des usages nationaux.

Article 74. Les délais prévus par le présent titre ne comprennent pas le jour qui leur sert de point de départ.

Article 75. Aucun délai de grâce n'est admis, sauf disposition ponctuelle contraire consécutive à une guerre, un fléau ou une calamité publique.

Article 76. La remise d'un chèque en paiement, acceptée par un créancier, n'entraîne pas novation. En conséquence, la créance originaire subsiste, avec toutes les garanties y attachées jusqu'à ce que ledit chèque soit payé.

Article 77. Indépendamment des formalités prescrites pour l'exercice de l'action en garantie, le porteur d'un chèque protesté peut saisir conservatoirement les effets mobiliers des endosseurs.

Article 78. Tout établissement habilité à être tiré de chèque peut, par décision dûment motivée, refuser de délivrer au titulaire d'un compte les formules de chèques autres que celles qui sont remises pour un retrait de fonds par le tireur auprès du tiré ou pour une certification. Il peut, à tout moment, demander la restitution des formules antérieurement délivrées.

Il peut être délivré des formoles de chèques barrées d'avance et rendues, par une mention expresse , non transmissibles par voie d'endossement, sauf au profit d'un établissement habilité à être tiré de chèque.

TITRE II : LA LETIRE DE CHANGE

CHAPITRE 1 : DE LA CREATION ET DE LA FORME DE LA LETTRE DE CHANGE

Article 79. La lettre de change contient :

1 °) - La dénomination de lettre de change insérée dans le texte même du titre et exprimée dans la langue employée pour la rédaction de ce titre ;

2 °) - Le mandat pur et simple de payer une somme déterminée ;

3°) - Le nom de celui qui doit payer, dénommé;

4 °) - L'indication de l'échéance ;

5°) - Celle du lieu où le paiement doit s'effectue ,

6 °) - Le nom de celui auquel ou à l'ordre duquel le paiement doit être fait ;

7°) - L'indication de la date et du lieu où la lettre est créée ;

8°) - La signature de celui qui émet la lettre, dénommé tireur. Cette signature est apposée, soit à la main, soit par tout procédé non manuscrit.

Article 80. Le titre dans lequel une des énonciations indiquées à l'article précédent fait défaut ne vaut pas comme lettre de change, sauf dans les cas déterminés par les alinéas suivants.

La lettre de change dont l'échéance n'est pas indiquée est considérée comme payable à vue.

A défaut d'indication spéciale, le lieu désigné à côté du nom du tiré est réputé être le lieu du paiement et, en même temps, le lieu du domicile du tiré.

La lettre de change n'indiquant pas le lieu de sa création est considérée comme souscrite dans le lieu désigné à côté du nom du tireur.

Article 81. La lettre de change peut être à l'ordre du tireur lui-même. Elle peut être tirée sur le tireur lui-même.

Elle peut être tirée pour le compte d'un tiers.

Elle peut être payable au domicile d'un tiers, soit dans la localité où le tiré a son domicile, soit dans une autre localité.

Article 82. Dans une lettre de change payable à vue ou à un certain délai de vue, il peut être stipulé par le tireur que la somme sera productive d'intérêts. Dans toute autre lettre de change, cette stipulation est réputée non écrite.

Le taux des intérêts doit être indiqué dans la lettre ; à défaut de cette indication, la clause est réputée non écrite.

Les intérêts courent à partir de la date de création de la lettre de change si une autre date n'est pas indiquée.

Article 83. La lettre de change dont le montant est écrit à la fois en toutes lettres et en chiffres, vaut, en cas de différence, pour la somme écrite en toutes lettres.

La lettre de change dont le montant est écrit plusieurs fois, soit en toutes lettres, soit en chiffres ne vaut, en cas de différence, que pour la moindre somme.

Article 84. Les lettres de change souscrites par des mineurs non négociants sont nulles à leur égard, sauf les droits respectifs des parties, conformément au droit commun en la matière.

Quiconque appose sa signature sur une lettre de change comme représentant d'une personne pour laquelle il n'avait pas le pouvoir d'agir, est obligé lui-même en vertu de la lettre et, s'il a payé, a les mêmes droits qu'aurait eus le prétendu représenté. Il en est de même du représentant qui a dépassé ses pouvoirs.

Article 85. Le tireur est garant de l'acceptation et du paiement. Il peut s'exonérer de la garantie de l'acceptation ; toute clause par laquelle il s'exonère de la garantie du paiement est réputée non écrite.

CHAPITRE II : DE LA PROVISION

Article 86. La provision doit être faite par le tireur ou par celui pour le compte de qui la lettre de change sera tirée, sans que le tireur pour compte d'autrui cesse d'être personnellement obligé envers les endosseurs et le porteur seulement.

Il y a provision si, à l'échéance de la lettre de change, celui sur qui elle est fournie est redevable au tireur, ou à celui pour compte de qui elle est tirée, d'une somme au moins égale au montant de la lettre de change.

La propriété de la provision est transmise de droit aux porteurs successifs de la lettre de change.

L'acceptation suppose la provision.

L'acceptation en établit la preuve à l'égard des endosseurs. Soit qu'il y ait ou non acceptation, le tireur est seul tenu de prouver, en cas de dénégation, que ceux sur qui la lettre était tirée avaient provision à l'échéance ; sinon, il est tenu de la garantir, quoique le protêt ait été fait après les délais fixés.

CHAPITRE m : DE L'ENDOSSEMENT

Article 87. Toute lettre de change, même non expressément tirée à ordre, est transmissible par la voie de l'endossement.

Lorsque le tireur a inséré dans la lettre de change les mots ((non à ordre » ou une expression équivalente, le titre n'est transmissible que dans la forme et avec les effets d'une cession ordinaire.

L'endossement peut être fait même au profit du tiré, accepteur ou non, du tireur ou de tout autre obligé. Ces personnes peuvent endosser la lettre

L'endossement doit être pur et simple. Toute condition à la u 1 il est subordonné est réputée non écrite.

L'endossement partiel est nul.

L'endossement « au porteur vaut comme endossement en blanc.

L'endossement doit être inscrit sur la lettre de change ou sur une feuille qui y est attachée, dénommée allonge. Il doit être signé par l'endosseur. La signature de celui- . ci est apposée soit à la main, soit par tout procédé non manuscrit.

L'endossement peut ne pas désigner le bénéficiaire ou consister simplement dans la signature de l'endosseur, constituant un endossement en blanc. Dans ce dernier cas, l'endossement, pour être valable, doit être inscrit au dos de la lettre de change ou sur l'allonge.

Article 88. L'endossement transmet tous les droits résultant de la lettre de change. Si l'endossement est en blanc, le porteur peut:

1 °) - Remplir le blanc, soit de son nom, soit du nom d'une autre personne ;

2 °) - Endosser la lettre de nouveau en blanc ou à une autre personne ;

3°) - Remettre la lettre à un tiers, sans remplir le blanc et sans l'endosser.

Article 89. L'endosseur est, sauf clause contraire, garant de l'acceptation et du paiement. Il peut interdire un nouvel endossement ; dans ce cas, il n'est pas tenu à la garantie envers les personnes auxquelles la lettre est ultérieurement endossée.

Article 90. Le détenteur d'une lettre de change est considéré comme porteur légitime s'il justifie de son droit par une suite ininterrompue d'endossements, même si le dernier endossement est en blanc. Les endossements biffés sont à cet égard réputés non écrits. Quand un endossement en blanc est suivi d'un autre endossement, le signataire de celui-ci est réputé avoir acquis la lettre par l'endossement en blanc.

Si une personne a été dépossédée d'une lettre de change par quelque événement que ce soit, le porteur justifiant de son droit de la manière indiquée à l'alinéa précédent, n'est tenu de se dessaisir de la lettre que s'il l'a acquise de mauvaise foi ou si, en l'acquérant, il a commis une faute lourde.

Article 91. Les personnes actionnées en vertu de la lettre de change ne peuvent pas opposer au porteur les exceptions fondées sur leurs rapports personnels avec le tireur ou avec les porteurs antérieurs, à moins que le porteur, en acquérant la lettre, n'ait agi sciemment au détriment du débiteur.

Article 92.

Les obligés ne peuvent, dans ce cas, invoquer contre le porteur que les exceptions qui seraient opposables à l'endosseur.

Le mandat renfermé dans un endossement de procuration ne prend pas fin par le décès du mandant ou la survenance de son incapacité.

Lorsqu'un endossement contient la mention« valeur en garantie», « valeur en gage» ou toute autre mention impliquant un nantissement, le porteur peut exercer tous les droits dérivant de la lettre de change, mais un endossement fait par lui ne vaut que comme un endossement à titre de procuration.

Les obligés ne peuvent invoquer contre le porteur les exceptions fondées sur leurs rapports personnels avec l'endosseur, à moins que le porteur, en recevant la lettre, n'ait agi sciemment au détriment du débiteur.

Article 93. L'endossement postérieur à l'échéance produit les mêmes effets qu'un endossement antérieur. Toutefois, l'endossement postérieur au protêt faute de paiement, ou fait après l'expiration du délai fixé pour dresser le protêt, ne produit que les effets d'une cession ordinaire.

Sauf preuve contraire, l'endossement sans date est censé avoir été fait avant l'expiration du délai fixé pour dresser le protêt.

Il est défendu d'antidater les ordres à peine de faux.

CHAPITRE IV: DE L'ACCEPTATION

Article 94. La lettre de change peut être, jusqu'à l'échéance, présentée à l'acceptation du tiré, au lieu de son domicile, par le porteur ou même par un simple détenteur.

Dans toute lettre de change, le tireur peut stipuler qu'elle devra être présentée à l'acceptation, avec ou sans fixation de délai.

Il peut interdire dans la lettre la présentation à l'acceptation, à moins qu'il ne s'agisse d'une lettre de change payable chez un tiers ou d'une lettre payable dans une localité autre que celle du domicile du tiré ou d'une lettre tirée à un certain délai de vue.

Il peut aussi stipuler que la présentation à l'acceptation ne pourra avoir lieu avant un terme indiqué.

Tout endosseur peut stipuler que la lettre devra être présentée à l'acceptation, avec ou sans fixation de délai, à moins qu'elle n'ait été déclarée non acceptable par le tireur.

Les lettres de change à un certain délai de vue doivent être présentées à 1' acceptation dans le délai d'un an à partir de leur date.

Le tireur peut abréger ce dernier délai ou en stipuler un plus long. Ces délais peuvent être abrégés par les endosseurs

Le refus d'acceptation entraîne de plein droit la déchéance du terme aux frais et dépens du tiré.

Article 95. Le tiré peut demander qu'une seconde présentation lui soit faite le lendemain de la première. Les intéressés ne sont admis à prétendre qu'il n'a pas été fait droit à cette demande que si celle-ci est mentionnée dans le protêt.

Le porteur n'est pas obligé de se dessaisir, entre les mains du tiré, de la lettre présentée à l'acceptation.

Article 96. L'acceptation est écrite sur la lettre de change. Elle est exprimée par le mot « accepté, ou tout autre mot équivalent ; elle est signée du tiré. La simple signature du tiré apposée au recto de la lettre vaut acceptation.

Quand la lettre est payable à un certain délai de vue ou lorsqu'elle doit être présentée à l'acceptation dans un délai déterminé en vertu d'une stipulation spéciale, l'acceptation doit être datée du jour où elle a été donnée, à moins que le porteur n'exige qu'elle soit datée du jour de la présentation. A défaut de date, le porteur, pour conserver ses droits de recours contre les endosseurs et contre le tireur, fait constater cette omission par un protêt dressé en temps utile.

L'acceptation est pure et simple ; mais le tiré peut la restreindre à une partie de la somme.

Toute autre modification apportée par l'acceptation aux énonciations de la lettre de change équivaut à un refus d'acceptation.

Toutefois, l'accepteur est tenu dans les termes de son acceptation.

Article 97. Quand le tireur a indiqué dans la lettre de change un lieu de paiement autre que celui du domicile du tiré, sans désigner un tiers chez qui le paiement doit être effectué, le tiré peut l'indiquer lors de l'acceptation. A défaut de cette indication, l'accepteur est réputé s'être obligé à payer lui-même au lieu de paiement.

Si la lettre est payable au domicile du tiré, celui-ci peut, dans l'acceptation, indiquer une adresse du même lieu où le paiement doit être effectué.

CHAPITRE V : DE L'AVAL

Article **100.** Le paiement d'une lettre de change peut être garanti pour tout ou partie de son montant par un aval.

Cette garantie est fournie par un tiers ou même par un signataire de la lettre.

L'aval est donné soit sur la lettre de change ou sur une allonge, soit par un acte séparé indiquant le lieu où il est intervenu.

Il est exprimé par les mots « bon pour aval » ou par toute autre formule équivalente ;

- il est signé par le donneur d'aval.

  Il est considéré comme résultant de la seule signature du donneur d'aval apposée au recto de la lettre de change, sauf quand il s'agit de la signature du tiré ou de celle du tireur.

L'aval doit indiquer pour le compte de qui il est donné. A défaut de cette indication,

- il est réputé donné pour le tireur.

Le donneur d'aval est tenu de la même manière que celui dont il s'est porté garant. Son engagement est valable, alors même que l'obligation qu'il a garantie serait nulle

- pour toute cause autre qu'un vice de forme.

Quand il paye la lettre de change, le donneur d'aval acquiert les droits résultant de la lettre de change contre le garanti et contre ceux qui sont tenus envers ce dernier en vertu de la lettre de change.

CHAPITRE VI : DE L'ECHEANCE

Article **101.** Une lettre de change peut être tirée :

- à vue;
- à un certain délai de vue ;
- à un certain délai de date ;
- à jour fixe. ~

Article 102. La lettre de change à vue est payable à sa présentation. Elle doit être présentée au paiement dans le délai d'un an à partir de sa date de création. Le tireur peut abréger ce délai ou en stipuler un plus long. Ces délais peuvent être abrégés par les endosseurs.

Le tireur peut prescrire qu'une lettre de change payable à vue ne doit pas être présentée au paiement avant un terme indiqué. Dans ce cas, le délai de présentation part de ce terme.

Article 103. L'échéance d'une lettre de change à un certain délai de vue est déterminée, soit par la date de l'acceptation, soit par celle du protêt.

En l'absence du protêt, l'acceptation non datée est réputée, à l'égard de l'accepteur, avoir été donnée le dernier jour du délai prévu pour la présentation à l'acceptation.

L'échéance d'une lettre de change tirée à un ou plusieurs mois de date ou de vue a lieu à la date correspondante du mois où le paiement doit être effectué. A défaut de date correspondante, l'échéance a lieu le dernier jour de ce mois.

Quand une lettre de change est tirée à un ou plusieurs mois et demi de date ou de vue, on compte d'abord les mois entiers.

Si l'échéance est fixée au commencement, au milieu (mi-janvier,mi-février, etc.) ou à la fin du mois, on entend par ces termes, le I", le 15 ou le dernier jour du mois.

Les expressions • huit jours» ou « quinze jours» s'entendent, non d'une ou deux semaines, mais d'un délai de huit ou quinze jours effectifs.

L'expression « demi-mois » indique un délai de quinze jours.

Article 104. Quand une lettre de change est payable à jour fixe dans un lieu où le calendrier est différent de celui du lieu d'émission, la date de l'échéance est considérée comme fixée d'après le calendrier du lieu de paiement.

Quand une lettre de change tirée entre deux places ayant des calendriers différents est payable à un certain délai de date, le jour de l'émission est ramené au jour correspondant du calendrier du lieu de paiement et l'échéance est fixée en conséquence.

Les délais de présentation des lettres de change sont calculés conformément aux règles de l'alinéa précédent.

CHAPITRE VIT : DU PAIEMENT

Article 105. Le porteur d'une lettre de change payable à jour fixe ou à un certain délai de date ou de vue doit présenter la lettre de change au paiement soit le jour où elle est payable, soit l'un des deux jours ouvrables qui suivent.

La présentation d'une lettre de change à une chambre de compensation équivaut à une présentation au paiement.

Article 106. Le tiré peut exiger, en payant la lettre de change, qu'elle lui soit remise acquittée par le porteur.

Le porteur ne peut pas refuser un paiement partiel.

En cas de paiement partiel, le tiré peut exiger que mention de ce paiement soit faite sur la lettre et que quittance lui en soit donnée.

Les paiements faits à compte sur le montant d'une lettre de change sont à la décharge des tireur et endosseur.

Le porteur est tenu de faire protester la lettre de change pour le surp1us.

Article 107. Le porteur d'une lettre de change ne peut être contraint d'en recevoir le paiement avant l'échéance.

Le tiré qui paye avant l'échéance le fait à ses risques et périls.

Celui qui paye à l'échéance est valablement libéré, à moins qu'il n'y ait de sa part une fraude ou une faute lourde. Il est obligé de vérifier la régularité de la suite des endossements, mais non la signature des endosseurs.

Article 108. Lorsqu'une lettre de change est stipulée payable en une monnaie n'ayant pas cours au lieu du paiement, le montant peut en être payé dans la monnaie du pays, d'après sa valeur au jour de l'échéance. Si le débiteur est en retard, le porteur peut, à son choix, demander que le montant de la lettre de change soit payé dans la monnaie du pays d'après le cours, soit du jour de l'échéance, soit du jour du paiement.

Les usages du lieu de paiement servent à déterminer la valeur de la monnaie étrangère. Toutefois, le tireur peut stipuler que la somme à payer sera calculée d'après un cours déterminé dans la lettre.

Les règles énoncées ne s'appliquent pas au cas où le tireur a stipulé que le paiement devra être fait dans une certaine monnaie indiquée par une clause de paiement effectif en une monnaie étrangère.

Si le montant de la lettre de change est indiqué dans une monnaie ayant la même dénomination, mais une valeur différente, dans le pays d'émission et dans celui du paiement, on est présumé s'être référé à la monnaie du lieu de paiement.

Article 110. L'acte de dépôt contiendra la date de la lettre de change, celle de l'échéance, et le nom de celui au bénéfice duquel il aura été originairement fait.

Le dépôt effectué, le débiteur ne sera tenu qu'à remettre l'acte du dépôt en échange de la lettre.

La somme déposée sera remise à celui qui représentera l'acte du dépôt, sans autre formalité que la remise dudit acte, et de la signature du dépositaire des fonds.

Article 111. Il n'est admis d'opposition au paiement qu'en cas de perte de la lettre de change ou en cas d'ouverture d'une procédure de redressement judiciaire ou de liquidation des biens à l'égard du porteur.

Article **112.** En cas de perte d'une lettre de change non acceptée, celui à qui elle appartient peut en poursuivre le paiement sur une seconde, troisième, quatrième, etc.

Article 113. Si la lettre de change perdue est revêtue de l'acceptation, le paiement ne peut en être exigé sur une seconde, troisième quatrième, etc., que par ordonnance du juge et en donnant une caution personnelle.

Article 114. Si celui qui a perdu la lettre de change, qu'elle soit acceptée ou non, ne peut représenter la seconde, la troisième, quatrième, etc., il peut demander le paiement de la lettre de change perdue et l'obtenir par l'ordonnance du juge en justifiant de sa propriété par ses livres et en donnant une caution personnelle.

Article 115. En cas de refus de paiement, sur la demande formée en vertu des deux articles précédents, le propriétaire de la lettre de change perdue conserve tous ses droits par un acte de protestation. Cet acte doit être fait le lendemain de l 'échéance de la lettre de change perdue.

Les avis prescrits par l'article 122 doivent être donnés au tireur et aux endosseurs dans les délais fixés par cet article.

Article **116.** Le propriétaire de la lettre de change égarée doit, pour s'en procurer la seconde, s'adresser à son endosseur immédiat qui est tenu de lui prêter son nom et ses soins pour agir envers son propre endosseur, et ainsi en remontant d'endosseur à endosseur jusqu'au tireur de la lettre. Le propriétaire de la lettre de change égarée supportera les frais.

CHAPITRE VIII : DES RECOURS FAUTE D'ACCEPTATION ET FAUTE DE PAIEMENT, DES PROTETS, DU RECHANGE

Section 1 : Des recours faute d'acceptation et faute de paiement

Article 118. Le porteur peut exercer ses recours contre les endosseurs, le tireur et les autres obligés :

A l'échéance, si le paiement n'a pas eu lieu ; Même avant l'échéance,

1 °) - S'il y a eu refus total ou partiel d'acceptation ;

2°) - Dans le cas d'ouverture d'une procédure de redressement judiciaire ou de liquidation des biens à l'égard du tiré, accepteur ou non, de cessation de ses paiements même non constatée par un jugement, ou de saisie de ses biens demeurée infructueuse ;

3°) - Dans le cas d'ouverture d'une procédure de redressement judiciaire ou de liquidation des biens à l'égard du tireur d'une lettre non acceptable.

Toutefois, les garants contre lesquels un recours est exercé dans les cas prévus par les deux derniers alinéas 2° et 3° qui précèdent pourront, dans les trois jours de l'exercice de ce recours, adresser au président du tribunal compétent de leur domicile, une requête pour solliciter des délais.

Si la demande est reconnue fondée, l'ordonnance fixera l'époque à laquelle les garants seront tenus de payer les effets de commerce dont il s'agit, sans que les délais ainsi octroyés puissent dépasser la date fixée pour l'échéance. L'ordonnance ne sera susceptible ni d'opposition ni d'appel.

Article 119. Le refus d'acceptation ou de paiement doit être constaté par un acte authentique, dénommé protêt faute d'acceptation ou faute de paiement.

Le protêt faute d'acceptation doit être fait dans les délais fixés pour la présentation à l'acceptation. Si, dans le cas prévu à l'article 95, premier alinéa, la première présentation a eu lieu le dernier jour du délai, le protêt peut encore être dressé le lendemain.

Le protêt faute de paiement d'une lettre de change payable à jour fixe ou à un certain délai de date ou de vue doit être fait l'un des deux jours ouvrables qui suivent le jour où la lettre de change est payable. S'il s'agit d'une lettre payable à vue, le protêt doit être dressé dans les conditions indiquées à l'alinéa précédent pour dresser le protêt faute d'acceptation.

En cas de cessation de paiement du tiré, accepteur ou non, ou en cas de saisie de ses biens demeurée infructueuse, le porteur ne peut exercer ses recours qu'après présentation de la lettre au tiré pour le paiement et après confection d'un protêt.

En cas d'ouverture d'une procédure de redressement judiciaire ou de liquidation des biens à l'égard du tiré, accepteur ou non, ainsi qu'en cas d'ouverture d'une telle procédure à l'égard du tireur d'une lettre non acceptable, la production du jugement déclaratif d'ouverture de la procédure suffit pour permettre au porteur d'exercer ses recours.

Article 120. Lorsque le porteur consent à recevoir en paiement, soit un chèque ordinaire, soit un mandat de virement sur la Banque Centrale, soit un chèque postal, le chèque ou mandat doit indiquer le nombre et l'échéance des effets ainsi payés ; cette indication n'est toutefois pas imposée pour les chèques ou mandats de virement créés pour le règlement du solde des opérations effectuées par l'intermédiaire d'une chambre de compensation.

Si le règlement est effectué au moyen d'un chèque ordinaire et que celui-ci ne soit pas payé, notification du protêt faute de paiement dudit chèque est faite au domicile de paiement de la lettre de change dans le délai prévu à l'article 56 du présent règlement. Le protêt faute de paiement du chèque et la notification sont faits par un seul et même exploit, sauf le cas où, pour des raisons de compétence territoriale, l'intervention de deux officiers ministériels est nécessaire.

Si le règlement est effectué au moyen d'un mandat de virement et que celui-ci soit rejeté par la Banque Centrale, ou au moyen d'un chèque postal et que celui-ci soit rejeté par le centre de chèques postaux détenteur du compte à débiter, la non- exécution fait l'objet d'un acte de notification au domicile de l'émetteur dudit mandat ou dudit chèque postal dans les huit jours à compter de la date de l'émission. Cet acte est dressé par un huissier ou par toute personne légalement en charge de l'exécution ou par un notaire.

Lorsque le dernier jour du délai accordé pour l'accomplissement de l'acte de notification de non-exécution du mandat de virement ou du chèque postal est un jour férié légal, ce délai est prorogé jusqu'au premier jour ouvrable qui suit l'expiration. Les jours fériés intermédiaires sont compris dans la computation du délai. Aux jours fériés légaux sont assimilés les jours fériés, même non prévus, en vertu des usages nationaux.

Le tiré de la lettre de change qui reçoit la notification doit, s'il ne paye pas la lettre de change ainsi que les frais de notification et, s'il y a lieu, du protêt du chèque, restituer la lettre de change à l'officier ministériel instrumentaire. Celui-ci dresse immédiatement le protêt faute de paiement de la lettre de change.

Article **121.** La remise d'un mandat de virement en acquit d'un effet de commerce n'entraîne pas novation.

Article 122. Le porteur doit donner avis du défaut d'acceptation ou de paiement à son endosseur dans les quatre jours ouvrables qui suivent le jour du protêt ou celui de la présentation en cas de clause de retour sans frais.

Les notaires, les huissiers ou les personnes légalement en charge de l'exécution sont tenus, à peine de dommages et intérêts, lorsque l'effet indiquera les nom et domicile du tireur de la lettre de change, de prévenir celui-ci dans les quarante-huit heures qui suivent l'enregistrement, par lettre recommandée, des motifs du refus de payer. Cette lettre donne lieu, au profit du notaire ou de l'huissier, à un droit de correspondance conforme à la tarification en vigueur.

Chaque endosseur doit, dans les deux jours ouvrables qui suivent le jour où il a reçu l'avis, faire connaître à son endosseur l'avis qu'il a reçu, en indiquant les noms et adresses de ceux qui ont donné les avis précédents, et ainsi de suite, en remontant jusqu'au tireur.

Les délais ci-dessus indiqués courent de la réception de l'avis précédent.

Lorsqu'en conformité de l'alinéa précédent, un avis est donné à un signataire de la lettre de change, le même avis doit être donné dans le même délai à son avaliseur.

Dans le cas où un endosseur n'a pas indiqué son adresse ou l'a indiquée d'une façon illisible, il suffit que l'avis soit donné à l'endosseur qui le précède.

Celui qui a un avis à donner peut le faire sous une forme quelconque, même par un simple renvoi de la lettre de change.

Il doit prouver qu'il a donné l'avis dans le délai imparti.

Ce délai sera considéré comme observé si une lettre missive donnant l'avis a été mise à la poste dans ledit délai.

Celui qui ne donne pas l'avis dans le délai ci-dessus indiqué n'encourt pas de déchéance ; il est responsable, s'il y a lieu, du préjudice causé par sa négligence, sans que les dommages et intérêts puissent dépasser le montant de la lettre de change.

La preuve de l'inobservation des délais incombe à celui qui s'en prévaut contre le porteur.

Si la clause est inscrite par le tireur, elle produit ses effets à l'égard de tous les signataires ; si elle est inscrite par un endosseur ou un avaliseur, elle produit ses effets seulement à l'égard de celui-ci. Si malgré la clause inscrite par le tireur, le porteur fait messer le protêt, les frais en restent à sa charge. Quand la clause émane d'un endosseur, ou d'un avaliseur, les frais du protêt, s'il en est dressé un, peuvent être recouvrés contre tous les signataires.

Article 124. Tous cerne qui ont tiré, accepté, endossé ou avalisé une lettre de change sont tenus solidairement envers le porteur.

Le porteur a le droit d'agir contre toutes ces personnes, individuellement ou collectivement, sans être astreint à observer l'orme dans lequel elles se sont obligées.

Le même droit appartient à tout signataire d'une lettre de change qui a remboursé celle-ci. L'action intentée contre un des obligés n'empêche pas d'agir contre les autres, même postérieurs à celui qui a été d'abord poursuivi.

Article 125. Le porteur peut réclamer à celui contre lequel il exerce son recours :

1 °) - Le montant de la lettre de change non acceptée on non payée avec les intérêts, s'il en a été stipulé ;

2 °) - Les intérêts au taux légal à partir de 1 'échéance ;

3 °) - Les frais du protêt, ceux des avis donnés ainsi que les autres frais.

Si le recours est exercé avant l'échéance, déduction sera faite d'un escompte sur le montant de la lettre. Cet escompte sera calculé d'après le taux de référence officiel de la Banque Centrale, tel qu'il existe à la date du recours au lieu du domicile du porteur.

Article 126. Celui qui a remboursé la lettre de change peut réclamer à ses garants :

1 °) - La somme intégrale qu'il a payée ;

2°) - Les intérêts de ladite somme, calculés au taux légal, à partir du jour où il l'a déboursée;

3°) - Les frais supportés.

Tout endosseur qui a remboursé la lettre de change peut biffer son endossement et ceux des endosseurs subséquents.

Article 128. En cas d'exercice d'un recours après une acceptation partielle, celui qui rembourse la somme pour laquelle la lettre n'a pas été acceptée, peut exiger que ce remboursement soit mentionné sur la lettre et qu'il lui en soit donné quittance. Le porteur doit en outre lui remettre une copie certifiée conforme de la lettre et le protêt pour permettre l'exercice des recours ultérieurs.

Article 129. Le porteur est déchu de ses droits contre les endosseurs, coutre le tireur et contre les autres obligés, à l'exception de l'accepteur, après l'expiration des délais fixés :

- pour la présentation d'une lettre de change à vue ou à un certain délai de vue;
- pour la confection du protêt faute d'acceptation ou faute de paiement ;
- pour la présentation au paiement en cas de clause de retour sans frais.

Toutefois, la déchéance n'a lieu à l'égard du tireur que s'il justifie qu'il a fait provision à l'échéance. Le porteur, en ce cas, ne conserve d'action que contre celui sur qui la lettre de change était tirée.

A défaut de présentation à l'acceptation dans le délai stipulé par le tireur, le porteur est déchu de ses droits de recours, tant pour défaut de paiement que pour défaut d'acceptation, à moins qu'il ne résulte des termes de la stipulation que le tireur n'a entendu s'exonérer que de la garantie de l'acceptation.

Si la stipulation d'un délai pour la présentation est contenue dans un endossement, l'endosseur seul peut s'en prévaloir.

Article 130. Quand la présentation de la lettre de change ou la confection du protêt dans les délais prescrits est empêchée par un obstacle insurmontable tel que la prescription légale d'un Etat quelconque ou tout autre cas de force majeure, ces délais sont prolongés.

Le porteur est tenu de donner, sans retard, avis du cas de force majeure à son endosseur et de mentionner cet avis, daté et signé de lui, sur la lettre de change ou sur une allonge ; pour le surplus, les dispositions de l'article 120 sont applicables.

Après la cessation de la force majeure, le porteur doit, sans retard, présenter la lettre à l'acceptation ou au paiement et, s'il y a lieu, faire dresser le protêt.

Pour les lettres de change à vue ou à un certain délai de vue, le délai de trente jours court à la date à laquelle le porteur a, même avant l' expiration des délais de présentation, donné avis de la force majeure à son endosseur ; pour les lettres de change à un certain délai de vue, le délai de trente jours s'augmente du délai de vue indiqué dans la lettre de change.

Ne sont point considérés comme constituant des cas de force majeure, les faits purement personnels au porteur ou à celui qu'il a chargé de la présentation de la lettre ou de la confection du protêt.

Article 131. Indépendamment des formalités prescrites pour l'exercice de l'action en garantie, le porteur d'une lettre de change protestée faute de paiement peut, en obtenant la permission du juge, saisir conservatoire ment les effets mobiliers des tireurs, accepteurs et endosseurs.

Section II : Des protêts

Article 132. Les protêts faute d'acceptation ou de paiement sont faits par un notaire, par un huissier ou toute personne légalement en charge de l'exécution.

Le protêt doit être fait :

- au domicile de celui sur qui la lettre de change était payable, ou à son dernier domicile connu ;
- au domicile des personnes indiquées par la lettre de change pour la payer au besoin;
- au domicile du tiers qui a accepté par intervention ; le tout par un seul et même acte.

En cas de fausse indication de domicile, le protêt est précédé d'un acte de perquisition.

Article 133. L'acte de protêt contient la transcription littérale de la lettre de change, de l'acceptation, des endossements et des recommandations qui y sont indiquées, la sommation de payer le montant de la lettre de change. Il énonce la présence ou l'absence de celui qui doit payer, les motifs du refus de payer et l'impuissance ou le refus de signer.

Article 136. Le greffier du tribunal compétent tient régulièrement à jour, par ordre alphabétique, d'après les dénonciations qui lui sont faites par les notaires et huissiers ou les personnes légalement en charge de l'exécution, un état nominatif et par débiteur des protêts faute de paiement des lettres de change acceptées.

Il énonce:

1 °) - La date du protêt ;

2°) - Les nom, prénoms, profession et domicile de celui au profit de qui l'effet a été créé, ou le tireur de la lettre de change ;

3°) - Les nom, prénoms, ou raison sociale, profession et domicile de l'accepteur de la lettre de change ;

4 °) - La date de l'échéance, s'il y a lieu ;

5°) - Le montant de l'effet;

6°) - La réponse donnée au protêt.

Article 137. Après l'expiration d'un délai d'un mois à compter du jour du protêt et pendant un an à compter de la même date, tout requérant peut se faire délivrer, à ses frais, par le greffier du tribunal susvisé, un extrait de l'état nominatif prévu à l'article 136.

Article 138. Sur dépôt contre récépissé par le débiteur de 1 'effet et du protêt, le greffier du tribunal compétent effectue, aux frais du débiteur, sur l'état dressé en application de l'article 136, la radiation de l'avis de protêt.

Les pièces déposées peuvent être retirées pendant l'année qui suit l'expiration du délai d'un an visé à l'article 137, après quoi le greffier en est déchargé.

Section II : Du rechange

Article 140. Toute personne ayant le droit d'exercer un recours peut, sauf stipulation contraire, se rembourser au moyen d'une nouvelle lettre, dénommée retraite, tirée à vue sur l'un des garants et payable au domicile de celui-ci.

La retraite comprend, outre les sommes indiquées dans les articles 125 et 126, un droit de courtage et le droit de timbre de la retraite.

Si la retraite est tirée par le porteur, le montant en est fixé d'après le cours d'une lettre de change à vue, tirée du lieu on la lettre primitive était payable sur le lieu du domicile du garant. Si la retraite est tirée par un endosseur, le montant en est fixé d'après le cours d'une lettre à vue tirée du lieu où le tireur de la retraite a son domicile sur le lieu du domicile du garant.

Article 141. Les rechanges ne peuvent être cumulés. Chaque endosseur n'en supporte qu'un seul ainsi que le tireur.

CHAPITRE IX : DE L'INTERVENTION

Article 142. Le tireur, un endosseur ou un avaliseur peut indiquer une personne pour accepter ou payer au besoin.

La lettre de change peut être, sous les conditions déterminées ci-après, acceptée ou payée par une personne intervenant pour un débiteur quelconque exposé au recours.

L'intervenant peut être un tiers, même le tiré, ou une personne déjà obligée en vertu de la lettre de change, sauf l'accepteur.

L'intervenant est tenu de donner, dans un délai de deux jours ouvrables, avis de son intervention à celui pour qui il est intervenu.

En cas d'inobservation de ce délai, il est responsable, s'il y a lieu, du préjudice causé par sa négligence sans que les dommages et intérêts puissent dépasser le montant de la lettre de change.

Section 1 : Acceptation par intervention

Article 142. L'acceptation par intervention peut avoir lieu dans tous les cas où des recours sont ouverts avant l'échéance au porteur d'une lettre de change acceptable.

Lorsqu'il a été indiqué sur la lettre de change une personne pour l'accepter ou la payer au besoin au lieu du paiement, le porteur ne peut exercer avant l'échéance ses droits de recours contre celui qui a apposé l'in9f· ·on et contre les signataires subséquents à moins qu'il n'ait présenté la lettre de change à la personne désignée et que, celle-ci ayant refusé l'acceptation, ce refus n' ·t ' constaté par un protêt.

Dans les autres cas d'intervention, le porteur peut refuser l'acceptation par intervention.

Toutefois, s'il l'admet, il perd les recours qui lui appartiennent avant l'échéance contre celui pour qui l'acceptation a été donnée et contre les signataires subséquents.

L'acceptation par intervention est mentionnée sur la lettre de change ; elle est signée par l'intervenant. Elle indique pour le compte de qui elle a lieu ; à défaut de cette indication, l'acceptation est réputée donnée pour le tireur.

L'accepteur par intervention est obligé envers le porteur et envers les endosseurs postérieurs à celui pour le compte duquel il est intervenu, de la même manière que celui-ci.

Malgré l'acceptation par intervention, celui pour lequel elle a été faite et ses garants peuvent exiger du porteur, contre remboursement de la somme indiquée à l'article

123, la remise de la lettre de change, du protêt et d'un compte acquitté, s'il y a lieu.

Section Il : Paiement par intervention

Article 144. Le paiement par intervention peut avoir lieu dans tous les cas où, soit à l'échéance, soit avant l'échéance, des recours sont ouverts au porteur.

Le paiement doit comprendre toute la somme qu'aurait à acquitter celui pour lequel il a lieu.

Il doit être fait au plus tard le lendemain du dernier jour admis pour la confection du protêt faute de paiement.

Article 145. Si la lettre de change a été acceptée par des intervenants ayant leur domicile au lieu du paiement ou si des personnes ayant leur domicile dans ce même lieu ont été indiquées pour payer au besoin, le porteur doit présenter la lettre à toutes ces personnes et faire dresser, s'il y a lieu, un protêt faute de paiement au plus tard le lendemain du dernier jour admis pour la confection du protêt.

A défaut de protêt dressé dans ce délai, celui qui a indiqué le besoin ou pour le compte de qui la lettre a été acceptée et les endosseurs postérieurs cessent d'être obligés.

Article 146. Le porteur qui refuse le paiement par intervention perd ses recours contre ceux qui auraient été libérés.

Article 147. La lettre de change et le protêt, s'il en a été dressé un, doivent être remis au payeur par intervention.

Article 148. Le payeur par intervention acquiert les droits résultant de la lettre de change contre celui pour lequel il a payé et contre ceux qui sont tenus vis-à-vis de ce dernier en vertu de la lettre de change. Toutefois, il ne peut endosser la lettre de change à nouveau.

Les endosseurs postérieurs au signataire pour qui le paiement a eu lieu sont libérés. En cas de concurrence pour le paiement par intervention, celui qui opère le plus de libération est préféré. Celui qui intervient, en connaissance de cause, contrairement à cette règle, perd ses recours contre ceux qui auraient été libérés.

CHAPITRE X : DE LA PLURALITE D'EXEMPLAIRES ET DES COPIES

Section 1: Pluralité d'exemplaires

Article 149. La lettre de change peut être tirée en plusieurs exemplaires identiques. Ces exemplaires doivent être numérotés dans le texte même du titre ; faute de quoi, chacun d'eux est considéré comme une lettre de change distincte.

Tout porteur d'une lettre n'indiquant pas qu'elle a été tirée en un exemplaire unique peut exiger à ses frais la délivrance de plusieurs exemplaires. A cet effet, il doit s'adresser à son endosseur immédiat qui est tenu de lui prêter ses soins pour agir contre son propre endosseur et ainsi de suite en remontant jusqu'au tireur. Les endosseurs sont tenus de reproduire les endossements sur les nouveaux exemplaires.

Article 150. Le paiement fait sur un des exemplaires est libératoire, alors même qu'il n'est pas stipulé que ce paiement annule l'effet des autres exemplaires. Toutefois, le tiré reste tenu à raison de chaque exemplaire accepté dont il n'a pas obtenu la restitution.

L'endosseur qui a transféré les exemplaires à différentes personnes, ainsi que les endosseurs subséquents, sont tenus à raison de tous les exemplaires portant leur signature et qui n'ont pas été restitués.

1 °) - Que l'exemplaire envoyé à l'acceptation ne lui a pas été remis sur sa demande ;

2°) - Que l'acceptation ou le paiement n'a pu être obtenu sur un autre exemplaire.

Section II : Copies

Article 152. Tout porteur d'une lettre de change a le droit d'en faire des copies.

La copie doit reproduire exactement l'original avec les endossements et toutes les autres mentions qui y figurent. Elle doit indiquer où elle s'arrête.

Elle peut être endossée et avalisée de la même manière et avec les mêmes effets que l'original.

Article 153. La copie doit désigner le détenteur du titre original. Celui-ci est tenu de remettre ledit titre au porteur légitime de la copie.

S'il s'y refuse, le porteur ne peut exercer le recours contre les personnes qui ont endossé ou avalisé la copie qu'après avoir fait constater par un protêt que l'orignal ne lui a pas été remis sur sa demande.

Si le titre original, après le dernier endossement survenu avant que la copie ne soit faite, porte la clause : « à partir d'ici, l'endossement ne vaut que sur la copie» ou toute autre formule équivalente, un endossement signé ultérieurement sur l'original est nul.

CHAPITRE XI : DES ALTERATIONS

Article 154. En cas d'altération du texte d'une lettre de change, les signataires postérieurs à cette altération sont tenus dans les termes du texte altéré ; les signataires antérieurs le sont dans les termes du texte originaire.

Les prescriptions en cas d'action exercée en justice, ne courent que du jour de la dernière poursuite judiciaire. Elles ne s'appliquent pas s'il y a eu condamnation, ou si la dette a été reconnue par acte séparé. L'interruption de la prescription n'a d'effet que contre celui à l'égard duquel l'acte interruptif a été fait.

Néanmoins, les prétendus débiteurs seront tenus, s'il en sont requis, d'affirmer, sous serment, qu'ils ne sont plus redevables ; et leurs conjoints survivants, héritiers ou ayants cause, qu'ils estiment de bonne foi qu'il n'est plus rien dû.

CHAPITRE XIII : DES DELAIS

Article 156. Le paiement d'une lettre de change dont l'échéance est un jour férié légal, ne peut être exigé que le premier jour ouvrable qui suit. De même, tous autres actes relatifs à la lettre de change, notamment la présentation à l'acceptation et le protêt, ne peuvent être faits qu'un jour ouvrable.

Lorsqu'un de ces actes doit être accompli dans un certain délai dont le dernier jour est un jour férié légal, ce délai est prorogé jusqu'au premier jour ouvrable qui en suit l'expiration. Les jours fériés intermédiaires sont compris dans la computation du délai.

Article 157. Aux jours fériés légaux sont assimilés les jours fériés, même non prévus, en vertu des usages nationaux.

Article 158. Les délais légaux ou conventionnels ne comprennent pas le jour qui leur sert de point de départ.

Aucun jour de grâce ni légal ni judiciaire n'est admis sauf dans les cas prévus par les articles 118 et 130.

TITRE m : LE BILLET A ORDRE

Article 159. Le billet à ordre contient :

1 °) - La clause à ordre ou la dénomination du titre insérée dans le texte même et exprimée dans la langue employée pour la rédaction de ce titre ;

2 °) - La promesse pure et simple de payer une somme déterminée ;

3°) - L'indication de l'échéance ;

4 °) - Celle du lieu où le paiement doit s'effectuer ;

5°) - Le nom de celui auquel ou à l'ordre duquel le paiement doit être fait;

6°) - L'indication de la date et du lieu où le billet est souscrit;

Le billet à ordre dont l'échéance n'est pas indiquée est considéré comme payable à vue. A défaut d'indication spéciale le lieu de création du titre est réputé être le lieu de paiement et, en même temps, le lieu du domicile du souscripteur.

Le billet à ordre n'indiquant pas le lieu de sa création est considéré comme souscrit dans le lieu désigné à côté du nom du souscripteur.

Article 161. Sont applicables au billet à ordre, tant qu'elles ne sont pas incompatibles avec la nature de ce titre, les dispositions relatives à la lettre de change et concernant :

- l'endossement ;
- l'échéance ;
- le paiement ;
- le recours faute de paiement ;
- les protêts ;
- le rechange ;
- le paiement par intervention ;
- les copies ;
- les altérations ;
- la prescription ;
- les jours fériés, les jours ouvrables et assimilés, la computation des délais.

Article 162. Sont aussi applicables au billet à ordre les dispositions concernant la lettre de change payable chez un tiers ou dans une localité autre que celle du domicile du tiré, la stipulation d'intérêts, les différences d'énonciations relatives à la somme à payer, les conséquences de l'apposition d'une signature dans les conditions visées à l'article 84, celles de la signature d'une personne qui agit sans pouvoirs ou en dépassant ses pouvoirs.

Article 163. Sont également applicables au billet à ordre les dispositions relatives à l'aval prévues à l'article 100. Dans le cas prévu au sixième alinéa de l'article 100, si l'aval n'indique pas pour le compte de qui il a été donné, il est réputé l'avoir été pour le compte du souscripteur du billet à ordre.

Article 164. Le souscripteur d'un billet à ordre est obligé de la même manière que l'accepteur d'une lettre de change.

TITRE IV: LES CARTES DE PAIEMENT

CHAPITRE 1 : DEF1NITIONS

Article 166. Constitue une carte de paiement toute carte émise par un établissement assujetti et permettant à son titulaire de retirer ou de transférer des fonds.

Constitue une carte de crédit, toute carte de paiement qui, en vertu d'une stipulation expresse du contrat conclu entre l'émetteur et le titulaire de la carte, donne lieu notamment à un débit différé du compte du titulaire ou à toute autre forme de crédit.

Une carte de retrait confère exclusivement à son titulaire la possibilité de retirer des espèces dans les distributeurs automatiques de billets, les guichets automatiques de banques ou auprès de l'organisme émetteur.

CHAPITRE II: DES OBLIGATIONSDE L'EMETIEUR, DU TITULAIRE ET DU BENEFICIAIRE

Article 167. L'émetteur d'une carte de paiement doit faire signer un contrat à la personne à qui il la délivre et aux prestataires de biens et services qui désirent l'accepter.

Sous peine de la sanction prévue par l'article 252, l'émetteur doit, préalablement à la délivrance d'une carte de paiement, s'assurer, en application de l'article 228, que le demandeur n'a pas fait l'objet d'une décision de retrait de carte ou d'une mesure d'interdiction bancaire ou judiciaire d'émettre des chèques ou de se faire délivrer des cartes de paiement.

L'émetteur peut, par décision dûment motivée, refuser de délivrer une carte de paiement à un client ou demander la restitution d'une carte antérieurement délivrée par lui. Dans ce dernier cas, sous peine d'encourir la sanction prévue par l'article 252, l'émetteur est tenu de déclarer le retrait de la carte an fichier prévu à l'article 212.

L'émetteur s'engage à honorer le règlement des achats effectués par son client avec la carte après s'être assuré de la validité de l'ordre de paiement et de l'absence d'opposition au paiement.

Article 168. L'émetteur est tenu d'informer toute personne à qui il remet une carte des conditions d'utilisation de celle-ci et des sanctions encourues en cas d'utilisation abusive.

Article 170. L'ordre ou l'engagement de payer donné au moyen d'une carte de paiement est irrévocable.

Seules sont autorisées les oppositions motivées par la perte, le vol, l'utilisation frauduleuse de la carte ou des données liées à son utilisation, l'ouverture d'une procédure de redressement judiciaire ou de liquidation des biens à l'encontre du bénéficiaire du paiement.

Article 171. Le titulaire de la carte autorise un débit automatique sur son compte bancaire, en exécution de son ordre de paiement. Le débit a lieu immédiatement, sauf stipulation contractuelle contraire prévoyant un débit à une date ultérieure.

Article 172. En cas de perte ou de vol, le titulaire de la carte de paiement supporte la perte subie avant la mise en opposition prévue à l'article 170, dans la limite d'un plafond fixé par l'Autorité Monétaire.

Toutefois, le titulaire de la carte ne bénéficie pas du plafond prévu à l'alinéa précédent s'il a agi avec une négligence constituant une faute lourde ou si, après la perte ou le vol de la carte, il n'a pas effectué la mise en opposition dans le délai de trois jours francs après qu'il a eu connaissance de la perte ou du vol de la carte.

Le titulaire de la. carte ne bénéficie pas du plafond prévu à l'alinéa 1er ci-dessus, si la perte ou le vol de la carte est survenu après réception de la notification par l'émetteur de la décision de retrait et de l'obligation de restituer immédiatement la carte.

De même, sous réserve de l'application de l'article 173, le titulaire de la carte ne bénéficie pas du plafond prévu à l'alinéa 1er ci-dessus, en cas d'utilisation frauduleuse d'une carte de paiement retirée mais non restituée, survenue après réception de la notification par l'émetteur de la décision de retrait et de l'obligation de la restituer immédiatement.

Article 173. La responsabilité du titulaire d'une carte de paiement, n'est pas engagée si le paiement contesté a été effectué frauduleusement, à distance, sans utilisation physique de sa carte.

De même, sa responsabilité n'est pas engagée en cas de contrefaçon de sa carte et si au moment de l'opération contestée, il était en possession physique de sa carte.

La contestation prévue à l'alinéa précédent doit être émise au plus tard 60 jours calendaires après la date de l'opération contestée.

Article 175. En cas d'utilisation frauduleuse d'une carte de paiement, de crédit ou de retrait, l'émetteur de la carte rembourse à son titulaire la totalité des frais bancaires qu'il a supportés.

Article 176. Le fournisseur de biens et services doit porter à la connaissance de la clientèle qu'il accepte le paiement par carte en indiquant la dénomination de celle-ci.

Il doit vérifier, avant chaque paiement, que le règlement est régulier et que la carte n'a pas fait l'objet d'une opposition.

Le bénéficiaire du paiement engage sa responsabilité vis-à-vis de l'émetteur et est tenu de supporter la charge intégrale du règlement s'il n'a pas effectué les vérifications prévues à l'alinéa précédent.

TITRE V : VIREMENT ET PRELEVEMENT CHAPITRE 1 : DU VIREMENT

Article 177. Le virement est l'opération par laquelle, un teneur de compte, sur ordre de son client, transfère des fonds, valeurs, titres ou effets, au profit d'un tiers bénéficiaire désigné, par le crédit de son compte et le débit du compte du donneur d'ordre.

Article 178. L'ordre de virement contient :

- le mandat donné au teneur de compte par son client de transférer des fonds, valeurs, titres ou effets dont le montant est déterminé ;
- l'indication du compte à débiter ;
- l'indication du compte à créditer et de son titulaire ;
- la date d'exécution ;
- la signature du donneur d'ordre.

Article 179. L'ordre de virement est irrévocable à compter du débit du compte du donneur d'ordre

Le virement est définitif à compter du crédit du compte du bénéficiaire.

Article 181. Les établissements assujettis doivent préalablement informer leurs clients par écrit des conditions dans lesquelles s'opèrent les virements. Ces informations peuvent être communiquées, le cas échéant, dans le cadre des conditions générales de banques ou dans la Convention de compte.

Ces informations doivent en particulier mentionner les éléments suivants :

- pour les virements émis, le délai maximum entre, d'une part, la date d'acceptation du virement et, d'autre part, la date à laquelle le compte de l'établissement du bénéficiaire est crédité ;
- pour les virements reçus, le délai maximum entre, d'une part, la date de réception des fonds par l'établissement teneur du compte du bénéficiaire et, d'autre part, la date à laquelle le compte du bénéficiaire est crédité ;
- l'ensemble des modalités de détermination des commissions et frais prélevés sur le client ;
- les procédures de réclamation et les voies de recours en vigueur ;
- le cas échéant, les conditions dans lesquelles sont fixés le ou les cours de change retenus pour l'exécution de l'ordre de virement.

Article 182. Les établissements assujettis communiquent par écrit à leurs clients, postérieurement à chaque opération de virement, les informations suivantes :

- le montant de l'opération tel qu'il ressort de l'ordre de virement passé par le client ;
- le montant de tous les frais et commissions qui ont été prélevés par l'établissement ainsi que toute autre forme de rémunération, s'il en existe;
- pour le donneur d'ordre, la date à laquelle le compte du client a été débité;
- pour le bénéficiaire, la date à laquelle le compte du client a été crédité ;
- le cas échéant, le taux de change utilisé.

Ces informations peuvent être transmises ou tenues à disposition au moyen d'un avis d'opéré spécifique ou à l'occasion de l'envoi d'un relevé de compte. Ces informations doivent être clairement décomposées et rattachées à chaque opération de virement concernée. Elles doivent être transmises au plus tard un mois après l'exécution de l'opération.

Article 184. Les informations transmises au client conformément à l'article 181 engagent l'établissement qui les a fournies.

Article 185. Les établissements assujettis doivent exécuter les ordres de virement qu'ils ont acceptés, pour leur montant intégral, sauf si le donneur d'ordre a spécifié que les frais relatifs au virement devaient être imputés en totalité ou en partie au bénéficiaire.

Article 186. Tout retard dans l'exécution des virements effectués dont le montant est au plus égal à cent millions de francs CFA (100. 000. 000) entraîne, sans préjudice des recours de droit commun le versement d'une pénalité.

La pénalité pour retard prévue à l'alinéa précédent se calcule par l'application du taux d'intérêt d'appels d'offres positifs de la BEAC au montant du virement, pour la période de retard définie comme suit :

1 ° - Pour le donneur d'ordre, le retard entraînant la pénalité est défini comme étant la période, exprimée en jours, s'écoulant entre, d'une part, le terme du délai maximum de l'article 181 pour les virements émis, et, d'autre part, la date à laquelle les fonds sont crédités sur le compte de l'établissement du bénéficiaire.

2 ° - Pour le bénéficiaire, le retard entraînant la pénalité est défini comme étant la période, exprimée en jours, s'écoulant entre, d'une pan, le terme du délai maximum de l'article 181 pour les virements reçus et, d'autre part, la date à laquelle les fonds sont crédités sur le compte du bénéficiaire.

Article 187. Les virements visés à l'article 186 alinéa 1 qui ne sont pas menés à leur fin donnent lieu, dans un délai de quatorze jours ouvrables après réception d'une demande, à restitution au donneur d'ordre des fonds en cause.

Sans préjudice des recours de droit commun en matière de responsabilité, la restitution mentionnée à l'alinéa 1 est à la charge de l'établissement du bénéficiaire du virement si la non-exécution est de son fait ou de celui d'un établissement intermédiaire choisi par lui..

Article 188. La restitution due, mentionnée à l'article 187 ci-dessus, est constituée du montant du virement non exécuté, majoré d'une part, du montant des frais relatifs à cette opération et, d'autre part, de l'application du taux d'intérêts des appels d'offres positifs de la BEAC au montant du virement pour la période s'écoulant entre la date d'acceptation de l'ordre de virement et la date de versement de ce montant.

CHAPITRE 2 : DU PRELEVEMENT

Article 190. L'autorisation de prélèvement est l'acte par lequel un débiteur titulaire d'un compte, autorise son créancier à prélever, à une certaine date, des fonds, valeurs, titres ou effets sur son compte à titre de règlement de sa dette au moyen d'un avis de prélèvement et ordonne à l'établissement assujetti teneur de compte de transférer les fonds, valeurs, titres ou effets indiqués au crédit du compte du créancier émetteur de l'avis de prélèvement.

L'autorisation de prélèvement émise par le client et présentée au teneur de compte domiciliataire par l'avis de prélèvement du porteur bénéficiaire s' exécute par un virement qui est soumis aux règles régissant les virements.

Article 191. L'autorisation de prélèvement comporte, à peine d'inopposabilité à l'établissement assujetti domiciliataire :

1 °) Le nom et les coordonnées bancaires de l'émetteur de l'avis de prélèvement, ainsi que son numéro d'émetteur d'avis de prélèvement délivré par la Banque Centrale;

2°) Le nom et les coordonnées bancaires du débiteur donneur d'ordre ;

3°) L'ordre inconditionnel de transférer des fonds, valeurs, titres ou effets;

4 °) Le montant du transfert;

5°) La périodicité du prélèvement ;

6°) La signature du débiteur donneur d'ordre.

Article 192. Le débit du compte du donneur d'ordre transfère de plein droit la propriété des fonds, valeurs, titres ou effets objets *de* l'ordre de prélèvement, au profit du créancier émetteur *de* l'avis de prélèvement.

TITRE VI : LA MONNAIE ELECTRONIQUE

Article 193. La monnaie électronique est un moyen de paiement constituant un titre de créance incorporé dans un instrument électronique et accepté en paiement par des tiers autres que l'émetteur.

La monnaie électronique doit être émise pour un montant dont la valeur *ne* peut être supérieure à celle des fonds reçus en contrepartie.

Tout émetteur de monnaie électronique est soumis au contrôle de la COBAC pour ces opérations.

Article **194.** Les fonds reçus en contrepartie de la monnaie électronique émise sont des fonds reçus du public au sens de l'article 5 de l'Annexe à la Convention du 17 janvier 1992 portant harmonisation de la Réglementation bancaire dans les Etats de l'Afrique Centrale.

Toutefois, ces fonds sont affectés au paiement des accepteurs de la monnaie électronique. Par exception, l'émetteur peut en disposer pour son propre compte dans la limite et selon les conditions fixées par un règlement de la COBAC.

Lorsque la monnaie électronique n'est pas inscrite en compte, il est précisé contractuellement aux porteurs que le remboursement peut en être obtenu sans aucun frais que ceux requis par l'opération, pendant la période de validité du moyen de paiement. Ces frais ne peuvent excéder un montant fixé par un règlement de la COBAC.

Article **195.** La COBAC édicte par règlements :

- les modalités d'agrément des établissements assujettis souhaitant à titre principal ou à titre complémentaire être éme1kttu e monnaie électronique ;
- le régime prudentiel spécifique aux opéra· d'émission de monnaie électronique.

TROISIEME PARTIE :

PREVENTION ET CENTRALISATION DES INCIDENTS DE PAIEMENT

TITRE 1 : L'INTERDICTION D'EMETTRE DES CHEQUES

Article 196. L'émission de chèques sans provision, la falsification, la fraude des moyens de paiement, peuvent donner lieu au prononcé d'une interdiction bancaire ou judiciaire d'émettre des chèques ainsi que de se faire délivrer des cartes de paiement.

Toute personne sous le coup d'une mesure d'interdiction ne peut plus, sous peine de sanctions pénales, émettre de chèques autres que ceux permettant un retrait de fonds par le tireur auprès du tiré ou ceux faisant l'objet d'une certification, ni utiliser des cartes de paiement autres que les cartes de retrait.

CHAPITRE 1 : DE L'INTERDICTION BANCAIRE

Article 197. Le tiré qui refuse le paiement d'un chèque pour défaut de provision suffisante doit enjoindre au titulaire du compte, par lettre recommandée avec accusé de réception ou tout moyen laissant trace, de restituer à tous les établissements dont il est le client les formules de chèque ainsi que les cartes de paiement en sa possession et en celle de ses mandataires.

Il doit lui enjoindre également de ne plus émettre de chèques et de ne plus utiliser les cartes de paiement, autres que ceux visés à l'article 196 alinéa 2, pendant une période de cinq ans à compter du jour de l'enregistrement de l'incident.

Le tiré en informe dans le même temps les mandataires éventuels de son client.

Article 198. Toutefois, le tiré doit informer son client dans la même lettre qu'il recouvrera la faculté d'émettre des chèques et de se faire délivrer une carte de paiement, s'il justifie, après la présente injonction, avoir :

1 °) - Réglé le montant du chèque impayé ou constitué au compte une provision suffisante, disponible et spécialement affectée au règlement dudit chèque par le tiré ;

2°) - Acquitté une pénalité libératoire, dans les conditions fixées à l'article 201, dans les trente jours suivant la date d'envoi de la lettre d'injonction. n cas de régularisation de l'incident, le tiré délivre, sur demande, une attestation de paiement à son client.

Article 199. A défaut de régularisation de l'incident, soit par paiement du chèque dans le délai de trente jours à compter de sa première présentation, soit par constitution de la provision dans le même délai, le tiré délivre, sur sa demande, un certificat de non-paiement au porteur du chèque.

A l'expiration de ce délai, et en cas de rejet après une nouvelle présentation, le tiré adresse un certificat de non-paiement au porteur du chèque.

La notification effective ou, à défaut, la signification du certificat de non-paiement au tireur par ministère d'huissier ou par toute personne légalement en charge de l'exécution vaut sommation de payer.

Le notaire, l'huissier de justice ou la personne légalement eu charge de l'exécution, qui n'a pas reçu justification du paiement du montant du chèque et des frais dans un délai de

15 jours à compter de la. réception de la notification ou de la signification, constate le non-paiement. Le certificat de non-paiement notifié est remis au greffier en chef de la juridiction compétente ou à l'autorité judiciaire compétente de l'Etat, qui sans autre acte de procédure et sans frais, y appose la formule exécutoire. Le certificat de non-paiement ainsi revêtu de la formule exécutoire constitue le titre exécutoire permettant de procéder à toute voie d'exécution dans un délai maximum de 08 jours.

Les frais de toute nature occasionnés par le rejet d'un chèque sans provision sont à la charge du tireur.

Article 200. La pénalité libératoire n'est pas due lorsque le titulaire du compte qui a émis le chèque ou son mandataire n'a pas émis un autre chèque rejeté pour défaut de provision suffisante dans les douze mois qui précèdent l'incident de paiement et qu'il justifie, dans un délai d'un mois à compter de l'injonction prévue à l'article 195, avoir réglé le montant du chèque ou constitué une provision suffisante, disponible et spécialement affectée au règlement du chèque par le tiré.

Article 201. La pénalité libératoire due est acquise au Trésor Public pour les trois quarts de son montant et, à la. Banque Centrale, pour le quart restant. Les modalités d'application de cette disposition feront l'objet d'une instruction de la Banque Centrale.

La pénalité libératoire prévue à l'alinéa précédent est fixée à 10 000 francs CFA par tranche de 100 000 francs CFA entamée.

Ce montant augmente de moitié par rapport à la pénalité précédente, à chaque nouvelle régularisation à compter de la quatrième qui interviendrait dans les douze mois de la première.

Article 202. Lorsque le chèque impayé a été émis par un mandataire, l'interdiction bancaire mise en œuvre à l'égard du titulaire du compte ne s'applique pas au mandataire pour ce qui concerne les comptes dont celui-ci pourrait être personnellement titulaire dans tout établissement assujetti au présent Règlement.

Cependant, le mandataire ne peut plus émettre de chèques sur le compte ayant enregistré l'incident de paiement pendant toute la période où le titulaire du compte se trouve lui-même sous le coup de l'interdiction bancaire.

Article 203. Lorsque l'incident de paiement est le fait de l'un quelconque des titulaires d'un compte collectif, avec ou sans solidarité, les dispositions relatives à l'interdiction bancaire s'appliquent sur l'ensemble des comptes de celui des co- titulaires auteur de l'incident. Elles s'appliquent également à chacun des autres titulaires, mais seulement pour ce qui concerne le compte ayant enregistré l'incident.

Article 204. L'interdiction bancaire est levée lorsqu'elle a été prononcée par suite de circonstances non imputables au tireur du chèque, notamment à la suite d'une erreur du tiré.

Article 205. Les contestations relatives à l'interdiction d'émettre des chèques et à la pénalité libératoire sont déférées à la juridiction compétente.

L'action en justice devant la juridiction compétente n'a pas d'effet suspensif. Toutefois, la juridiction saisie peut, même en référé, ordonner la suspension de l'interdiction d'émettre des chèques en cas de contestation sérieuse.

CHAPITRE Il : DE L'INTERDICTION JUDICIAIRE

Article 206. L'interdiction judiciaire d'émettre des chèques, autres que ceux visés à l'article 196 alinéa 2, ou de se faire délivrer une carte de paiement, peut être prononcée, à titre accessoire ou principal, par toute juridiction répressive appelée à sanctionner une infraction quelconque en matière de chèques, de cartes de paiement.

L'interdiction judiciaire peut être déclarée exécutoire par provision. La juridiction qui la prononce enjoint au condamné de restituer aux établissements assujettis qui les avaient délivrées les formules de chèques et les cartes de paiement en sa possession et en celle de ses mandataires.

Article 207. L'interdiction judiciaire est également encourue par celui qui émet un chèque, même provisionné, au mépris d'une interdiction bancaire ou en violation d'une interdiction judiciaire d'émettre des chèques.

Article 208. L'interdiction judiciaire est encourue non seulement par l'auteur ou le complice d'une infraction en matière de chèques, mais aussi par l'auteur ou le complice d'une infraction en matière de lettre de change, de billet à ordre ou de carte de paiement.

Article 209. L'interdiction judiciaire d'émettre des chèques ou de se faire délivrer une carte de paiement ne peut être prononcée pour une durée inférieure à l'an et supérieure à 5 ans.

TITRE Il : F1CHIERS NATIONAUX ET FICHIER REGIONAL

CHAPITRE 1 : DES FICHIERS NATIONAUX

Article 210. Il est créé dans chaque Etat membre de la CEMAC quatre fichiers gérés par la Banque Centrale :

- le Fichier des comptes bancaires ;
- le Fichier des incidents de paiement sur chèques et sur cartes de paiement ;
- le Fichier des effets impayés ;
- le Fichier des chèques et cartes irréguliers.

Les modalités de fonctionnement de ces Fichiers sont définies par Instruction du

Gouverneur de la Banque Centrale.

Article **212.** Le Fichier des incidents de paiement sur chèques et et sur cartes de paiement enregistre :

- les interdictions bancaires d'émettre des chèques ou de se faire délivrer une carte de paiement ;

- les interdictions judiciaires d'émettre des chèques ou de se faire délivrer une carte de paiement;

- les violations d'interdiction bancaire ou judiciaire d'émettre des chèques ou de se faire délivrer une carte de paiement;

- les mainlevées d'interdiction bancaire ou judiciaire ;

- les décisions de retrait de cartes de paiement pour usage abusif. L'accès aux informations contenues dans ce Fichier, est réservé:

- aux établissements assujettis;

- aux magistrats dans le cadre d'une procédure judiciaire;

- aux officiers de police judiciaire, agissant sur instructions du Procureur de la

République ou sur commission rogatoire.

Les modalités d'accès à ce Fichier sont définies par Instruction du Gouverneur de la

Banque Centrale.

Article 213. Le Fichier des effets impayés enregistre les incidents de paiement concernant les lettres de change acceptées et les billets à ordre.

Tout établissement assujetti qui rejette **un** tel effet, domicilié à ses caisses, pour défaut de provision suffisante doit enregistrer l'incident de paiement et le déclarer à la Banque Centrale dans les 4 jours ouvrés suivant la date du refus de paiement.

Toutefois, la déclaration à la Banque Centrale s'effectuera exclusivement lorsque l'insuffisance de provision sera supérieure à 500 O00 Francs CFA.

L'accès. aux informations contenues dans ce Fichier est réservé aux établissements assujettis.

Article 214. Le Fichier des chèques et cartes irréguliers enregistre les coordonnées bancaires :

- des comptes détenus par des personnes frappées par une interdiction d'émettre des chèques ou de se délivrer une carte de paiement ;

- des comptes clôturés et qui avaient donné lieu à la délivrance de formules de chèques ou de carte de paiement ;

- des formules de chèques ou cartes de paiement ayant fait l'objet d'une déclaration pour perte, vol, fraude ou falsification.

Il enregistre également les caractéristiques des faux chèques et des fausses cartes de paiement.

L'accès aux informations contenues dans ce Fichier est réservé aux établissements assujettis.

Toutefois, toute personne intéressée a accès aux informations contenues dans ce fichier dans la seule mesure et selon les modalités lui permettant de vérifier la régularité de l'émission du titre de paiement, chèque ou carte, qui lui est présenté pour le règlement d'un bien ou d'un service.

Les modalités d'accès sont définies par Instruction du Gouverneur de la Banque

Centrale en application de l'article 211.

CHAPITRE Il : DU FICHIER REGIONAL Article 215. Il est créé un Fichier Régional.

Le Fichier Régional centralise les informations collectées par les Fichiers Nationaux.

Le Fichier Régional peut être consulté par les établissements assujettis, pour connaître la situation de personnes physiques ou morales dont le domicile ou le siège est situé dans l'un des Etats membres de la CEMAC.

Il peut être consulté par tout bénéficiaire, domicilié dans l'un des Etats membres de la CEMAC, qui souhaite vérifier la régularité de l'émission d'un titre de paiement, chèque ou carte, présenté pour le paiement d'un bien ou d'un service.

CHAPITRE ID : DU ROLE DE LA BANQUE CENTRALE

Article 217. La Banque Centrale est le gestionnaire légal des quatre Fichiers

Nationaux et du Fichier Régional visés aux articles 210 et 215 ci-dessus.

Article 218. La Banque Centrale enregistre toutes les informations mentionnées aux articles 211 à 214. Elle les diffuse dans les conditions déterminées aux articles 219 à 225.

Article 219. Dans chaque Etat, la Banque Centrale communique au plus tard le 10 de chaque mois, aux établissements assujettis et aux parquets, suivant les modalités définies par Instruction du Gouverneur, la liste des informations suivantes enregistrées dans ses Fichiers au cours du mois précédent:

- *les* caractéristiques des interdits bancaires ;

- les caractéristiques *des* interdits judiciaires ;
- les caractéristiques des interdits ayant fait 1 'objet d'une mainlevée d'interdiction bancaire ou judiciaire;
- les caractéristiques des titulaires de cartes de paiement ayant fait l'objet d'une décision de retrait.

Article 220. Selon les mêmes modalités, elle adresse aux Parquets compétents les caractéristiques des incidents déclarés au nom d'une personne déjà sous le coup d'une interdiction bancaire ou judiciaire.

Article 221. Après rapprochement entre les incidents déclarés et les informations contenues dans le Fichier des comptes bancaires, la Banque Centrale informe d'office les établissements assujettis qui tiennent un compte au nom d'une personne ayant fait l'objet d'une déclaration d'interdiction bancaire par un autre établissement assujetti ou d'une interdiction judiciaire.

Article 222. Sur demande d'un établissement assujetti, la Banque Centrale communique les informations au nom d'une personne recensée dans ses fichiers au titre:

- d'une mesure d'interdiction bancaire ou judiciaire d'émettre des chèques ou de se faire délivrer une carte de paiement;
- d'une décision de retrait de carte de paiement;
- d'incidents sur lettre de change ou billet à ordre.

Article 224. La Banque Centrale communique les informations recensées dans le Fichier des chèques et cartes irréguliers aux personnes mentionnées à l'article 214, suivant les modalités définies par Instruction du Gouverneur.

Article 225. A leur demande, la Banque Centrale communique aux magistrats agissant dans le cadre d'une procédure judiciaire, ainsi qu'aux officiers de police judiciaire agissant sur instructions du Procureur de la République ou sur commission rogatoire, les informations contenues dans le Fichier des incidents de paiement sur chèques et sur cartes de paiement.

CHAPITRE IV : DU ROLE DES ETABLISSEMENTS ASSUJETTIS

Article 226. Lors de l'ouverture d'un compte à un nouveau client, l'établissement assujetti doit s'assurer de l'identité et de l'adresse de celui-ci sur présentation d'un document officiel en cours de validité. S'il s'agit d'un compte collectif, les mêmes diligences doivent être accomplies à l'égard de chacun des co-titulaires.

Article 227. L'établissement assujetti est tenu de déclarer sous huitaine, à la Banque Centrale, toute ouverture et clôture de compte individuel ou collectif, au nom de toute personne physique ou morale.

Une transformation de compte est considérée comme une ouverture d'un nouveau compte et doit faire l'objet d'une telle déclaration.

Article 228. Avant toute délivrance de formules de chèques ou d'une carte de paiement autre qu'une carte de retrait à un client, l'établissement assujetti doit consulter le Fichier des incidents de paiement sur chèques et et sur cartes de paiement. Il doit conserver trace de la réponse qui lui est faite à ce sujet par la Banque Centrale.

Lorsqu'il a refusé le paiement d'un chèque, le tiré doit être en mesure de justifier qu'il a satisfait à toutes les obligations mises à sa charge, notamment celles qui sont relatives à l'ouverture du compte et à la délivrance de formules de chèques ou d'une carte de paiement.

S'expose aux sanctions civiles et pénales prévues par les articles 250 à 252, l'établissement assujetti qui ne procède pas à la consultation prévue à l'alinéa précédent ou qui délivre des formules de chèqu9f une carte de paiement à un client nonobstant la mesure d'interdiction bancaire judiciaire ou de retrait d'une carte de paiement dont celui-ci est l'objet.

Article 229. Par décision dûment motivée, l'établissement habilité à être tiré de chèque peut refuser de délivrer au titulaire d'un compte des formules de chèques autres que celles qui sont remises pour un retrait de fonds par le tireur auprès du tiré ou pour une certification.

Lors de la clôture du compte, l'établissement assujetti doit demander au titulaire la restitution des formules inutilisées et des cartes de paiement ou de crédit.

Article 230. Lors du rejet d'un chèque pour défaut ou insuffisance de provision, l'établissement tiré doit :

- enregistrer sur ses livres l'incident de paiement ;
- délivrer au présentateur du chèque une attestation de rejet, précisant le motif du refus et indiquant que le porteur du chèque impayé pourra obtenir sur sa demande un certificat de non-paiement ;
- prononcer l'interdiction bancaire en adressant à son client une lettre d'injonction, conformément aux dispositions des articles 197 et 198 ;

- informer la Banque Centrale de l'incident de paiement entraînant l'interdiction bancaire de son client.

Toutes ces formalités doivent être accomplies dans les 04 jours ouvrés suivant la date du refus de paiement.

Article 231. L'établissement assujetti doit informer la Banque Centrale de toute décision de retrait de carte de paiement dans les 02 jours ouvrés suivant sa décision.

Article 232. L'établissement assujetti doit, conformément aux dispositions de l'article 213, informer la Banque Centrale de tout refus de paiement d'un effet domicilié à ses caisses motivé par l'insuffisance de provision.

Article 233. L'établissement assujetti doit, sans délai, informer la Banque Centrale de toute violation d'interdiction bancaire ou judiciaire d'émettre des chèques relevée à l'égard de son client.

CHAPITRE V: DU ROLE DES T RIBUNAUX

Article 235. Les Tribunaux doivent communiquer à la Banque Centrale dans les plus brefs délais :

1 °) - Les interdictions judiciaires d'émettre des chèques ou de se faire délivrer une carte de paiement prononcées en application de l'article 206 ;

2 °) - Les mainlevées d'interdictions judiciaires d'émettre des chèques ou de se faire délivrer une carte de paiement;

3 °) - Les levées ou suspensions d'interdictions bancaires d'émettre des chèques ou de se faire délivrer une carte de paiement.

QUATRIEME PARTIE: REPRESSION DES INCIDENTS DE PAIEMENT

TITRE 1: LES INFRACTIONS EN MATIERE DE CHEQUES

Article 237. Est punie d'un emprisonnement de six (6) mois à cinq (5) ans et d'une amende de 100.000 à 2-000.000 F CFA, on de l'une de ces deux peines seulement, toute personne qui, avec l'intention de porter atteinte aux droits d'autrui, émet un chèque sans provision.

Article 238. Est passible des sanctions prévues à l'article 237:

1 °) - Toute personne qui tire un chèque et qui, postérieurement à l'émission, retire tout ou partie de la provision;

2 °) - Toute personne qui tire un chèque sur un compte clôturé ;

3 °) - Toute personne qui tire un chèque au mépris d'une interdiction bancaire ou judiciaire qui lui a été notifiée ;

4°) - Toute personne qui fait défense au tiré de payer un chèque, hors les cas suivants :

- perte;
- vol;
- utilisation frauduleuse de chèque ;
- contrefaçon ou falsification de chèque;
- ouverture d'une procédure de redressement judiciaire ou de liquidation des biens à l'égard du bénéficiaire.

5°) - Toute personne qui accepte en connaissance de cause un chèque sans provision.

Article 239. Est punie d'un emprisonnement de un (1) an à dix (10) ans et d'une amende de 1 OO 000 à 10 000 000 F. CFA ou de l'une de ces deux peines seulement :

1 °) - Toute personne qui contrefait ou falsifie un chèque ;

2°) - Toute personne qui, en connaissance de cause, fait usage ou tente de faire usage d'un chèque contrefait ou falsifié;

3 °) - Toute personne qui, en connaissance de cause, ac de recevoir un chèque contrefait ou falsifié.

Article 240. Sera punie d'un emprisonnement de six (6) mois à cinq (5) ans et d'une amende de 100.000 à 2.000.000 F CFA, ou de l'une de ces deux peines seulement, toute personne qui, en connaissance de cause, fait usage ou tente de faire usage d'un chèque perdu ou volé.

Article 241. Le Tribunal peut prononcer à l'encontre de l'auteur de l'une des infractions visées aux articles 237 à 240 une interdiction judiciaire d'émettre des chèques ou de se faire délivrer une carte de paiement d'une durée de un (1) à cinq (5) ans.

Article 242. La tentative ou la complicité des infractions visées aux articles 237 à 240 est punie des peines prévues pour l'infraction principale.

ITRE II : LES AUTRES INFRACTIONS EN MATIERE DE MOYENS DE PAIEMENT

Article 243. Est puni des peines prévues à l'article 239 :

1 °) - Celui qui contrefait ou falsifie une carte de paiement, de crédit ou de retrait ;

2°) - Celui qui, en connaissance de cause, fait usage ou tente de faire usage d'une carte de paiement, de crédit ou de retrait contrefaite ou falsifiée;

3°) - Celui qui, en connaissance de cause, accepte de recevoir un règlement au moyen d'une carte de paiement, de crédit ou de retrait contrefaite ou falsifiée.

Article 244. Dans les cas prévus par les articles 239 et 243, les chèques et les cartes contrefaits ou falsifiés sont confisqués et détruits. La confiscation des matières, machines, appareils ou instruments, des programmes informatiques ou des données qui auront servi ou seraient destinés à servir à la fabrication desdits objets peut être prononcée.

Article 245 • Est punie d'un emprisonnement de six (6) mois à cinq (5) ans et d'une amende de 100.000 à 2.000.000 F CFA, ou de l'une de ces deux peines seulement, toute personne qui, en connaissance de cause, fait usage ou tente de faire usage d'une carte de paiement, de crédit ou de retrait perdue ou volée.

Article 246. Est puni des peines prévues à l'article 239, le titulaire qui sciemment utilise un chèque, une carte de paiement, de crédit ou de retrait après opposition pour perte ou pour vol. ~

Article '1A7. Est puni des peines prévues par l'article 239 le fait pour toute personne, de fabriquer, d'acquérir, de détenir, de céder, d'offrir ou de mettre à disposition des équipements ou instruments, programmes informatiques ou toutes données conçus ou spécialement adaptés pour contrefaire ou falsifier des moyens de paiement.

Article 248. La tentative ou la complicité des délits prévus aux articles 243 à 247 est passible des peines prévues pour l'infraction principale.

Article 249. Toutes les infractions visées aux articles 238 à 247 sont considérées comme étant, au point de vue de la récidive, une même infraction.

TITRE ID: LES SANCTIONS SPECIFIQUES AUX ETABLISSEMENTS ASSUJETTIS

Article 250. Est passible d'une amende de 100.000 Francs CFA à 3.000.000 Francs

CFA l'établissement assujetti tiré qui, selon le cas :

1 °) - Indique une provision inférieure à la provision existante et disponible ;

2 °) - Rejette un chèque pour insuffisance ou indisponibilité de la provision sans indiquer, lorsque tel est le cas, que le chèque a été émis au mépris d'une interdiction bancaire ou en violation d'une interdiction judiciaire ;

3 °) - N'a pas déclaré, dans les conditions prévues, les incidents de paiement ainsi que les infractions prévues par les articles 239, 240, 243, 245 et 246;

4°) - Contrevient aux dispositions de l'article 199 alinéa 1 et des articles 226 à 234. Les dispositions du présent article ne sont pas applicables aux Services des chèques postaux.

Article 251. Nonobstant l'absence, l'insuffisance ou l'indisponibilité de la provision, l'établissement tiré doit payer tout chèque émis, par son client ou par le mandataire de celui-ci, au moyen d'une formule délivrée en violation des dispositions de l'article

228, ou délivrée à une personne qu'il savait être en état d'interdiction bancaire ou judiciaire d'émettre des chèques, notamment du fait de l'information transmise par la Banque Centrale au titre de l'article 219.

CINQUIEME PARTIE:

SYSTEMES DE PAIEMENT ET GARANTIES INTERBANCAIRES

TITRE 1 : LES SYSTEMES DE PAIEMENT INTERBANCAIRES

Article 253. Un système de paiement interbancaire au sens du présent règlement s'entend d'une procédure nationale ou internationale organisant les relations entre deux participants au moins, permettant l'exécution à titre habituel, par compensation ou non, d'ordres de transfert.

Article 254. Peuvent être participants au sens de l'article 253 les établissements de crédit, les institutions définies aux. trois premiers alinéas de l'article 11 de l'Annexe à la Convention du 17 janvier 1992 portant harmonisation de la Réglementation bancaire dans les Etats de l'Afrique Centrale, les chambres de compensation, les contreparties centrales, ainsi que toute personne morale habilitée à cet effet par la Banque des Etats de l'Afrique Centrale.

Article 255. Le système, au sens de l'article 253, doit avoir été institué par une décision de la Banque des Etats de I' Afrique Centrale, ou être régi par une convention-cadre signée entre les participants après avis conforme de la Banque des Etats de l'Afrique Centrale. Cette décision ou cette convention-cadre définit les règles de fonctionnement du système.

Article 256. Lorsqu' 'une procédure de règlement préventif, de redressement judiciaire ou de liquidation des biens est ouverte à l'encontre d'un participant à un système de paiement interbancaire au sens des articles 253 et 255, les droits et obligations découlant de sa participation ou liés à cette participation au dit système sont exclusivement déterminés par la loi qui régit le système, définie dans les règles de fonctionnement du système.

Article 257. 11 appartient aux. règles de fonctionnement du système de définir les règles de preuve applicables aux opérations dans le système. La preuve d'un ordre de transfert ne peut être écartée au seul motif qu'elle est uniquement constituée par un enregistrement informatique.

Article 259. Une chambre de compensation est une entité chargée dans le cadre d'un système de paiement interbancaire d'enregistrer, de compenser les opérations entre deux ou plusieurs participants, de déterminer et liquider leur position nette.

Sur autorisation de la Banque Centrale, et sous réserve d'un complément d'agrément spécifique délivré par la COBAC, la fonction de Chambre de compensation peut être assurée par un établissement de crédit déjà existant, ou par une personne morale créée à cet usage exclusif et agréé en qualité d'établissement de crédit dans l'un des Etats membres de la Communauté conformément à l'article 12 de l'Annexe à la Convention du 17 janvier 1992 portant harmonisation de la Réglementation bancaire dans les Etats de l'Afrique Centrale.

La fonction de chambre de compensation peut être assurée par la Banque Centrale. Article 260. Une contrepartie centrale est une personne morale qui est l'intermédiaire entre les participants d'un système et qui agit comme contrepartie exclusive de ces participants en ce qui concerne leurs ordres de transfert. Une contrepartie centrale *doit* être agréée en qualité d'établissement de crédit.

La contrepartie centrale peut assurer les fonctions de chambre de compensation du système, aux conditions définies par l'article 259 du présent Règlement.

Article 261. La compensation multilatérale est le règlement d'obligations qu'un ensemble de contreparties, les participants d'un système de paiement, ont deux à deux les unes envers les autres, par détermination par une chambre de compensation, de la position nette globale de chacune d'entre elles vis à vis de l'ensemble des autres, cette position nette faisant seule l'objet d'un paiement.

La position nette globale de chaque participant résulte, d'une part de l'ensemble des opérations de compensation bilatérale avec les autres et d'autre part de la mise en jeu de l'engagement solidaire prévu à l'article 263 ci-dessous, dont il est bénéficiaire de la part de ceux des autres participants qui lui sont débiteurs par suite de la compensation bilatérale.

Article 262. Le règlement de la position nette globale d'un participant est effectué sur instruction de la chambre de compensation par débit ou crédit du compte de règlement visé à l'article 264 ci-après.

Les contreparties et la Chambre de compensation sont liées par une convention dite {(de compensation» remplissant les conditions prévues par l'article 255.

Article 263. Sauf décision contraire de la BEAC ou stipulation contraire de la convention-cadre instituant le système, tout participant est solidairement tenu du règlement du solde net débiteur de chacun des autres participants.

L • obligation solidaire de tout participant est limitée au montant du solde net débiteur dont il est tenu envers chacun des autres, par suite~ a compensation bilatérale, au titre de la participation aux opérations du système. Les modalités de mise en œuvre du présent article sont fixées dans la convention- cadre.

Article 264. Tout participant à un système de paiements interbancaires est tenu d'avoir un compte courant, dénommé « Compte de Règlement», auprès d'un intermédiaire habilité ou de la BEAC.

Le compte de règlement est exclusivement affecté au règlement des opérations du participant dans le système de paiements interbancaires.

Article 265. Le compte de règlement du participant ne peut faire l'objet d’aucune mesure d'exécution, notamment de saisies que suivant les modalités définies par la convention-cadre régissant le système de paiement.

Article 266. Nonobstant toute disposition contraire, les ordres de transfert introduits dans un système de paiement interbancaire conformément aux règles de fonctionnement dudit système, sont opposables aux tiers et à la masse des créanciers, et ne peuvent être annulés jusqu'à l'expiration du jour où est rendu le jugement d'ouverture d'une procédure de règlement préventif, de redressement judiciaire ou de liquidation des biens à l'encontre d'un participant, même au motif qu'est intervenu ce jugement.

Ces dispositions sont également applicables aux ordres de transfert devenus irrévocables. Le moment auquel un ordre de transfert devient irrévocable dans le système est défini par les règles de fonctionnement dudit système.

Article 267. Nonobstant toute disposition contraire, la compensation effectuée en chambre de compensation dans le respect des règles de fonctionnement du système de paiement interbancaire concerné, est opposable aux tiers et à la masse des créanciers et ne peut être annulée au seul motif que serait rendu un jugement d'ouverture d'une procédure de règlement préventif, de redressement judiciaire ou de liquidation des biens à l'encontre d'un participant au dit système.

L'article 266 du présent règlement s'applique aux ordres de transfert dans un système de paiement interbancaire, résultant des calculs de la chambre de compensation de ce système, effectués entre les participants et la contrepartie centrale et entre la contrepartie centrale et une contrepartie centrale d'un autre système ou avec la Banque Centrale.

Article 268. La révocation et la compensation de plein droit sont opposables aux tiers, aux créanciers saisissants et à la masse des créanciers.

TITRE II : GARANTIES INTERBANCAIRES

Article 269. Au sens du présent Règlement, la pension est l'opération par laquelle un établissement de crédit ou l'une des institutions définies aux trois premiers alinéas de l'article 11 de l'Annexe à la Convention du 17 janvier 1992 portant harmonisation de la Réglementation bancaire dans les Etats de l'Afrique Centrale, cède en pleine propriété à la Banque Centrale, moyennant un prix convenu, des valeurs, titres, effets publics ou privés, et par laquelle le cédant et le cessionnaire s'engagent respectivement et irrévocablement, le premier à reprendre les actifs cédés, le second à les rétrocéder pour un prix et à une date convenus.

Article 270. La pension est opposable aux tiers dès la livraison des valeurs, titres ou effets.

Les valeurs, titres ou effets qui se transmettent par tradition, sont dits livrés si, au moment de la mise en pension, ils sont effectivement et physiquement délivrés au cessionnaire ou à son mandataire. S'agissant d'effets à ordre, ils doivent être préalablement endossés conformément à l'article 92.

Les valeurs, titres ou effets qui se transmettent par inscription en compte sont dits livrés s'ils font l'objet, au moment de la mise en pension, d'une inscription à un compte ouvert au nom du cessionnaire.

Article 271. Au terme fixé par la convention pour la rétrocession, le cédant paye le prix convenu au cessionnaire, et ce dernier lui rétrocède les actifs objet de la pension.

Si le cédant manque à son obligation de payer le prix de la rétrocession, les actifs concernés restent acquis au cessionnaire, et si le cessionnaire manque à son obligation de rétrocéder les actifs concernés, le montant de la cession reste acquis au cédant.

Article 272. Les dettes et les créances afférentes aux opérations de pension, régies par une convention-cadre approuvée par la BEAC organisant les relations entre plus de deux participants, sont compensables selon les modalités prévues par ladite convention-cadre.

Article 273. Les articles 253 à 272 sont applicables, nonobstant toute disposition contraire régissant notamment les procédures collectives de règlement préventif, de redressement judiciaire ou de liquidation des biens ouverte contre le participant remettant.

TITRE ID: LES ATIEINTES AUX SYSTEMES DE PAIEMENT

Article 274. Est puni de un (1) à deux (2) ans d'emprisonnement et d'une amende de 3 000 000 à 5 000 000 F. CFA ou de l'une de ces deux peines seulement, quiconque accède ou se maintient frauduleusement, dans tout ou partie d'un système de traitement automatisé de données d'un système de paiement.

Est punie de deux (2) à quatre (4) ans d'emprisonnement et d'une amende de

5 000 000 à 10 000 000 F. CFA ou de l'une de ces deux peines seulement, toute personne dont l'accès ou le maintien frauduleux entraîne la suppression ou la modification des données contenues dans le système ou encore une altération du fonctionnement du système.

Article 275. Est puni de trois (3) à cinq (5) ans d'emprisonnement et d'une amende de 20 000 000 à 30 000 000 F. CFA ou de l'une de ces deux peines seulement, quiconque manipule les données à saisir à l'entrée du système, les programmes, les commandes du terminal, les données à la sortie, aura utilisé abusivement les services informatiques sur place ou à distance, à l'effet d'entraver ou de fausser le fonctionnement d'un système de traitement automatisé de données d'un système de paiement.

Article 276. Le fait d'introduire, de supprimer ou de modifier frauduleusement des données dans ou d'un système de traitement automatisé, est puni de trois (3) à cinq (5) ans d'emprisonnement et d'une amende de 20 000 000 à 30 000 000 F. CFA ou de l'une de ces deux peines seulement[8].

[8] L'Autorité des Marchés Financiers (AMF) est chargée d'assurer la surveillance des marchés financiers, la protection et l'information des particuliers en matière d'épargne et la régulation des opérations financières.21 oct. 2019

Quelles sont les missions de l'AMF Autorité des marchés financiers ?

AMF. Créée en 2003, l'Autorité des Marchés Financiers (AMF) est une autorité administrative indépendante chargée de la protection des épargnants, l'information des investisseurs et du bon fonctionnement des marchés financiers. C'est le régulateur français des marchés financiers.

Quel est le rôle des marchés financiers ?

Le financement des agents : le marché primaire remplit une fonction de financement de l'économie. Il permet de concilier les besoins des prêteurs et des emprunteurs. ... Les entreprises : le marché primaire permet aux entreprises d'obtenir les capitaux qui leur manquent pour financer un investissement.

Qu'est-ce que l'Autorité des marchés financiers ?

L'Autorité des marchés financiers (AMF) est une institution financière et une autorité administrative indépendante française créée le 1er août 2003 par la loi de sécurité financière [archive], dotée de la personnalité morale et disposant d'une autonomie financière, qui a pour missions de veiller à la protection de l' ...

Le marché des Capitaux est composé de deux éléments : le marché financier et le marché monétaire. 2. Le marché financier se compose du marché primaire (« neuf ») et du marché secondaire (« occasion » ou dit la bourse).

C'est quoi la certification AMF ?

La certification AMF est un dispositif de certification professionnelle des prestataires de services d'investissement mis en place par l'Autorité des marchés financiers en juillet 2010.2 nov. 2015

Quel est le rôle de l ACPR ?

L'Autorité de contrôle prudentiel et de résolution veille à la préservation de la stabilité du système financier et à la protection des clients, assurés, adhérents et bénéficiaires des personnes soumises à son contrôle, organismes des secteurs de la banque et de l'assurance.

C'est quoi la bourse et comment ça marche ?

La Bourse est un marché qui réunit des agents qui ont des besoins de financement : les entreprises, et des agents à capacité de financement : les investisseurs (qui peuvent être des épargnants individuels, des banques ou des sociétés d'investissement, par exemple). Les titres échangés en bourse sont les actions.

Quelle est la différence entre le marché monétaire et le marché financier ?

La différence entre le marché monétaire et le marché financier réside dans la durée des créances. En effet, le marché monétaire est un marché à court et moyen terme, tandis que le marché financier est à long terme.

Quel est le rôle du marché monétaire ?

SIXIEMEPARTIE : DISPOSITIONS TRANSITOIRES ET FINALES

Article 278. Les amendes prévues au présent Règlement sont dues au Trésor public qui en assure le recouvrement. Une partie du produit de ces amendes est reversée à la Banque des Etats de l'Afrique Centrale selon une proportion annuellement fixée par le Comité Ministériel de l'UMAC.

Article 279. La Banque Centrale peut procéder ou faire procéder aux contrôles qu'elle estime indispensables, se faire communiquer par tout participant à un système ou par toute personne intéressée, les informations utiles relatives au système concerné et aux dispositifs techniques qui *lui* sont associés.

Le marché monétaire est un marché financier où des titres de courte durée s'échangent contre des liquidités. C'est la chasse gardée des institutions financières et des entreprises, qui peuvent y prêter ou y emprunter des liquidités sur des durées très courtes.

Adossée à la Banque de France, l'Autorité de contrôle prudentiel et de résolution (ACPR) est en charge de l'agrément et de la surveillance des établissements bancaires, d'assurance et de leurs intermédiaires, dans l'intérêt de leurs clientèles et de la préservation de la stabilité du système financier.

Quel est le rôle de l'Autorité de la concurrence ?

Le rôle principal de l'Autorité de la concurrence est de lutter contre les pratiques anticoncurrentielles. Elle a pour mission de faire respecter le principe de libre concurrence. L'abus de position dominante et l'entente illicite sont les deux exemples de pratiques anticoncurrentielles les plus connus.

Les différents marchés boursiers

La bourse. La bourse est une place de marché sur laquelle les entreprises, les Etats et les investisseurs se rencontrent pour échanger des produits financiers. ...

Les différents marchés financiers

Les principaux marchés financiers sont nombreux et ont chacun leur importance. Mais généralement, il en existe quatre sortes. Tout d'abord, le marché des devises qu'on appelle aussi Forex (Foreign Exchange). Il est pareillement appelé marché boursier ou plus simplement bourse.

Définition du mot Banque

Une banque est une entreprise qui a une activité financière. ... L'établissement peut également être une banque d'investissement, qui a une activité de conseil et de financement des entreprises. Elle opère aussi des opérations sur les marchés financiers.1 févr. 2019

Comment fonctionne la bourse et les actions ?

Deux façons de faire de l'argent avec les actions

La valeur de l'action augmente. La valeur d'une action peut augmenter ou diminuer. Cette valeur peut changer fréquemment. ...

L'entreprise verse des dividendes. Une entreprise peut verser une partie de ses profits sous forme de dividendes.

Elle peut, si cela est nécessaire, prescrire des mesures collectives ou individuelles ou recommander des mesures législatives ou réglementaires de nature à garantir ou à renforcer le niveau de sécurité des systèmes de paiement.

Article 280. La Banque Centrale est habilitée à édicter des instructions à l'effet de définir les modalités de fonctionnement des Fichiers Nationaux et du Fichier Régional visés aux articles 210 et 215.

Article 281. A titre transitoire, des mesures appropriées d'information et de sensibilisation du public seront initiées conjointement par les Autorités publiques, la Banque Centrale et les établissements assujettis.

Article 282. Le présent Règlement, qui abroge toute disposition antérieure contraire, entre en vigueur le I" juillet 2004.

Il est publié au Bulletin Officiel de la Communauté.

DEUXIEME PARTIE.

LA REGLEMENTATION MONETAIRE DE LA REPUBLIQUE DEMOCRATIQUE DU CONGO

LOI N° 11/020 DU 15 SEPTEMBRE 2011 FIXANT LES REGLES RELATIVES A L'ACTIVITE DE LA MICROFINANCE EN REPUBLIQUE DEMOCRATIQUE DU CONGO

EXPOSE DES MOTIFS

La présente loi a pour objet de régir l'activité de Microfinance en République

Démocratique du Congo.

En effet, l'environnement économique de notre pays a été caractérisé depuis longtemps par :

- le manque d'intégration du secteur informel dans l'économie réelle ;

- l'existence du secteur financier très peu développé et mal lotis qui se traduit, entre autres, par une bancarisation très faible, concentrée du reste, dans quelques grandes villes du pays ;

- l'intermédiation déficiente ;

- l'absence d'investissement dans les infrastructures financières de proximité;

- la fiscalité inappropriée à l'émergence des Institutions de Microfinance;

- le développement désordonné du secteur informel ;

- la quasi absence de la monnaie scripturale dans les échanges ; et

- l'utilisation généralisée des monnaies étrangères dans l'économie.

Ces contraintes ont des conséquences défavorables évidentes sur le cadre macroéconomique à la base d'un taux d'inflation élevé avec comme corollaire une paupérisation à la fois généralisée et persistante de la majorité de la population. Elles sont aussi à l'origine d'un grand taux de thésaurisation de la monnaie au détriment de la part drainée dans les circuits financiers officiels.

En conséquence, les ménages à faibles revenus, les petites et moyennes entreprises ou industries ne peuvent pas avoir un accès conséquent aux services financiers de base.

Pourtant, il s'avère qu'à travers le monde, les services financiers d'épargne et/ou de crédit au bénéfice des populations vulnérables ont permis à ces dernières de franchir les barrières de l'exclusion et d'améliorer de manière significative leur qualité de vie et d'inciter le pays au développement.

La Microfinance peut devenir, dès lors, l'un des leviers déterminants du développement et de la lutte contre la pauvreté en contribuant entre autres à l'amélioration du cadre macroéconomique à travers notamment:

- la baisse du taux de la thésaurisation de la monnaie ;

- l'accès au système d'épargne et de crédit par les couches sociales les plus pauvres;

- la déconcentration et l'extension géographique de la bancarisation ;

- le drainage de la quasi-totalité de la monnaie dans le circuit bancaire alors qu'à ce jour, près de 30% seulement y passent ;

- l'accroissement et la diversification des investissements sur l'ensemble du territoire national à la faveur du crédit qui deviendra plus accessible à tous ;

- l'augmentation du Produit Intérieur Brut par l'accroissement et la diversification des investissements ;

- la maîtrise et le raffermissement du taux de change de la monnaie nationale et l'augmentation induite du pouvoir d'achat de la population ;

- l'appui indispensable à la décentralisation politico-administrative à la suite de la déconcentration financière que devra susciter la promotion de la Microfinance ;

- l'amélioration des recettes de l'Etat conséquente à l'augmentation du Produit Intérieur Brut.

Pour toutes ces raisons, la République Démocratique du Congo qui ne pouvait plus se permettre d'ignorer cette réalité, a initié depuis l'année 2000 une réforme du secteur de la Microfinance.

Cette réforme vise notamment la mise en place d'un cadre légal spécifique suffisamment clair, flexible, innovant et structurel pouvant permettre le développement, la professionnalisation et l'assainissement du secteur de la Microfinance et surtout favoriser la bancarisation de masses, dans la perspective de la mise en place d'un système financier inclusif opérant, à terme, en temps réel.

L'activité de Microfinance est ouverte à toute personne sans discrimination notamment à la femme, conformément aux prescrits de l'article 14 de la Constitution.

Enfin, les articulations essentielles de la présente loi comprennent quatre titres ci-après:

- le titre 1er consacré aux dispositions générales.

- le titre 2 relatif aux dispositions spécifiques aux Institutions de Microfinance :

- le titre 3 traite des sanctions tirées essentiellement de la loi bancaire ;

- le titre 4 est consacré aux dispositions transitoires et finales.

Telle est l'économie générale de la présente loi.

Loi

L'Assemblée Nationale et le Sénat ont adopté ;

Le Président de la République promulgue la loi dont la teneur suit :

TITRE I : DES DISPOSITIONS GENERALES

CHAPITRE 1er : DE L'OBJET ET DU CHAMP D'APPLICATION

Article 1er

La présente loi fixe les dispositions relatives à l'activité de la Microfinance en République Démocratique du Congo conformément aux articles 122 point 8 et 123 point 4 de la Constitution.

Article 2

Sans préjudice des dispositions de la loi bancaire relative à l'activité et au contrôle des établissements de crédits, la présente loi s'applique aux personnes morales qui, quelle que soit leur forme juridique, réalisent à titre de profession habituelle les opérations de Microfinance visées aux articles 6 et 7.

Article 3

Sans préjudice des dispositions de la loi bancaire portant dispositions applicables aux coopératives d'épargne et de crédit, les coopératives d'épargne et de crédit effectuent des opérations de microfinance.

Les banques agréées peuvent réaliser des opérations de microfinance. Elles demeurent régies par la loi bancaire.

Les dispositions de la présente loi, relatives au principe de non-discrimination, aux sûretés, aux privilèges de poursuite, à la réglementation de la concurrence et à la protection des clients s'appliquent aux banques et aux coopératives d'épargne et de crédit lorsqu'elles réalisent les opérations de microfinance.

Article 4

Les associations sans but lucratif ne sont pas autorisées à réaliser les opérations de Microfinance.

CHAPITRE 2 : DES DEFINITIONS

Article 5

Aux termes de la présente loi, on entend par :

1. Abus de position dominante : l'exploitation abusive de son statut personnel pour imposer ses règles sur le marché ;

2. Aides publiques faussant la concurrence : les facilités accordées par l'Etat, sous quelque forme que ce soit, susceptibles de fausser la compétition entre les entreprises;

3. Dirigeant : tout membre de l'institution de Microfinance qui participe à la prise de décision dans les organes d'administration et/ou de gestion;

4. Droit de rétention : sureté par laquelle un créancier peut détenir légitimement un bien de son débiteur, ayant un lien de connexité, dès lors qu'il n'est pas désintéressé de ce qui lui est dû jusqu'au parfait paiement, indépendamment de toute autre sureté.

5. Ententes restrictives de concurrence : tous les accords entre les entreprises, les décisions d'associations d'entreprises et les pratiques concertées entre les entreprises, ayant pour objet ou pour effet de restreindre ou de fausser le jeu de la concurrence ;

6. l'épargne : les fonds recueillis par l'Institution de Microfinance auprès du public sous forme de dépôts, avec le droit d'en disposer dans le cadre de ses activités et la charge de les restituer à la demande du déposant, selon les termes convenus ;

7. Groupe : un ensemble de personnes physiques ou morales, ayant entre elles une interdépendance financière génératrice d'un lien juridique de solidarité;

8. Institution de Microfinance : personne morale qui réalise, à titre de profession habituelle, des opérations de Microfinance ;

9. Loi bancaire : loi bancaire relative à l'activité et au contrôle des établissements de crédit ;

10. Microfinance : l'offre, à titre habituel, de services financiers incluant des personnes n'ayant pas accès au système bancaire classique ;

11. Nantissement de matériel professionnel : l'acte par lequel un client d'une Institution de Microfinance constitue, au profit de celle-ci, une garantie portant sur un matériel lui appartenant, non grevé et servant à l'exercice de sa profession. Cette garantie se réalise sans déposséder le client de son bien;

12.Opération de crédit-bail : l'opération par laquelle une institution de microfinance acquiert, à la demande de son client, la propriété des équipements mobiliers ou immobiliers, à usage professionnel ou individuel, en vue de les donner à ce dernier, en location pour une durée déterminée, en contrepartie du paiement de redevance ou de loyer ;

13.Opération de crédit direct : l'opération de prêt consenti sans obligation d'épargne préalable, sous réserve d'un éventuel dépôt de garantie exigé au moment du déblocage de prêt ;

14.Opération de micro-crédit : tout acte par lequel une Institution de Microfinance met ou promet de mettre des fonds à la disposition de la clientèle ainsi que tout acte par lequel elle prend un engagement au profit de sa clientèle par signature tel un aval, une caution.

15.Opérations ou services de Microfinance : les activités de banque réalisées suivant des techniques propres à la Microfinance ;

16.Réglementation prudentielle : un ensemble des règles spécifiques qui permettent de surveiller la solvabilité financière des Institutions agréées et d'assurer la protection de l'ensemble du système financier ainsi que celle des déposants ;

17. Réglementation non prudentielle : un ensemble des règles relatives aux établissements de crédit agréés par la Banque Centrale du Congo qui ne visent pas la prévention de l'insolvabilité ;

18. Services financiers : les services d'épargne et/ou de crédit, ainsi que tous les services connexes, permettant aux bénéficiaires d'améliorer leur niveau de vie et d'accéder à un développement humain durable en vue d'une meilleure intégration sociale ;

19.Solidarité : sureté par laquelle un créancier peut exiger de l'un quelconque de ses débiteurs constitués en groupe le paiement de la totalité de sa créance, sauf le recours entre les débiteurs ;

20.Système bancaire : un ensemble constitué de la Banque Centrale du Congo et des banques agréées par elle, conformément à la loi bancaire.

CHAPITRE 3 : DES OPERATIONS ET DES SERVICES DE MICROFINANCE

Article 6

Les Institutions de Microfinance effectuent les opérations suivantes:

1. la collecte de l'épargne;
2. l'octroi de micro-crédit.

Article 7

Dans les conditions définies par la Banque Centrale du Congo, les Institutions de

Microfinance effectuent les opérations spécifiques ci – après :

1. les opérations de crédit-bail ;

2. toute autre activité ou opération autorisée par la Banque Centrale du Congo.

Elles effectuent également les services connexes dont notamment :

1. la location de coffre-fort ;

2. les actions de formation et de conseil à leur clientèle ;

3. le transfert de fonds et la distribution de la monnaie électronique.

La Banque Centrale du Congo limite l'importance de ces opérations et services par rapport à l'ensemble des activités de collecte de l'épargne et/ou d'octroi de micro-crédit.

Article 8

Chaque Institution d'épargne et de crédit doit avoir en son sein une structure de formation financière pour informer la population et les clients en connaissance de cause.

Les structures de formation comprendront des experts en matière bancaire et financière.

CHAPITRE 4 : DU PRINCIPE DE LA NON DISCRIMINATION

Article 9

Toute personne a, selon ses capacités, accès aux prestations fournies par les Institutions de microfinance sans discrimination aucune.

Article 10

L'activité de Microfinance est ouverte dans toute sa plénitude à la femme, notamment dans la participation au capital, l'ouverture de comptes, l'accès au crédit ou à tout autre service.

TITRE II : DES DISPOSITIONS SPECIFIQUES AUX INSTITUTIONS DE MICROFINANCE

CHAPITRE 1er : DES INSTITUTIONS DE MICROFINANCE

Section 1ère : Des Catégories, de la forme juridique, du capital minimum et de l'agrément

Article 11

Les Institutions de Microfinance sont réparties en deux catégories, à savoir :

1. les entreprises de micro-crédit ;
2. les sociétés de Microfinance.

Article 12

Les entreprises de micro-crédit effectuent des opérations de crédit direct en faveur de leurs clients. Elles ne collectent pas l'épargne du public.

Article 13

Les sociétés de microfinance collectent l'épargne du public et octroient des crédits à leurs clients.

Article 14

Les institutions de microfinance se constituent soit en société privée à responsabilité limitée, soit en société par actions à responsabilité limitée.

Une institution de microfinance peut se transformer conformément à la législation sur les sociétés commerciales, après autorisation de la Banque Centrale du Congo.

Les Institutions de Microfinance se constituant ou se transformant en SARL sont dispensées d'autorisation du Gouvernement pour leur constitution ou leur transformation.

Cette dispense s'étend aux augmentations de capital.

Article 15

La Banque Centrale du Congo fixe le capital minimum des Institutions de Microfinance.

Le capital souscrit est intégralement libéré à la constitution de l'Institution de Microfinance.

Article 16

Avant d'exercer ses activités sur le territoire de la République Démocratique du Congo, toute Institution de microfinance est agréée par la Banque Centrale du Congo.

Sans préjudice des dispositions de la loi bancaire, une instruction de la Banque

Centrale du Congo fixe les conditions, ainsi que la procédure d'octroi et de retrait d'agrément des Institutions de Microfinance.

Section 2 : De l'approbation, des interdictions et des incompatibilités

Article 17

Conformément à la loi bancaire, sont subordonnés à l'approbation préalable de la

Banque Centrale du Congo :

1. toute modification des statuts d'une Institution de microfinance ;
2. toute opération de fusion, d'absorption, de scission, de transformation, ainsi que la cession volontaire d'une Institution de microfinance ou toute fermeture de celle-ci ;
3. l'ouverture ou la fermeture d'une succursale, d'une agence, d'un guichet ou d'un point de service par une Institution de microfinance ;
4. tout changement de catégorie par une Institution de microfinance.

La Banque Centrale du Congo décide dans les soixante jours de la date mentionnée sur l'attestation de dépôt du dossier complet. L'absence de décision à l'expiration de ce délai vaut approbation.

Article 18

Nul ne peut être promoteur, associé ou dirigeant d'une Institution de microfinance, ni disposer du pouvoir de signer pour compte de celle-ci, :

1. il n'est pas de bonne conduite et de bonne moralité ;
2. il a été condamné en dernier ressort en République Démocratique du Congo ou à l'étranger comme auteur, complice ou pour tentative de commission de l'une des infractions ci-après :

a. faux monnayage ;

b. contrefaçon ou falsification de billets de banque, d'effets publics et de marques ;

c. contrefaçon ou falsification de sceaux, de timbres, de poinçons et de marques ;

d. faux et usage de faux ;

e. vol, extorsion, détournement ou abus de confiance, escroquerie, recel ou grivèlerie;

f. banqueroute simple ou frauduleuse, circulation fictive d'effets de commerce ;

g. émission de chèque sans provision ;

h. corruption ou concussion ;

i. blanchiment de capitaux ;

j. financement du terrorisme ;

k. infraction à la loi bancaire, à la loi sur les coopératives d'épargne et de crédit, ainsi qu'à la réglementation de change ;

l. toute autre infraction pour laquelle les droits civiques lui auraient été retirés ;

3. il a déjà perdu la qualité de dirigeant d'un établissement de crédit à la suite d'un manquement grave ou de faute lourde ;

4. il a été déclaré en faillite ;

5. il a été mis à l'index par la Banque Centrale du Congo, sauf réhabilitation en sa faveur ;

6. il a pris part à l'administration, à la direction ou à la gestion courante d'un établissement de crédit dont la dissolution forcée a été ordonnée ou dont la faillite a été déclarée.

Lorsque la décision dont résulte l'une des interdictions visées au présent article est par la suite rapportée ou infirmée, cette interdiction cesse de plein droit, à moins que la nouvelle décision ne soit susceptible de recours.

Article 19

Nul ne peut être dirigeant d'une Institution de microfinance si :

1. il exerce des fonctions de responsabilité dans une institution concurrente, ayant totalement ou partiellement le même objet social ;

2. il est fonctionnaire ou agent de carrière des services publics de l'Etat ;

3. il est mandataire, fonctionnaire ou agent de carrière de la Banque Centrale du Congo.

Article 20

La perte de la qualité de dirigeant doit être portée, par écrit, à la connaissance de la

Banque Centrale du Congo par l'Institution de microfinance concernée dans un délai de quinze jours.

Article 21

Les Institutions de microfinance peuvent, dans l'exercice de leur activité, collaborer avec des personnes physiques ou morales appelées auxiliaires de microfinance, dans le cadre d'un contrat de démarchage, de courtage ou de commission.

Une copie du contrat, dûment certifiée par l'autorité politico-administrative compétente, est déposée à la Banque Centrale du Congo.

Section 3 : De la gouvernance

Paragraphe 1er : Des principes généraux

Article 22

La forme juridique ainsi que les règles d'organisation et de fonctionnement d'une

Institution de microfinance sont déterminées par ses statuts.

Article 23

Toute Institution de microfinance se dote d'organes distincts chargés respectivement de l'administration et de la gestion.

Article 24

Le cumul des fonctions de gestion et de contrôle par une même personne est interdit.

Article 25

Toute personne appelée à assurer l'administration ou la gestion courante d'une

Institution de microfinance doit justifier de l'honorabilité, de la compétence et de l'expérience professionnelle nécessaire à l'exercice de cette fonction.

Paragraphe 2 : De l'organe chargé de l'administration

Article 26

L'organe chargé de l'administration de l'Institution de microfinance dispose des pouvoirs les plus étendus pour, notamment :

1. définir les objectifs stratégiques de l'Institution de microfinance et veiller à leur mise en œuvre ;

2. arrêter les principes directeurs et les règles déontologiques devant guider la conduite du personnel ;

3. surveiller la gestion de l'Institution de microfinance, notamment par une utilisation efficace de l'audit interne, de l'audit externe et de la fonction de contrôle interne ;

4. préserver la solvabilité de l'Institution de Microfinance et mettre en place des mécanismes efficaces pour une meilleure gestion des risques ;

5. veiller à l'application des politiques proscrivant les activités, relations ou situations susceptibles de porter atteinte à la qualité de la gouvernance de l'Institution de microfinance ;

6. prendre toute mesure utile de nature à promouvoir la transparence et la bonne gouvernance de l'Institution de microfinance.

7. ester en justice ;

8. assurer la représentation de l'Institution de microfinance auprès des tiers.

Article 27

L'organe chargé de l'administration délègue, dans les limites fixées par les statuts, les pouvoirs nécessaires pour assurer la gestion de l'Institution de microfinance.

L'organe chargé de l'administration de l'Institution de microfinance est composé d'au moins cinq membres.

Sous- section 3 : De l'organe de gestion

Article 28

L'organe chargé de la gestion assure l'organisation, l'orientation et l'évaluation de contrôle interne. Il fait appel à l'audit externe pour un contrôle indépendant.

Il fait rapport périodiquement à l'organe chargé de l'administration sur la situation financière de l'Institution de microfinance et sur tous les aspects nécessaires pour accomplir ses tâches.

Article 29

L'organe chargé de la gestion courante d'une Institution de microfinance comprend deux personnes physiques au moins, désignées suivant les règles établies par les statuts de l'institution.

Paragraphe 4 : Des Comités spécialisés

Article 30

Une Institution de microfinance, autant que de besoin, se dote de comités spécialisés en matière notamment de crédit, de contrôle interne et de lutte contre le blanchiment des capitaux et le financement du terrorisme, suivant la réglementation édictée par la Banque Centrale du Congo.

Section 4 : Du contrôle externe et de la supervision

Paragraphe 1er : Du contrôle externe

Article 31

La certification des états financiers d'une Institution de microfinance est effectuée par un ou deux commissaires aux comptes, personnes physiques ou morales désignées pour un mandat de trois ans.

Conformément à la loi bancaire, le commissaire aux comptes ne peut procéder à la vérification des comptes de l'Institution de microfinance dans laquelle il détient un intérêt quelconque.

Cette certification peut être appuyée au besoin par un audit externe.

Article 32

Les commissaires aux comptes sont agréés par la Banque Centrale du Congo.

Ils sont choisis par les Institutions de microfinance sur une liste publiée par la Banque Centrale du Congo.

L'Institution de microfinance informe la Banque Centrale du Congo, par écrit et avec accusé de réception dans un délai de 48 heures, de la cessation des fonctions d'un commissaire aux comptes.

Paragraphe 2 : De la supervision

Article 33

La Banque Centrale du Congo assure la supervision des Institutions de Microfinance. A cet effet, elle procède à leurs contrôles sur pièces et sur place.

Elle est habilitée à requérir, auprès de toute personne physique ou morale, toute information jugée utile pour la bonne fin des contrôles qu'elle effectue.

Article 34

Lorsque la Banque Centrale du Congo constate que :

- les opérations d'une Institution de microfinance sont conduites de façon contraire à la présente loi, aux lois et règlements en vigueur ;

- les structures de gestion d'une Institution de microfinance, son organisation administrative et comptable ou son contrôle interne présentent des lacunes graves ;

- l'Institution de microfinance refuse de se soumettre au contrôle ou entrave autrement ce contrôle,

- les états financiers ne reflètent pas la réalité selon le rapport des commissaires aux comptes ou de l'audit externe.

Et, selon la gravité des faits, elle peut soit :

1. lui adresser une mise en garde, après avoir mis ses dirigeants en demeure de présenter leurs explications endéans un délai raisonnable ;

2. lui adresser une injonction à l'effet notamment de prendre, dans un délai déterminé, toutes mesures correctives appropriées ;

3. prendre toute mesure de sauvegarde jugée nécessaire, notamment la désignation, pour une durée n'excédant pas six mois, d'un représentant provisoire ;

4. mettre sous gestion administrative de la Banque Centrale du Congo ;

5. lui retirer l'agrément.

Section 5 : De la réglementation et de la divulgation financière

Paragraphe 1er : De la réglementation prudentielle

Article 35

Les Institutions de microfinance sont tenues de respecter les normes de gestion prudentielle édictées par la Banque Centrale du Congo.

Paragraphe 2 : De la réglementation non prudentielle

Article 36

Toute Institution de microfinance est tenue de se doter d'un dispositif de contrôle interne en vue de :

1. veiller à la protection des actifs de l'Institution de microfinance ;
2. évaluer ses politiques et pratiques financières ;
3. s'assurer de la fiabilité de ses états financiers ;
4. s'assurer du respect des textes légaux et réglementaires en vigueur ;
5. veiller à la conformité de ses opérations et de son organisation :

a. aux normes et usages professionnels et déontologiques ;

b. aux orientations de ses organes délibérant et exécutif.

Article 37

Les Institutions de microfinance se conforment à la loi portant lutte contre le blanchiment des capitaux et le financement du terrorisme.

Une instruction de la Banque Centrale du Congo fixe des règles particulières pour l'identification des clients des Institutions de microfinance et la surveillance de leurs opérations.

Paragraphe 3 : Des règles relatives à la divulgation financière

Article 38

Les comptes des Institutions de microfinance sont tenus selon les règles fixées par un plan comptable spécifique. Ces règles doivent être conformes aux normes nationales et internationales.

Article 39

Les dispositions relatives aux comptes annuels prévues par la loi bancaire s'appliquent mutatis mutandis aux Institutions de microfinance.

Section 6 : De la dissolution et de la liquidation

Article 40

La dissolution d'une Institution de microfinance peut être volontaire ou forcée.

La dissolution est dite volontaire lorsqu'elle est décidée par l'assemblée générale extraordinaire des actionnaires ou associés de l'Institution de microfinance, après avis de la Banque Centrale du Congo.

Elle est dite forcée lorsque la décision émane de la Banque Centrale du Congo ou d'une juridiction compétente.

Article 41

La décision de dissolution entraîne la liquidation de l'Institution de microfinance.

Elle est assortie de la nomination d'un ou de plusieurs liquidateurs par l'assemblée générale extraordinaire lorsque la dissolution est volontaire, et par la Banque Centrale du Congo lorsqu'elle est forcée.

Lorsque la dissolution est décidée par la juridiction compétente, celle-ci charge la Banque Centrale du Congo de nommer un liquidateur.

Article 42

La liquidation des Institutions de microfinance s'effectue conformément aux règles fixées par la loi bancaire.

En cas de liquidation d'une Institution de Microfinance, les épargnes des clients sont remboursées par préférence à tout autre créancier, même privilégié.

CHAPITRE 2 : DES MESURES INCITATIVES

Section 1ère : Des sûretés

Article 43

Sans préjudice des dispositions de la loi portant régime général des biens, régime foncier et immobilier et régime des sûretés, telle que modifiée et complétée à ce jour, les prêts accordés par les Institutions de microfinance à leurs clients peuvent être garantis par les sûretés ci-après :

1. la solidarité ;
2. le droit de rétention ;
3. le nantissement du matériel professionnel.

Les Institutions de microfinance peuvent également recourir au gage de fonds de commerce conformément aux lois en vigueur sur le nantissement et sûreté.

Paragraphe 1er : De la solidarité

Article 44

Plusieurs clients d'une Institution de microfinance peuvent constituer un groupe en vue d'obtenir un crédit et devenir ainsi codébiteurs d'une dette solidaire.

Le lien de solidarité de plein droit résultant de ce regroupement est régi conformément aux lois en vigueur sur les contrats et les obligations conventionnelles.

Paragraphe 2 : Du droit de rétention

Article 45

Une Institution de microfinance exerce son droit de rétention lorsqu'elle détient légitimement le bien d'un client ayant bénéficié d'un crédit jusqu'au parfait paiement de ce qui lui est dû, indépendamment de toute autre sûreté.

Article 46

Le droit de rétention ne peut s'exercer que si :

1. la chose détenue légitimement ne fait l'objet d'aucune saisie ;
2. la créance est certaine, liquide et exigible ;
3. il existe un lien de connexité entre la naissance de la créance et la chose retenue.

La connexité est réputée établie si la détention de la chose et la créance sont la conséquence de relations d'affaires entre l'Institution de microfinance et son client.

Article 47

Lorsqu'elle ne reçoit ni paiement ni sûreté équivalente, l'Institution de microfinance qui exerce le droit de rétention peut, après signification par voie d'huissier et après sommation faite au client, le cas échéant, à un tiers si le bien lui appartient, exercer ses droits de suite et de préférence conformément à la réglementation sur le gage.

Article 48

Lorsque la rétention porte sur le dépôt constitué par un client en nantissement d'un prêt obtenu auprès de l'Institution de microfinance, les règles relatives à la compensation s'appliquent de plein droit. Dans ce cas, la compensation se réalise après déduction des frais dus par le client.

Paragraphe 3 : Du nantissement du matériel professionnel

Article 49

Le matériel non grevé servant à l'équipement d'un client pour l'exercice de sa profession peut faire l'objet d'un nantissement sans dépossession au bénéfice de l'Institution de microfinance.

Le matériel faisant partie d'un fonds de commerce peut être nanti en même temps que les autres éléments du fonds ou séparément.

Article 50

Le nantissement est constitué par acte authentique ou sous seing privé.

1. Il comporte, à peine de nullité, les mentions suivantes :

2. les prénoms, noms, domiciles et professions des parties et, s'il y a lieu, du tiers requérant l'inscription ;

3. La description du matériel engagé permettant de l'identifier, l'indication de son emplacement et la mention, si nécessaire, que ce matériel est susceptible d'être déplacé ;

4. le montant de la créance garantie ;

5. les conditions d'exigibilité de la dette principale et des intérêts.

Article 51

Le nantissement du matériel ne produit effet que s'il est inscrit au registre du commerce ou dans un registre équivalent.

L'inscription conserve les droits du créancier pendant cinq années à compter de sa date ; son effet cesse si elle n'a pas été renouvelée avant l'expiration de ce délai.

Article 52

Le débiteur ne peut céder tout ou partie du matériel grevé d'un nantissement sans l'accord préalable du créancier nanti ou, à défaut, sans autorisation du Président de la juridiction compétente du ressort.

Toute cession du matériel nanti sans un tel accord ou une telle autorisation rend la dette immédiatement exigible.

Lorsque la dette n'est pas payée, le débiteur est soumis, selon le cas, à la procédure de faillite ou de déconfiture.

Les interdictions résultant de la faillite ou de la déconfiture et les peines prévues pour l'infraction d'abus de confiance s'appliquent au débiteur ou à toute personne qui, par des manœuvres frauduleuses, prive le créancier nanti de ses droits ou les diminue.

Article 53

Le créancier nanti sur le matériel professionnel a un droit de préférence.

Faute de paiement à l'échéance, celui-ci exerce son droit de suite et procède à la réalisation du matériel suivant le droit commun.

Section 2 : Des mesures d'ordre fiscal

Article 54

Les Institutions de microfinance sont soumises au régime fiscal du droit commun.

Toutefois, les intérêts et commissions perçus par elle pour les services de microfinance rendus à leurs clients sont exemptés de l'impôt sur le chiffre d'affaires.

Section 3 : Des privilèges de poursuite

Article 55

Les dirigeants des Institutions de microfinance ne contractent aucune obligation personnelle quand ils posent des actes de gestion courante ou d'administration pour le compte de l'Institution de microfinance.

Néanmoins, ils engagent leur responsabilité personnelle en cas de négligence, de faute lourde ou de dol.

Article 56

L'officier de police judiciaire qui reçoit une plainte, une dénonciation ou constate l'existence d'une infraction à charge d'un dirigeant chargé de la gestion courante d'une Institution de microfinance transmet son procès-verbal directement au Parquet compétent qui en avise la Banque Centrale du Congo. Celle-ci prend toute mesure qu'elle juge nécessaire pour la protection de l'épargne des clients.

CHAPITRE 3 : DE LA REGLEMENTATION DE LA CONCURRENCE ET DE LA

PROTECTION DES CLIENTS

Section 1ère : De la réglementation de la concurrence

Article 57

Lorsque une Institution de microfinance porte atteinte au crédit d'un concurrent, lui enlève sa clientèle ou, d'une manière générale, porte atteinte à sa capacité de concurrence, la Banque Centrale du Congo ordonne, d'office ou à la requête de l'Institution de microfinance intéressée, ou des clients intéressés, la cessation de tout acte contraire aux usages honnêtes acceptés dans la profession.

Conformément aux dispositions légales en matière de la concurrence déloyale, la

Banque Centrale du Congo établit une liste des usages honnêtes de la profession.

Article 58

Sont prohibés de plein droit, les actes restrictifs de la concurrence ci-après :

- les ententes restrictives de concurrence, lorsqu'elles ne sont pas justifiées par le progrès technique ou l'intérêt des clients ;
- les abus de position dominante ;
- les aides publiques susceptibles de fausser la concurrence lorsqu'elles ne sont pas justifiées par le progrès technique ou l'intérêt des clients.

L'instruction de la Banque Centrale du Congo édicte les règles et principes énoncés à l'alinéa 1er du présent article.

Section 2 : De la protection des clients

Article 59

La Banque Centrale du Congo édicte une réglementation spécifique de nature à garantir l'information et la protection des clients des Institutions de microfinance.

Article 60

Les Institutions de microfinance sont notamment tenues de :

1. offrir à leurs clients des produits et services adaptés à leurs capacités de remboursement afin de prévenir tout risque, spécialement de surendettement ;
2. fournir régulièrement des informations complètes sur le coût et la qualité des produits ainsi que les services proposés à la clientèle ;
3. publier leurs conditions contractuelles ;
4. préserver la confidentialité des données personnelles fournies par le client.

Article 61

Toute Institution de microfinance doit, notamment :

1. définir des normes d'éthique auxquelles son personnel sera tenu de se conformer dans ses rapports avec la clientèle ;
2. prendre des mesures suffisantes pour détecter et corriger tout acte de corruption ou de maltraitance de la clientèle ;

3. mettre en place des mécanismes appropriés pour un traitement rapide des plaintes ou réclamations des clients et la réparation des préjudices éventuels subis.

TITRE III : DES SANCTIONS

CHAPITRE 1er : DES SANCTIONS ADMINISTRATIVES

Article 62

Si une Institution de microfinance enfreint une disposition légale ou réglementaire afférente à son activité, n'obtempère à une injonction ou ne tient compte d'une mise en garde de la Banque Centrale du Congo, celle-ci prononce l'une des sanctions disciplinaires prévues par la loi bancaire.

Article 63

Les Institutions de microfinance sont également passibles d'amende administrative et d'astreinte prévues par la loi bancaire.

CHAPITRE 2 : DES SANCTIONS PENALES

Article 64

Est passible d'une peine de servitude pénale d'un an à deux ans et d'une amende de

500.000 à 5.000.000 de Francs congolais ou de l'une de ces peines seulement :

1. tout contrevenant aux dispositions des articles 12 et 57 de la présente loi ;

2. toute personne qui, participant directement ou indirectement à l'administration, à la direction, au contrôle ou à la gestion d'une Institution de Microfinance :

a. contrevient aux dispositions des articles 17 à 19 ;

b. fait obstruction à la mission des personnes mandatées par la Banque Centrale du Congo pour effectuer une inspection prévue à l'article 33 ;

c. fait obstruction à la mission du représentant provisoire prévue à l'article 34.

Article 65

En cas de condamnation pour infraction à la présente loi, s'il est établi que le condamné a détourné l'épargne des clients, le juge prononcera en outre:

1. la confiscation des fonds détournés et/ou des biens appartenant directement ou indirectement sans préjudice aux droits des tiers, au condamné à hauteur de l'enrichissement réalisé par lui depuis la date du

plus ancien des faits justifiant sa condamnation, à moins qu'il ne soit établi l'absence de lien entre l'enrichissement et l'infraction ;

2. l'expulsion définitive du territoire de la République Démocratique du Congo après l'exécution de la peine, si le condamné n'est pas congolais.

Article 66

Les agents de la Banque Centrale du Congo revêtus de la qualité d'officier de police judiciaire à compétence restreinte sont compétents pour constater les infractions à la présente loi ou toute autre infraction portant préjudice à l'activité de microfinance.

Article 67

Sans préjudice des dispositions du code de procédure pénale et de la loi portant lutte contre le blanchiment des capitaux et le financement du terrorisme, les infractions à la présente loi sont constatées et poursuivies conformément à la loi bancaire[9].

---

[9] **C'est quoi la Bourse ?**

Quelle est la différence entre une action et une obligation ?

Afin de se financer, une entreprise cotée ou non en Bourse émet des actions. C'est un moyen pour elle de trouver de nouveaux investisseurs, appelés actionnaires, prêts à lui donner de l'argent. En achetant une action, vous obtenez une partie du capital de l'entreprise.14 déc. 2015

Quels sont les deux compartiments du marché monétaire ?

Définition : Le marché monétaire consiste en échanges de monnaie contre dettes à court terme. ... Le marché monétaire représente le marché des capitaux à court et à moyen terme. Le marché monétaire comprend essentiellement deux compartiments, le marché interbancaire et le marché des titres courts.

Types de marchés financiers

Le marché des actions ; Le marché des taux d'intérêts (marché obligataire, marché monétaire) ; Le marché des changes (« Forex »), où s'échangent des devises ; La bourse de commerce, où s'échangent matières premières, et produits de base.

Quel est l'objectif de la politique monétaire ?

La politique monétaire est l'action par laquelle l'autorité monétaire, en général la banque centrale, agit sur l'offre de monnaie dans le but de remplir son objectif de triple stabilité, à savoir la stabilité des taux d'intérêt, la stabilité des taux de change et la stabilité des prix.

Quel est le rôle du marché interbancaire ?

C'est un marché de gré à gré, cela signifie que les banques traitent et négocient librement entre elles. L'offre émane des banques qui ont des liquidités disponibles qu'elles prêtent aux banques qui ont des besoins de financement. Une banque peut en même temps être prêteuse et emprunteuse sur le marché interbancaire.

Comment fonctionne le marché interbancaire ?

Le marché interbancaire est un marché où les professionnels du secteur bancaire (en particulier les banques) s'échangent des actifs financiers (emprunts ou prêts) à court terme, et où la banque centrale intervient également pour apporter ou reprendre des liquidités.

Quelles sont les pratiques anticoncurrentielles ?

Une pratique anticoncurrentielle est un comportement émanant d'une entreprise, d'un groupe d'entreprises ou d'un commerçant, et qui fausse, entrave ou annihile la concurrence entre entreprises ou entre commerçants. Les pratiques anticoncurrentielles sont interdites par les articles L420-1 à L420-7 du Code de commerce.

Qu'est-ce que le marché primaire et secondaire ?

Le marché primaire est celui où sont émis pour la première fois des actifs financiers, il est aussi appelé marché du neuf à l'inverse du marché secondaire qui est le marché de l'occasion. Ce marché est donc le lieu de rencontre des acheteurs et des vendeurs de titre financiers.

Qu'est-ce que le marché des obligations ?

Le marché des obligations, également appelé « marché obligataire », est le marché qui permet aux Etats et aux entreprises de se financer. En effet, lorsqu'un état ou une entreprise a besoin de financement, il peut émettre des titres spéciaux appelés « obligations ».

Le marché des obligations - Strategie-Bourse

Comment Définiriez-vous un marché ?

C'est le lieu (l'environnement) dans lequel va évoluer l'entreprise et où se rencontrent l'offre et la demande d'un bien ou d'un service, c'est à dire principalement les clients potentiels et la concurrence.

Quels sont les marchés réglementés ?

Un marché réglementé est un lieu de négociation d'instruments financiers admis à la négociation (actions ou obligations par exemple) géré par une entreprise de marché et répondant à des règles de fonctionnement précises.

Quelle est la différence entre le marché monétaire et le marché financier ?

La différence entre le marché monétaire et le marché financier réside dans la durée des créances. En effet, le marché monétaire est un marché à court et moyen terme, tandis que le marché financier est à long terme.

Quelle est la différence entre le marché monétaire et le marché ...

Comment fonctionnent les marchés financiers ?

Pourquoi les entreprises se financent sur le marché financier ?

Pour se développer et créer de la valeur, les États et les entreprises ont besoin de financement. Pour cela, ils peuvent faire appel : à l'autofinancement, c'est-à-dire à leurs capitaux propres ou à leurs réserves, ... à la levée de capitaux sur les marchés financiers.

Comment savoir si l'on est interdit bancaire ?

Si vous voulez vérifier si vous êtes inscrit au FICP et pour quel motif, vous pouvez : Vous rendre, après avoir pris rendez-vous, dans un bureau de la Banque de France muni d'une pièce d'identité. Adresser un courrier simple avec copie d'une pièce d'identité à un bureau de la Banque de France.

Quel est le rôle de la banque ?

TITRE IV : DES DISPOSITIONS TRANSITOIRES ET FINALES

CHAPITRE 1er : DES DISPOSITIONS TRANSITOIRES

Article 68

Conformément à l'article 53 de la présente loi , une instruction de la Banque Centrale du Congo fixe les modalités d'inscription du nantissement des matériels professionnels des clients des Institutions de microfinance non-inscrits au registre de commerce.

Article 69

Les Institutions de microfinance régulièrement agréées par la Banque Centrale du

Congo avant la promulgation de la présente loi, pour autant qu'elles soient en règle avec la fiscalité, sont inscrites d'office sur la liste des Institutions de microfinance.

Elles disposent néanmoins d'un délai d'un an, à dater de l'entrée en vigueur de la présente loi, pour se conformer à ses dispositions.

CHAPITRE 2 : DES DISPOSITIONS FINALES

Article 70

La présente loi abroge toutes les dispositions antérieures qui lui sont contraires.

Elle entre en vigueur à la date de sa promulgation.

Fait à Kinshasa, le 15 septembre 2011

Les banques jouent un rôle important dans le fonctionnement global de l'économie. Elles servent d'intermédiaires entre les agents économiques qui ont des capacités de financement excédentaires (épargne) et ceux qui, à l'inverse, ont des besoins de financement pour réaliser leurs projets.

C'est quoi être Fiche Banque de France ?

Dans le langage courant on entend souvent dire de quelqu'un qu'il est « fiché BDF » ou « fiché Banque de France ». Sans être totalement faux, c'est un abus de langage car la Banque de France gère plusieurs fichiers. Ce fichage Banque de France correspond en fait à un fichage au FCC, Fichier Central des Chèques Impayés.

C'est quoi un produit bancaire ?

Le produit net bancaire est un terme utilisé dans le secteur bancaire et financier faisant référence, pour une banque, à la valeur ajoutée créée par son activité.

C'est quoi une banque classique ?

LA REGLEMENTATION DU CHANGE EN REPUBLIQUE DEMOCRATIQUE DU CONGO

La Banque Centrale du Congo,

Vu l'Ordonnance-Loi n° 67/272 du 23 juin 1967, relative aux pouvoirs réglementaires de la Banque Nationale du Congo en matière de Réglementation du Change, tel que modifiée et complétée à ce jour ;

Vu le Décret-Loi n° 004/2001 du 31 janvier 2001 relatif au régime des opérations en monnaies nationales et étrangères en République Démocratique du Congo ;

Vu la Loi n° 005 du 07 mai 2002 relative à la constitution, à l'organisation et au fonctionnement de la Banque Centrale du Congo ;

Vu la Loi n° 007/2002 du 11 juillet 2002 portant Code Minier ;

Vu le Décret n° 038/2003 du 26 mars 2003 portant Règlement Minier ;

Vu la Loi n° 04/016 du 19 juillet 2004 portant Lutte contre le Blanchiment des Capitaux et le Financement du Terrorisme.

Edicte les dispositions ci-après :

CHAPITRE Ier : DES DISPOSITIONS GENERALES SECTION 1 : DES DEFINITIONS

Article 1er :

Les termes techniques employés dans la présente Réglementation du change sont définis dans la partie Glossaire.

SECTION 2 : DE LA DETENTION DES MONNAIES ETRANGERES Article 2 :

La détention des monnaies étrangères en République Démocratique du Congo est libre.

Article 3 : Alinéa 1 :

La détention par les voyageurs résidents et non-résidents des moyens de paiement en monnaies étrangères, à l'entrée du territoire national, est libre.

Alinéa 2 :

Les voyageurs sont tenus de faire la déclaration aux services des douanes affectés au poste frontière pour tout montant en espèce égal ou supérieur à 10.000 dollars américains ou son équivalent en d'autres monnaies étrangères.

Article 4: Alinéa 1 :

Le montant en monnaies étrangères à détenir en espèces à la sortie du territoire national ne peut être égal ou supérieur à 10.000 dollars américains ou son équivalent en d'autres monnaies étrangères.

Alinéa 2 :

Au-delà de ce plafond, les sorties des monnaies étrangères doivent faire l'objet d'un transfert bancaire ou être couvertes par une autorisation de la Banque Centrale du Congo donnée dans les conditions définies dans ses tarifs et conditions.

Article 5 :

La sortie du territoire national avec un montant en espèce égal ou supérieur à 10.000 dollars américains ou son équivalent en d'autres monnaies étrangères n'est autorisée qu'au voyageur en transit international et au voyageur résident à titre des frais de mission octroyés par l'Administration Publique ou la Banque Centrale, moyennant déclaration aux services des douanes et production de pièces justificatives.

SECTION 3 : DES TRANSACTIONS ET DES PRESTATIONS DE SERVICES EN MONNAIES ETRANGERES

Article 6 : Alinéa 1 :

Les transactions sur le territoire national s'expriment et se dénouent en monnaie nationale. Elles peuvent également être libellées et se dénouer en monnaies étrangères en cas d'accord entre parties.

Alinéa 2 :

Les prix des biens et services sur le territoire national sont affichés en monnaie nationale.

Alinéa 3 :

Les transactions libellées en monnaies étrangères ne peuvent être exécutées que dans une des monnaies ou unités de compte cotées par la Banque Centrale du Congo.

La Banque Centrale du Congo publie quotidiennement les cours de change des monnaies et unités de compte cotées par Elle.

Article 7

Tout paiement d'une somme en francs congolais ou en d'autres monnaies globalement égale ou supérieure à 10.000 dollars américains ne peut être effectué en espèces, sauf lorsque la transaction se dénoue dans une localité dépourvue d'intermédiaire financier agréé.

Article 8 : Alinéa 1 :

Les prestations de service sur le territoire national sont évaluées et rémunérées en monnaie nationale. Elles peuvent également être évaluées et rémunérées en monnaies étrangères en cas d'accord entre parties.

Alinéa 2 :

Toutefois, les loyers des baux d'immeubles à usage d'habitation, les frais scolaires et académiques ainsi que ceux ayant trait aux soins de santé, à la consommation d'eau et d'électricité à usage domestique sont fixés et payés en monnaie nationale lorsqu'ils se rapportent aux opérations conclues entre résidents.

Alinéa 3 :

Les redevances, impôts et autres taxes de quelque nature que ce soit dus à l'Etat ainsi que les prix des imprimés et autres documents délivrés sur le territoire national par l'Administration et les entreprises de prestation des services sont fixés et payés en monnaie nationale.

Alinéa 4 :

Les redevances, impôts et autres taxes de quelque nature que ce soit dus à l'Etat par les entreprises de production pétrolières et sociétés titulaires des droits miniers peuvent être fixés et payés en monnaies étrangères.

SECTION 4 : DU SUIVI DES OPERATIONS DE CHANGE

Article 9 :

Alinéa1 :

Les opérations de change visées aux chapitres II, III et IV de la présente Règlementation du Change, requièrent la souscription préalable, auprès d'une banque agréée ou de tout autre mandataire de la Banque Centrale du Congo, d'un document de change pris en charge par un logiciel informatique de la Banque Centrale du Congo.

Alinéa 2 :

Les activités ci-dessous s'effectuent avec l'appui dudit logiciel. Il s'agit de :

- l'achat, la souscription, la validation, la modification, la prorogation, la remise en force, le transfert vers une autre banque et l'annulation des documents de change ;
- l'émargement et l'apurement des documents de change;
- la transmission par voie électronique, à la Banque Centrale, des documents de change validés, des copies des annexes et autres documents justificatifs exigés par la présente Règlementation du change, des déclarations des Dépenses et des Recettes en monnaies étrangères ;
- la facturation de l'achat, la modification, la prorogation, la remise en force, le transfert vers une autre banque et l'annulation des documents de change ;
- l'évaluation et la facturation de la Commission de Suivi de Change.

Article 10 : Alinéa 1 :

L'Office Congolais de Contrôle, la Direction Générale des Douanes et Accises, la Direction Générale des Impôts, ou tout autre organisme public ou privé, ont accès aux informations traitées dans le logiciel informatique conformément aux conditions prévues par une convention particulière signée avec la Banque Centrale du Congo.

Alinéa 2 :

Ces organismes sont également autorisés, dans les mêmes conditions, conformément aux termes de la convention, à introduire des informations dans le logiciel informatique.

Article 11 :

Le traitement, dans le logiciel informatique, des opérations énumérées à l'article 9 ci-dessus, se réalise conformément aux modalités pratiques déterminées dans le « Manuel de l'utilisateur ».

Article 12 : Alinéa 1 :

Les banques agréées et tous les autres mandataires de la Banque Centrale du Congo, sont responsables des informations transmises via le logiciel informatique par leurs préposés au moyen des identifiants personnels leur attribués par la Banque Centrale du Congo.

Alinéa 2 :

Indépendamment des moyens de preuve admis par les textes légaux, la preuve de cette transmission est donnée par le système informatique, qui en indique l'heure et la date.

Article 13 : Alinéa 1 :

Les documents de change visés au chapitre II, III et IV de la présente Règlementation du Change peuvent, avant la clôture de l'opération s'y rapportant, être modifiés, prorogés, transférés vers une autre banque ou remis en force.

Alinéa 2 :

Un document de change valide peut, à la demande d'un client et sur base d'une pièce justificative, être modifié.

Alinéa 3 :

Les modifications à porter sur une déclaration peuvent concerner tous les champs, sauf celui relatif à la nature et à la qualité des biens, du service et de l'opération. Une nouvelle nature entraîne automatiquement la souscription d'une nouvelle déclaration.

Alinéa 4 :

La modification du mode de paiement SAD n'est pas aussi admise. Il en est de même pour un SRD qui ne peut être remplacé par un autre mode de paiement.

Alinéa 5 :

La modification des champs relatifs à la quantité des biens et au montant à payer ou à rapatrier ne peut être validée que sur base de l'Attestation de Vérification à l'importation (AV) ou du rapport d'inspection de l'OCC ou de son mandataire ou du Certificat de Vérification à l'Exportation (CVE) selon le cas.

Article 14 : Alinéa 1 :

La validité d'un document de change est de 12 mois pour les déclarations d'importation des biens et services, de 3 mois pour les déclarations d'exportation des biens et services ainsi que celles des mouvements des revenus et capitaux.

Alinéa 2 :

Cette validité peut être prorogée d'office par les banques intervenantes une seule fois pour un maximum de 6 mois pour les biens et services importés et de 3 mois maximum pour les autres opérations. Toute autre prorogation est à soumettre à l'appréciation et l'autorisation de la Banque Centrale du Congo.

Alinéa 3 :

Toutefois, pour le document de change couvrant une opération justifiée par un contrat commercial, sa validité correspond à celle dudit contrat après avis favorable de la Banque Centrale du Congo.

Alinéa 4 :

Toute remise en force d'un document de change échu, sollicitée, est accordée uniquement par la Banque Centrale du Congo.

Alinéa 5 :

A la demande du client, la banque agréée qui a validé une déclaration peut solliciter de la Banque Centrale du Congo, son transfert vers une autre banque agréée.

Cette demande doit être soutenue par un document prouvant l'engagement de la banque cessionnaire à poursuivre le dénouement de l'opération. En cas d'autorisation de la Banque Centrale du Congo, la banque cessionnaire est subrogée aux droits et obligations de la banque cédante.

Lorsque le paiement est régi par les Règles et Usances Uniformes relatives au crédit documentaire (RUU 600), le transfert n'est pas autorisé.

SECTION 5 : DES FRAIS ADMINISTRATIFS ET DIVERS

Article 15 :

La Banque Centrale du Congo prélève des frais administratifs et divers conformément à ses Tarifs et Conditions des opérations suite notamment à :

- une modification ;
- une prorogation ;
- une remise en force ;
- un transfert des documents de change ;
- une transmission tardive des données statistiques ;
- une mauvaise codification des opérations de change ;

- un suivi de change ;
- une immatriculation ;

SECTION 6 : DE LA REDEVANCE DE SUIVI DE CHANGE

Article 16 :

Alinéa 1 :

La Banque Centrale du Congo perçoit une Redevance de Suivi de Change de 2‰ sur toutes les opérations de change sans distinction de la qualité du donneur d'ordre ou du bénéficiaire.

Alinéa 2 :

La Banque Centrale du Congo peut mandater les banques agréées ou tout autre mandataire à percevoir, pour son compte, la Redevance de Suivi de Change.

Article 17 : Alinéa 1 :

Aux termes de la présente Réglementation, sont concernés par la perception de la Redevance de Suivi de Change :

a) tout approvisionnement de compte par transfert international et tout paiement en provenance ou à destination de l'étranger ;

b) toute importation sans achat des devises;

c) toute importation ou exportation effectuée en dehors du système bancaire national.

Alinéa 2 :

Ne sont pas concernés par la perception de la Redevance de Suivi de change :

a) les opérations effectuées pour le compte du Trésor Public et de la Banque Centrale du Congo ;

b) les opérations de change effectuées par les banques agréées pour leurs propres comptes aux titres d'arbitrage, d'intervention sur le marché de change interbancaire, des frais et commissions décomptés par les correspondants ainsi que les arbitrages effectués par les bureaux de change ;

c) les opérations de débit et de crédit entre les comptes en devises ouverts auprès du système bancaire national ;

d) les retraits en espèces sur les comptes en devise quel que soit le titulaire ;

e) toute vente et tout achat des monnaies étrangères contre monnaie nationale par les banques ou autres intermédiaires agrées ;

f) toute opération de débit ou de crédit effectuée par les résidents sur leurs comptes à l'étranger ;

g) les opérations des missions diplomatiques et celles des diplomates accrédités en République Démocratique du Congo ;

h) les opérations des organismes internationaux publics jouissant des statuts diplomatiques et ce, conformément aux accords de siège conclus avec l'Etat congolais.

Article 18 :

La Redevance de Suivi de Change est payable en monnaies étrangères, sauf pour les prélèvements effectués par les mandataires désignés par la Banque Centrale du Congo dont l'assiette est déterminée en monnaie nationale et les montants y relatifs sont à verser à la Banque Centrale du Congo, conformément aux instructions administratives édictées par celle-ci.

Article 19 :

La Redevance de Suivi de Change perçue n'est pas restituable, sauf en cas d'erreur matérielle. Dans ce cas, la demande de restitution est à soumettre à l'appréciation de la Banque Centrale.

SECTION 7 : DES OPERATIONS EXECUTEES DANS LE CADRE DES ACCORDS INTERNATIONAUX

Article 20 : Alinéa 1 :

Les opérations de change initiées dans le cadre des accords internationaux se dénouent conformément aux dispositions de ceux-ci.

Alinéa 2 :

Toutefois, lesdits accords doivent être négocié conformément aux dispositions de l'article 6 de la Loi n° 005/2002 du 07 mai 2002 relative à la constitution, l'organisation et au fonctionnement de la Banque Centrale du Congo.

SECTION 8 : DU TRANSIT DES BIENS Article 21 :

Alinéa 1 :

Les biens en transit ne sont pas soumis aux dispositions de la présente Réglementation du Change et sont admis sur le territoire national conformément à la législation douanière.

Alinéa 2 :

La Direction Générale des Douanes et Accises informe la Banque

Centrale du Congo de tout mouvement de transit des biens :

- poste douanier et date d'entrée ;
- durée du transit ;
- poste douanier et date de sortie.

Alinéa 3 :

L'opérateur économique prestataire de service, sur une opération de transit, est tenu de souscrire une déclaration d'exportation de service modèle « ES » pour recouvrer le paiement y relatif.

Alinéa 4 :

Lorsque les biens admis sous le régime de transit sont par la suite mise en consommation sur le territoire national, l'importateur, le transitaire, l'agence en douane ou toute autre mandataire habilité à cet effet est tenu de se conformer aux dispositions de la présente Règlementation relatives aux importations des biens.

SECTION 9 : DU NEGOCE INTERNATIONAL Article 22 :

Alinéa 1 :

Les opérations de change dans le cadre du Négoce International sont autorisées.

Alinéa 2 :

En cas du financement hors territoire Congolais, lors du paiement, le résident doit souscrire une déclaration des revenus et capitaux modèle

« RC » auprès d'une banque agréée.

Alinéa 3 :

La banque agréée valide la déclaration des revenus et capitaux modèle « RC » sur base du contrat commercial et/ou de la facture pro-forma obtenus du fournisseur étranger.

Alinéa 4 :

Le résident doit en outre, à la même occasion, présenter : a) le contrat commercial conclu avec l'acheteur étranger et/ou b) la facture définitive établie par le résident ;

c) la lettre d'engagement par laquelle l'opérateur économique s'oblige à ramener la totalité du capital investi ainsi que le bénéfice dans le délai réglementaire.

Alinéa 5

Le ratio entre le montant de la facture de vente et celui de la facture d'achat doit être supérieur à 1,05.

Alinéa 6 :

Le capital investi et les bénéfices réalisés sont rapatriés endéans 60 jours.

Alinéa 7 :

Toute perte n'étant pas admise dans une opération de Négoce International, sauf cas de force majeure certifié par les organes habilités (commissariat d'avarie ou son mandataire international), la banque intervenante et l'opérateur économique sont tenus de s'assurer sur son opportunité.

Alinéa 8 :

Lorsqu'une exportation est effectuée dans ce cadre, le résident n'a pas l'obligation de renseigner le pays de destination, s'il est ainsi stipulé dans le contrat.

Dans ce cas, le rapatriement est exigible avant l'expédition de la marchandise.

CHAPITRE II : DES BIENS

SECTION 1 : DES DISPOSITIONS COMMUNES APPLICABLES AUX OPERATIONS D'EXPORTATION ET D'IMPORTATION DES BIENS

Article 23 :

A l'exception du commerce frontalier, toute opération d'exportation ou d'importation des biens, quel que soit le mode de financement, requiert la souscription préalable, auprès d'une banque agréée ou autre mandataire désigné à cet effet, d'un document de change intitulé

« Déclaration ». Il s'agit de la déclaration modèle « EB » pour les exportations des biens et de la déclaration modèle « IB » pour les importations des biens.

Article 24 :

Une déclaration d'exportation des biens modèle « EB » ou d'importation des biens modèle « IB » peut couvrir l'exportation ou l'importation des biens de positions tarifaires différentes à condition que le contrat commercial y afférent soit conclu avec un même client ou un même fournisseur, et que les biens aient une même destination ou une même provenance.

Article 25 : Alinéa 1 :

Lors de leur souscription, les déclarations modèles « EB » et « IB » doivent être accompagnées des documents suivants :

a) Pour les exportations :

- le contrat commercial et/ou la facture définitive, Acte de donation notarié (en cas des dons en nature);

b) Pour les importations :

- le contrat commercial et/ou la facture pro forma ou encore l'Acte de donation notarié (en cas des dons en nature);

Alinéa 2 :

Les banques agréées sont tenues de conserver tous les justificatifs énumérés à l'alinéa 1er ci-dessus et ne renseigner dans la rubrique ad hoc du document de change que leurs références.

Alinéa 3 :

Les banques agréées et tous autres mandataires agréés à cet effet sont autorisés à valider en ligne les déclarations modèles « EB » et « IB » conformément aux présentes dispositions.

Article 26 :

Toute déclaration modèle « EB » ou « IB » non utilisée est annulée d'office par la banque agréée intervenante dans les 7 jours qui suivent son expiration.

Article 27 : Alinéa 1 :

Pour l'importation urgente des biens de même position tarifaire, dont les caractéristiques ne sont pas connues au moment de la validation du document de change, les opérateurs économiques peuvent utiliser la déclaration modèle « IB formule globale ».

Alinéa 2 :

La déclaration modèle « IB formule globale » doit renseigner dans la case réservée au tarif douanier, les deux premiers chiffres de la position tarifaire du bien.

Article 28 : Alinéa 1 :

Les importations et exportations des biens sont réalisées FOB ou CIF ou encore selon d'autres termes du commerce international (incoterms) en vigueur édictés par la chambre du commerce international.

Alinéa 2 :

Le frais de transport, l'assurance ainsi que les frais connexes doivent être renseignés dans le cas où l'importation est réalisée FOB, FCA ou FAS. **Alinéa 3 :**

Dans le cas où le résident assure le déplacement des biens par son propre moyen de transport, le coût du transport doit être renseigné dans la case ad hoc.

Article 29 : Alinéa 1 :

Le règlement des importations et des exportations est effectué selon les modes de paiement généralement acceptés dans le commerce international.

Alinéa 2 :

Pour tout paiement d'importation ou d'exportation des biens, la banque agréée intervenante a 72 heures pour établir une déclaration des dépenses ou des recettes en monnaies étrangères.

Article 30 : Alinéa 1 :

Les biens à importer doivent être contrôlés avant l'embarquement par le mandataire de l'Office Congolais de contrôle, l'Attestation de Vérification faisant foi.

Alinéa 2 :

Les biens à exporter doivent être contrôlés avant leurs sorties du territoire national par l'Office Congolais de contrôle, le Certificat de Vérification à l'Exportation faisant foi.

SECTION 2 : DES DISPOSITIONS SPECIFIQUES APPLICABLES AUX EXPORTATIONS DES BIENS

Article 31 : Alinéa 1 :

Une déclaration pour exportation des biens modèle « EB », dûment validée par une banque agréée, vaut autorisation d'exporter et induit obligation de la part de la banque agréée intervenante de recevoir la totalité de la valeur de l'exportation réalisée dans les délais définis à l'article 32 ci-après.

La déclaration pour exportation des biens modèle « EB » a une validité de 3 mois à compter de la date de validation et peut être prorogée d'office par la banque intervenante à la demande du souscripteur pour une nouvelle période de 3 mois.

Toute autre demande de prorogation est à soumettre à l'autorisation de la Banque Centrale du Congo

Alinéa 2 :

La Banque Centrale peut également accorder, si le contrat commercial le justifie, une dérogation pour adapter le délai de validité de la déclaration pour exportation des biens modèle « EB » à celui du contrat commercial. Il s'agit toutefois d'autorisation particulière accordée dans des cas spécifiques à la demande expresse de l'exportateur.

Article 32 : Alinéa 1 :

A l'exception de l'or et du diamant de production artisanale dont le montant doit être reçu en banque dans les 20 (vingt) jours au plus tard à compter de la date de sortie, le rapatriement des recettes d'exportation ou de réexportation doit intervenir au plus tard 60 (soixante) jours calendriers à compter de la date :

- de sortie des biens du territoire national à destination d'un pays africain par voie maritime, lacustre, fluviale, ferroviaire et terrestre ;
- d'embarquement à partir d'un port africain pour une destination d'une autre économie;
- d'embarquement à partir d'un aéroport national.

Alinéa 2 :

Pour les exportations en consignation, le rapatriement des recettes d'exportation doit intervenir dès la vente des marchandises et au plus tard à la date extrême de validité de la déclaration modèle « EB ».

Au fur et à mesure de la réalisation des ventes, l'exportateur est tenu de recevoir un décompte de consignation et /ou de perfectionnement passif, ainsi que le paiement correspondant en sa faveur lorsqu'il doit rapatrier les recettes.

1. Le décompte de consignation mentionne :

a) la nature et la quantité de la marchandise vendue ;

b) le prix de vente effectif ;

c) les divers frais et commissions dus par l'exportateur suivant les termes de la convention de commercialisation ;

d) le montant net à payer à l'exportateur et à rapatrier par le canal de la banque agréée intervenante.

Il est accompagné de la facture de vente

2. Le décompte de perfectionnement passif établi par l'affineur doit mentionner :

a) la nature et la quantité de matière brute reçue ;

b) la nature et la quantité des produits affinés (produits principaux et sous-produits), extraits de la matière brute ;

c) les divers frais d'affinage.

La valeur des produits et sous-produits résultant de l'affinage de la matière brute est à rapatrier. L'exportateur remet une copie de ces documents à la banque agréée intervenante.

Alinéa 3 :

La banque agréée intervenante veille au rapatriement des recettes dans les délais prescrits.

Alinéa 4 :

La banque agréée intervenante est tenue de créditer le compte en devises de l'exportateur dans les 48 heures de la réception de ces recettes.

Article 33 : Alinéa 1 :

Les exportateurs ne sont pas tenus de rétrocéder leurs recettes d'exportation aux banques ou à la Banque Centrale du Congo.

Alinéa 2 :

Toutefois, en cas de cession des recettes d'exportation, les conditions et modalités sont à convenir entre la banque et le client.

Article 34 :

Les exportations des biens ci-dessous sont dispensées de la souscription des documents de change prévue à l'article 23.

Il s'agit de :

a) échantillons sans valeur commerciale ;

b) bagages et objets personnels ;

c) journaux, périodiques et revues destinés à l'usage personnel dans le cadre d'un abonnement ;

d) objets réputés sans valeur commerciale.

Article 35 : Alinéa 1 :

La fourniture des biens d'approvisionnement à bord d'aéronefs, de navires et d'autres moyens de transport non-résidents, faisant escale en République Démocratique du Congo, doivent faire l'objet d'une souscription de la déclaration pour exportation des biens modèle « EB » de régularisation. Les recettes provenant de ces fournitures doivent être rapatriées dans un délai de 30 (trente) jours calendriers.

Alinéa 2 :

La déclaration modèle « EB » de régularisation dont question au précédent alinéa doit être souscrite endéans 5 (cinq) jours ouvrables à compter de la date d'approvisionnement.

Article 36 :

Les exportations de certains biens sont soumises à l'accord préalable des Services Publics compétents.

Il s'agit notamment de :

a) billets de banque ;

b) pièces de monnaies ;

c) pièces commémoratives ;

d) produits non cotés sur les marchés mondiaux ;

e) biens d'équipement sous toutes leurs formes faisant l'objet d'une délocalisation en faveur d'un pays étranger ;

f) armes, munitions et effets militaires;

g) explosifs ;

h) échantillons.

Article 37:

Alinéa 1 :

Les résidents sont autorisés à envoyer à titre temporaire, des biens à l'étranger aux fins de réparation, de vérification, d'entretien, de transformation, de location, d'emballages consignés, d'exposition ou de contrat d'entreprise, moyennant souscription d'une déclaration modèle « EB–temporaire ».

Alinéa 2 :

a) En cas de location et contrat d'entreprise:

La déclaration pour exportation des biens modèle « EB-temporaire » doit être accompagnée :

- du certificat d'inspection du bien délivré par l'OCC, spécifiant l'état et la valeur actuelle du bien;
- du contrat de location ou d'entreprise précisant les loyers à payer;
- d'autres documents justifiant l'exportation temporaire. b) En cas de réparation, vérification et entretien :

La déclaration pour exportation des biens modèle « EB-temporaire » doit être accompagnée :

- du certificat d'inspection du bien délivré par l'OCC, spécifiant l'état et la valeur actuelle du bien;
- du contrat de réparation ou d'entretien précisant les frais à payer;
- d'autres documents justifiant l'exportation temporaire. c) En cas de perfectionnement passif :

La déclaration pour exportation des biens modèle « EB-temporaire » doit être accompagnée :

- du rapport du lot prêt à l'exportation ou le certificat de vérification à l'exportation;
- du contrat de perfectionnement passif précisant les frais à payer;
- d'autres documents justifiant l'exportation temporaire.

Le décompte de perfectionnement passif établi par l'affineur doit mentionner :

□ la nature et la quantité de matière brute reçue ;

□ la nature et la quantité des produits affinés (produits principaux et sous-produits), extraits de la matière brute ;

□ les divers frais d'affinage.

La valeur des produits et sous-produits résultant de l'affinage de la matière brute est à rapatrier.
L'exportateur remet une copie de ces documents à la banque agréée intervenante.

d) En cas d'emballages consignés :

La déclaration pour exportation des biens modèle « EB-temporaire » doit être accompagnée :

- du rapport du lot prêt à l'exportation spécifiant l'état et la valeur actuelle de l'emballage consigné;
- de la déclaration d'exportation des biens modèle « EB » à laquelle l'emballage consigné se rapporte ;
- de la garantie de restitution.

e) En cas d'exposition :

La déclaration pour exportation des biens modèle « EB-temporaire » doit être accompagnée :

- du rapport du lot prêt à l'exportation ou le certificat de vérification à l'exportation, spécifiant l'état et la valeur actuelle du bien;
- du contrat d'exposition précisant les conditions déterminant le lieu, la durée et la raison d'envoi;
- d'autres documents justifiant l'exportation temporaire.

Alinéa 3 :

Les exportations temporaires sont couvertes par une garantie bancaire constituée par l'exportateur ou un acte de cautionnement de son banquier d'une valeur au moins égale à celle du bien telle que certifiée par l'OCC.

L'original de l'acte de cautionnement ou de la lettre de garantie doit être transmis à la BCC, au plus tard 10 (dix) jours après sa constitution pour être logé dans ses coffres.

Le déposant est dispensé du paiement des frais de consignation et de garde des titres.

Alinéa 4 :

Le cautionnement ou la garantie bancaire doit être levé à son échéance ou au retour intégral des biens exportés temporairement, par la BCC, à la demande de la banque intervenante.

La demande doit être accompagnée de la preuve du retour de l'intégralité des biens sortis sous couvert des attestations de Vérification.

Alinéa 5 :

Le paiement des services relatifs aux biens temporairement exportés dans le cadre d'un contrat d'Entreprise ou de Service s'effectue conformément aux dispositions du chapitre III de la présente Règlementation relatif aux dispositions applicables aux services.

Alinéa 6 :

A défaut de réimportation dans le délai fixé, la Banque Centrale se réserve le droit de percevoir la Commission de Suivi de Change en débitant d'office le compte de l'opérateur économique ou de la banque intervenante selon le cas et de sanctionner ce manquement conformément aux Tarifs et Conditions des opérations de la Banque Centrale, tout en exigeant la régularisation de cette situation par l'opérateur économique.

Article 38 : Alinéa 1 :

Le résident doit, solliciter selon le cas, l'annulation ou la modification de la déclaration modèle « EB-temporaire » ou souscrire une déclaration modèle « EB» de régularisation auprès de son banquier lorsque la réimportation n'a pas eu lieu du fait que :

a) l'exportation prévue n'a pas été réalisée ; b) le bien exporté a été vendu à l'étranger ; c) le bien est réputé détérioré ou déclassé.

Alinéa 2 :

Cette demande doit être accompagnée :

a) pour les biens non exportés, d'une Attestation de Vérification de l'OCC selon que le bien se trouve encore dans le pays. Cette Attestation permettra l'annulation du rapport de contrôle émis par cet office en vue de l'exportation ;

b) pour les biens vendus à l'étranger, d'une attestation relative à la valeur de vente des biens concernés émise par le mandataire de l'OCC à l'étranger, la facture, la Déclaration pour l'Exportation Définitive de la DGDA et le modèle « EB » de régularisation en remplacement du modèle « EB-temporaire » ;

c) pour les biens réputés détériorés et déclassés, d'une attestation du mandataire de l'OCC à l'étranger précisant que les biens ont été détériorés et déclassés.

Article 39 :

Alinéa 1 :

Les exportations peuvent faire l'objet de préfinancement provenant de l'étranger.

Alinéa 2 :

Le montant du préfinancement est reçu sur base d'une déclaration modèle RC à laquelle est obligatoirement joint un exemplaire du contrat y relatif et tout autre document justificatif.

Alinéa 3 :

Le contrat dont question ci-haut est à conclure entre le bailleur de fonds non-résident et l'exportateur résident. Il doit renseigner clairement les conditions ci-après :

a) le montant de l'opération ;

b) le taux d'intérêt à appliquer ;

c) la durée du prêt ;

d) les modalités et conditions de remboursement.

Alinéa 4 :

Le paiement des intérêts sur le financement ne peut intervenir avant la sortie des biens.

Le taux d'intérêt doit être conforme à ceux appliqués sur les principales places financières internationales pour les mêmes conditions et durée.

Les intérêts sur le financement sont uniquement dus sur le montant effectivement reçu par la banque intervenante.

La durée du préfinancement assorti des intérêts ne peut pas dépasser
6 (six) mois à dater de la cession des fonds par le créancier étranger ; exception faite pour les financements octroyés sans intérêts dont la durée est de 12 (douze) mois.

Le remboursement du principal et le paiement des intérêts éventuels doivent être effectués au moyen des recettes d'exportation des biens préfinancés et sont à défalquer de celles-ci lors du rapatriement.

La Banque Centrale se réserve le droit de vérifier à postériori le respect de ces conditions dans le chef des banques agréées intervenantes.

Le remboursement du préfinancement et le paiement des intérêts éventuels y relatifs s'effectuent sur base des déclarations modèles EB reprenant le numéro de la déclaration modèle RC s'y rapportant.

Alinéa 5 :

La différence positive entre les recettes totales des exportations préfinancées et le montant de préfinancement doit être rapatriée conformément aux dispositions de l'article 32.

SECTION 3 : DES DISPOSITIONS SPECIFIQUES APPLICABLES AUX IMPORTATIONS DES BIENS

Article 40 : Alinéa 1 :

Une déclaration d'importation dûment validée par une banque agréée vaut autorisation d'importer et/ou d'effectuer le paiement en faveur du fournisseur étranger.

Alinéa 2 :

Elle a une validité maximum de 12 (douze) mois à compter de la date de validation et peut être prorogée d'office par la banque intervenante à la demande du souscripteur pour une période ne dépassant pas 6 (six) mois.

Toute autre demande de prorogation est à soumettre à l'autorisation de la Banque Centrale du Congo.

Alinéa 3 :

La Banque Centrale peut également accorder, si le contrat commercial le justifie, une dérogation pour adapter le délai de validité de la déclaration modèle IB à celui du contrat commercial.

Il s'agit toutefois d'autorisation particulière accordée dans des cas spécifiques.

Article 41 :

La banque agréée intervenante paie le fournisseur étranger sur base de la déclaration à laquelle sont annexés les contrats et/ou les factures, l'Attestation de Vérification de l'Office Congolais de Contrôle ou de son mandataire agréé, la preuve de mise en consommation douanière de la Direction Générale de Douane et Accises et autres documents justificatifs.

La banque agréée intervenante doit garder la preuve de mise en consommation douanière pour besoin de contrôle éventuel sans obligation de la transmettre à la Banque Centrale du Congo.

Article 42 : Alinéa 1 :

La Banque agréée intervenante peut également procéder au paiement partiel ou intégral en faveur du fournisseur étranger avant l'embarquement, à l'embarquement et/ou à l'arrivée, sous la condition de la présentation par l'importateur, lors de la validation de la Déclaration modèle IB des justificatifs suivants:

a) le contrat commercial et/ou la facture pro-forma assortis d'une telle exigence ;

b) la lettre d'engagement par laquelle l'importateur s'engage à présenter les documents ci-après : la facture définitive, l'Attestation de Vérification, le document de transport, la preuve de mise en consommation douanière ainsi que tout autre document exigé dans le commerce international, et ce, endéans le délai de :

- 90 (quatre-vingt-dix) jours pour les paiements avant l'embarquement ;
- 45 (quarante-cinq) jours pour les paiements à l'embarquement ;
- 15 (quinze) jours pour les paiements à l'arrivée.

Alinéa 2

La banque agréée intervenante garde les documents visés au point b de l'alinéa 1 du présent article en vue d'un contrôle ultérieur de la Banque Centrale du Congo, toutefois les références desdits documents sont à renseigner dans l'applicatif ISYS-DDR.

Alinéa 3 :

A défaut de présentation desdits documents dans le délai requis et en cas du non-respect des engagements pris, la banque agréée intervenante est tenue de réclamer ces documents à l'importateur et de dénoncer le contrevenant auprès de la Banque Centrale du Congo, dans un délai de 10 (dix) jours calendriers à dater de la réclamation.

Article 43. Alinéa 1 :

La banque agréée intervenante peut procéder au paiement partiel ou intégral d'un bien avant sa fabrication, sous la condition de la présentation par l'importateur, lors de la validation de la Déclaration modèle IB des justificatifs suivants:

a) le contrat commercial et/ou la facture pro-forma assortis d'une telle exigence ;

b) la lettre d'engagement par laquelle l'importateur s'engage à présenter dans les délais requis : la facture définitive, l'Attestation de vérification, les documents de transport, la preuve de mise en consommation douanière ainsi que tout autre document exigé dans le commerce international ;

c) la garantie de restitution du montant de la transaction émise par la banque du fournisseur.

Alinéa 2 :

Le montant à porter sur la garantie doit correspondre à celui de l'acompte à payer et sera réduit proportionnellement à la valeur des livraisons effectuées.

Alinéa 3 :

Le délai de présentation des documents visés au point b de l'alinéa 1 du présent article doit être conforme au délai requis pour la bonne fin de l'opération.

Article 44 : Alinéa 1 :

Les importations dites sans achat des devises sont autorisées moyennant, souscription de déclaration d'importation des biens modèle « IB »[10].

---

[10] Les nouveaux moyens de paiement utilisés, tels que les cartes prépayées, les paiements en ligne et même le mobile money sont susceptibles d'accentuer les délits financiers. C'est ce que stipule le rapport du Groupe d'action contre le blanchiment d'argent en Afrique Centrale (GABAC) rendu public en Août de cette année. Dans son rapport le GABAC donne les risques que peuvent entraîner ces nouveaux moyens de paiement dans le blanchiment d'argent et dans le financement du terrorisme.
Premièrement, pour le GABAC l'origine même des conséquences négatives des nouveaux moyens de paiement se rouve dans les systèmes de sécurité mis en place par les Etats. Le groupe estime que ces systèmes comportent d'énormes failles qui ne peuvent prévenir le blanchiment d'argent et le financement du terrorisme.
En effet le GABAC dénonce la faiblesse des contrôles. Cela signifie que les banques responsables des comptes mobiles money n'ont pas de plateforme unique. Ce qui rend la surveillance difficile.
Deuxièmement, le GABAC évoque la concurrence des offres commerciales. Les plafonds de dépôt étant de plus en plus élevés par les sociétés de mobile money, cela favorise aussi à leur niveau certaines fraudes financières. Par ailleurs il y'a le manque de coopération entre certaines banques. Parmi les banques invitées à participer à cette étude du GABAC seulement celles représentant les grands groupes internationaux ont décidé d'y participer.
Pour finir le GABAC évoque le cadre législatif qui serait très insuffisant dans la zone CEMAC. Selon les experts qui ont réalisé l'étude « Le cadre juridique CEMAC se caractérise par une certaine vacuité sur la lutte contre le blanchiment de capitaux et le financement du terrorisme via les nouveaux moyens de paiement (NMP). Et il ajoute même: le caractère limité de l'obligation de traçabilité, qui n'est que de trois ans dans la Cemac, alors qu'elle est de dix ans dans la UEMOA, constitue une insuffisance.»

Les banques veilleront à ce que la mention « SAD » soit inscrite dans le champ « modalité de paiement ».

Alinéa 2 :

Les importations dites sans Achat de Devises réalisées sans souscription de déclaration d'importation des biens modèle « IB », doivent faire l'objet d'une régularisation avant le dédouanement.

Article 45 :

Les importations des biens ci-dessous sont dispensées des dispositions de l'article 23 pour autant qu'elles ne soient pas destinées à la revente.

Il s'agit de :

a) échantillons commerciaux sans valeur ;

b) journaux, périodiques et revues destinés à l'usage personnel dans le cadre d'un abonnement ;

c) bagages et objet personnel ;

d) biens d'approvisionnement à bord d'aéronefs, navires et d'autres moyens de transports résidents en provenance de l'étranger ;

e) articles dont la valeur ne dépasse pas USD 2.500 par envoi, le fractionnement étant interdit ;

f) objets réputés sans valeur commerciale.

Article 46 :

Les opérations d'importation de certains produits requièrent l'accord préalable des services publics compétant.

Il s'agit notamment des :

a) pièces de monnaies ;

b) pièces commémoratives ;

c) billets de banque ;

d) matériel d'occasion destiné à l'investissement ;

e) armes et munitions ainsi que effets et matériels militaires ;

f) explosifs ;

Face donc à toutes ces limites que connaissent les nouveaux moyens de paiement, le GABAC entend lutter comme il peut pour éviter le maximum de délits financiers.

g) substances qui appauvrissent la couche d'ozone et le matériel utilisant ces substances.

Article 47 : Alinéa 1 :

Les résidents sont autorisés à recevoir à titre temporaire, des biens destinés à être utilisés sur le territoire national aux fins de vérification, de réparation, d'entretien, de location, de perfectionnement actif, d'exposition, d'emballages consignés, ou de contrat d'entreprise moyennant souscription d'une déclaration pour importation des biens modèle « IB–temporaire » auprès d'une banque agréée.

Alinéa 2 :

a) en cas de location et contrat d'entreprise:

La déclaration « IB-temporaire » doit être accompagnée :

- du certificat d'inspection du bien délivré par l'OCC ou son mandataire, spécifiant l'état et la valeur actuelle du bien;
- du contrat de location précisant les loyers à payer ;
- d'autres documents justifiant l'importation temporaire. b) en cas de réparation, vérification et entretien :

La déclaration « IB-temporaire » doit être accompagnée :

- du certificat d'inspection du bien délivré par l'OCC ou son mandataire, spécifiant l'état et la valeur actuelle du bien;
- du contrat de réparation ou d'entretien précisant les frais à payer;
- d'autres documents justifiant l'importation temporaire.

c) en cas de perfectionnement actif :

La déclaration « IB-temporaire » doit être accompagnée :

- l'Attestation de Vérification du mandataire de l'OCC;
- du contrat de perfectionnement précisant les frais à payer ;
- d'autres documents justifiant l'importation temporaire. d) En cas d'emballages consignés :

La déclaration pour importation des biens modèle « IB-temporaire » doit être accompagnée :

- du l'Attestation de Vérification spécifiant l'état et la valeur actuelle de l'emballage consigné;
- de la déclaration d'importation des biens modèle « IB » à laquelle l'emballage consigné se rapporte ;
- de la preuve du paiement de la garantie.

e) En cas d'exposition :

La déclaration « IB-temporaire » doit être accompagnée :

- du certificat d'inspection du bien délivré par l'OCC ou son mandataire, spécifiant l'état et la valeur actuelle du bien;
- du contrat d'exposition précisant les conditions déterminant le lieu, la durée et la raison dans le cas où le bien est envoyé en République Démocratique du Congo aux fins d'exposition;
- d'autres documents justifiant l'importation temporaire.

Alinéa 3 :

Le paiement des frais de loyer, réparation, entretien et perfectionnement actif se fait sur base d'une déclaration modèle « ES » laquelle doit reprendre dans la case réservée aux modalités de paiement le numéro de la déclaration modèle « IB-temporaire » ayant couvert l'importation.

Alinéa 4 :

La réexportation des biens est effectuée sous couvert de la déclaration modèle « IB-temporaire » à laquelle seront joints les documents requis à cet effet par la DGDA et l'OCC.

L'opérateur économique doit présenter en banque la preuve de sortie définitive desdits biens, la déclaration de réexportation modèle

« EX3 ».

Alinéa 5 :

Aucun paiement n'étant prévu, la déclaration modèle « IB-temporaire » doit porter la mention « NEANT » dans la case réservée aux modalités de paiement.

CHAPITRE III : DES SERVICES

SECTION 1 : DES DISPOSITIONS COMMUNES APPLICABLES AUX SERVICES

Article 48 :

Toute opération d'exportation ou d'importation des services requiert la souscription préalable d'un document de change intitulé déclaration d'exportation de services modèle « ES » pour les exportations et modèle

« IS » pour les importations. Le modèle « ES » a une validité de 3 (trois) mois à dater de la validation. Cette validité est de 12 (douze) mois pour le modèle IS.

Article 49 :

Alinéa 1 :

Les services concernés par les présentes dispositions sont ceux reçus des non-résidents par les résidents ou fournis par les résidents à des non-résidents sur base d'un contrat commercial ou de tout autre document faisant office de contrat.

Alinéa 2 :

Il s'agit de :

a) services de production manufacturière ;

b) services d'entretien et de réparation non compris ailleurs ;

c) transports ;

d) voyages ;

e) bâtiments et travaux publics ;

f) services d'assurance et de fonds de pension ;

g) services financiers ;

h) rémunération pour usage de la propriété intellectuelle non compris ailleurs ;

i) services de télécommunications, services informatiques et services d'informations ;

j) autres services aux entreprises (services de recherches et développement, services professionnels et services de conseils en gestion, services technique, services liés au commerce et autres services fournis aux entreprises) ;

k) services personnels, culturels et relatifs aux loisirs ;

l) services des administrations publiques et services non compris ailleurs.

Article 50 :

Alinéa 1 :

Une déclaration pour exportation des services modèle « ES » dûment validée par une banque agréée vaut autorisation d'exporter et obligation de recevoir les paiements des montants facturés.

Alinéa 2 :

Une déclaration pour importation des services modèle « IS » dûment validée par une banque agréée vaut autorisation d'importer et d'effectuer les paiements des montants facturés.

Article 51 :

Pour tout paiement d'importation ou d'exportation des services, la banque agréée intervenante a 72 heures pour établir une déclaration des dépenses ou des recettes en monnaies étrangères.

SECTION 2 : DES DISPOSITIONS SPECIFIQUES APPLICABLES AUX EXPORTATIONS DES SERVICES

Article 52 : Alinéa 1 :

L'exportateur a l'obligation de se faire payer par le bénéficiaire non- résident des services sur base de la déclaration d'exportation des services modèle « ES » à laquelle sont joints le contrat de service, la facture et/ou tous autres documents justificatifs selon le cas. Il est tenu de rapatrier le montant reçu en paiement par le canal d'une banque agréée.

Alinéa 2 :

Les services fournis sans souscription préalable de la déclaration pour exportation des services, doivent être régularisés en conformité avec les dispositions de l'article 48 ci-dessus, endéans 15 (quinze) jours à dater de leur réalisation.

Article 53 : Alinéa 1 :

Le rapatriement des recettes d'exportation des services doit intervenir au plus tard 30 (trente) jours calendriers à compter de la prestation de services.

La banque agréée intervenante est tenue de veiller au respect de cette disposition.

Alinéa 2 :

En cas de régularisation, le paiement doit être déclaré 15 (quinze) jours calendriers à dater de sa réalisation.

Alinéa 3 :

Les exportateurs des services ne sont pas tenus de rétrocéder leurs recettes d'exportation aux banques ou à la Banque Centrale du Congo.

En cas de cession, les conditions et modalités sont à convenir entre la banque et le client.

Alinéa 4 :

La banque agréée est tenue de créditer le compte en devise de l'opérateur économique dans les 48 heures après réception de fonds.

Alinéa 5 :

Le paiement des services relatifs au matériel envoyé à l'étranger dans le cadre d'un contrat de location doit faire l'objet de souscription d'une déclaration modèle « ES » laquelle doit reprendre dans la case réservée aux modalités de paiement le numéro de la déclaration modèle « EB-Temporaire » ayant couvert l'exportation.

SECTION 3 : DES DISPOSITIONS SPECIFIQUES APPLICABLES AUX IMPORTATIONS DES SERVICES

Article 54 : Alinéa 1 :

L'importateur peut payer son fournisseur non-résident des services sur base de la déclaration d'importation des services modèle « IS » à laquelle sont joints le contrat de service, la facture et/ou tous autres documents justificatifs selon le cas. Il est tenu d'effectuer le paiement du montant facturé par le canal d'une banque agréée.

Alinéa 2 :

Les services reçus sans souscription préalable de la déclaration pour importation des services, doivent être régularisés en conformité avec les dispositions de l'article 49 ci-dessus, endéans 15 (quinze) jours à dater de leur réalisation.

Article 55 :

Le paiement des importations des services est réalisé au moyen des ressources propres de l'importateur ou des devises acquises auprès d'un intermédiaire agréé.

Article 56 :

Le paiement des services relatifs aux réparations du matériel ou autres équipements ayant fait l'objet d'une exportation temporaire au titre de transformation ou de vérification s'opère sur base de la déclaration d'importation des services modèle « IS » à laquelle, il faut joindre tous les justificatifs requis.

CHAPITRE IV : DES REVENUS, CAPITAUX ET OPERATIONS FINAN- CIERES

SECTION 1 : DES DISPOSITIONS COMMUNES APPLICABLES AUX REVENUS, CAPITAUX ET OPERATIONS FINANCIERES

Article 57 : Alinéa 1 :

Les résidents sont autorisés à envoyer ou à recevoir des fonds au titre de revenus, de capitaux et d'opérations financières.

Alinéa 2 :

Tout résident désireux de réaliser une opération avec un non résident au titre de revenus, capitaux et opérations financières est tenu de la domicilier auprès d'une banque agréée.

Lors de la souscription de la déclaration de transfert des Revenus et Capitaux modèle « RC », le résident donneur d'ordre ou bénéficiaire doit y joindre tout document justificatif.

Alinéa 3 :

Les revenus issus des opérations financières doivent être déclarés auprès de la Banque Centrale du Congo via la banque agréée dans un délai de 30 (trente) jours à dater de leur réalisation.

Alinéa 4 :

Les revenus issus des opérations d'investissement doivent être rapatriés dans un délai de 30 (trente) jours à dater de leur réalisation, sauf si le résident est autorisé de les réinvestir.

Alinéa 5 :

La Banque agréée par laquelle l'opération financière est réalisée, est tenue d'assurer le suivi de la déclaration du revenu généré ainsi que de son rapatriement et/ou, le cas échéant, du produit de son réinvestissement. **Article 58** :

Alinéa 1 :

Toute opération relative aux transferts des revenus et des capitaux d'une valeur égale ou supérieure à USD 10.000 ou son équivalent en d'autres devises requiert la souscription d'une déclaration modèle « RC » auprès d'une banque agréée

Alinéa 2

Quant aux opérations financières, la souscription d'une déclaration des revenus et capitaux modèle « RC » est préalable quel qu'en soit le montant auprès d'une banque agréée.

Article 59 :

Pour tout paiement à effectuer ou à recevoir au titre des revenus, capitaux et opérations financières, la banque agréée intervenante est tenue d'établir une déclaration des dépenses ou des recettes en monnaies étrangères dans les 72 heures à dater de sa réalisation.

SECTION 2 : DES DISPOSITIONS SPECIFIQUES APPLICABLES AUX REVENUS

Sous-section 2.1. : Des revenus primaires

Article 60 :

Toute opération de transfert au titre de revenus primaires est autorisée moyennant la souscription d'une déclaration modèle RC.

Les revenus énumérés ci-après peuvent être envoyés par le débit ou reçus par le crédit d'un compte en devise du résident auprès du système bancaire national.

Il s'agit de :

a) La rémunération des salariés ;

b) Les revenus d'investissements (intérêts, revenus distribués des sociétés, , bénéfices réinvestis d'investissements directs étrangers, revenus d'investissements attribués aux détenteurs de parts de fonds d'investissement, Revenus d'investissements attribués aux assurés, aux bénéficiaires de fonds de pension et aux bénéficiaires de régimes de garanties standard) ;

c) Autres revenus primaires (impôt sur la production et les importations, subventions et loyers).

Sous-section 2.2. : Des revenus secondaires

Article 61 :

Toute opération de transfert au titre de revenus secondaires est autorisée moyennant la souscription d'une déclaration modèle « RC ».

Les revenus énumérés ci-après peuvent être envoyés par le débit ou reçus par le crédit d'un compte en devise du résident auprès du système bancaire national.

Il s'agit :

a) des impôts courants sur le revenu, le patrimoine, etc. ;

b) des cotisations sociales ;

c) des prestations sociales ;

d) des primes nettes d'assurance-dommages ;

e) des indemnités d'assurance-dommages ;

f) de la coopération internationale courante ;

g) des transferts courants divers ;

h) des ajustements opérés en cas de variation des droits à pension.

Article 62 :

Les transferts des revenus secondaires en espèces ou en nature entre administrations publiques doivent être reçus ou exécutés uniquement par le canal d'une banque agréée.

Il en est de même du transfert des revenus secondaires entre « les secteurs autres que les administrations publiques » et les résidents.

SECTION 3 : DES DISPOSITIONS SPECIFIQUES APPLICABLES AUX CAPITAUX

Article 63:

Toute opération de transfert en capital est autorisée moyennant la souscription d'une déclaration modèle RC.

Article 64 :

Les capitaux énumérés ci-après peuvent être envoyés par le débit ou reçus par le crédit d'un compte en devise du résident auprès du système bancaire national.

Il s'agit des :

a) actifs non financiers non produits ;

b) transferts en capital (impôts en capital, aides à l'investissement, remise de dette).

SECTION 4 : DES DISPOSITIONS SPECIFIQUES APPLICABLES AUX OPERATIONS FINANCIERES

Article 65 :

Les transferts au titre d'opérations financières sont autorisés moyennant la souscription d'une déclaration modèle RC.

Toute opération financière doit provenir des transactions ayant une origine économique licite.

Article 66 :

Les opérations financières énumérées ci-après peuvent être envoyées ou reçues dans un compte en devises.

Il s'agit des :

a) investissements directs (investissements directs par des investisseurs, investissement à rebours, entre entreprises sœurs) ;
b) investissements de portefeuille (actions, parts de fonds d'investissement, titres de créance) ;
c) produits financiers dérivés (produits avec risque de taux d'intérêt, risque de change, risque de variation de prix des titres de propriété et des matières premières, risque de crédit, etc.);
d) autres investissements (autres participations, numéraires et dépôts, prêts, droits sur les réserves techniques d'assurances, sur les fonds de pensions et sur les réserves de garanties standard, crédits commerciaux et avances, autres comptes à recevoir/ à payer).

Article 67 :

Alinéa 1 :

Toute opération financière au titre d'investissements directs, de portefeuille, des produits dérivés et d'autres investissements, est autorisée moyennant souscription d'une déclaration modèle « RC ».

Alinéa 2 :

Les banques sont seules habilitées à vérifier puis exécuter les transactions portant sur des investissements directs.

Article 68 :

A l'appui des dossiers à présenter aux intermédiaires agréés, les justificatifs ci-dessous sont exigés en cas d'opérations financières:

a) un tableau détaillant les participations nominatives au capital de l'entreprise d'investissement direct ;
b) une copie de la décision de création de l'entreprise ou de l'augmentation du capital ;
c) une fiche décrivant la nature de l'activité de l'entreprise ;

d) les bilans, les comptes de résultats et les rapports des commissaires aux comptes des trois dernières années ;

e) bilans et comptes de résultats prévisionnels pour les créations d'entreprises.

Article 69 :

Pour tout emprunt extérieur, le remboursement du principal ainsi que le paiement des intérêts s'effectuent librement moyennant souscription de la déclaration modèle RC.

CHAPITRE V : DU MARCHE DES CHANGES

Article 70 :

Il existe un marché des changes dénommé « MARCHE DES CHANGES EN REPUBLIQUE DEMOCRATIQUE DU CONGO ».

Article 71 :

Une convention particulière, signée entre la Banque Centrale du Congo et les participants, détermine les conditions d'accès, l'organisation et le fonctionnement de ce marché.

Article 72 :

Les cours de change publiés par la Banque Centrale du Congo servent de cours de référence.

CHAPITRE VI : DES COMPTES LIBELLES EN MONNAIES ETRANGERES ET DES COMPTES NON-RESIDENTS EN MONNAIE NATIONALE

Article 73 : Alinéa 1 :

Les banques agréées sont autorisées à ouvrir des comptes en monnaies étrangères au profit des résidents (RME) et non-résidents (NRME) sans autorisation préalable de la Banque Centrale du Congo.

Alinéa 2 :

La Banque Centrale du Congo s'interdit de racheter d'office les devises logées dans les comptes RME et NRME.

Alinéa 3 :

Les banques agréées peuvent aussi dans les mêmes conditions ouvrir des comptes en monnaie nationale au profit des non-résidents (NRMN).

Alinéa 4 :

Ces comptes peuvent :

a) être tenus à vue ou à terme ;

b) être rémunérés ;

c) être crédités ou débités librement ;

d) enregistrer des virements domestiques entre comptes RME et NRME, qui ne requièrent pas du reste la souscription des déclarations ;

Alinéa 5 :

Quant aux virements internationaux initiés, le donneur d'ordre ou le bénéficiaire doit se conformer, selon les cas, aux dispositions de la présente réglementation y relatives.

Article 74 :

Les banques agréées veilleront à ce que leurs engagements en monnaies étrangères résultant des dépôts en comptes RME et NRME aient une couverture suffisante qui garantisse les paiements à vue en faveur des titulaires desdits comptes.

CHAPITRE VII : DES INTERMEDIAIRES AGREES

SECTION 1 : DES DISPOSITIONS COMMUNES APPLICABLES AUX INTERMEDIAIRES AGREES

Article 75 :

Il existe deux catégories d'intermédiaires agréés, à savoir :

a) les intermédiaires agréés bancaires (banques agréées) ;

b) les intermédiaires agréés non-bancaires qui comprennent les institutions financières, les coopératives d'épargne et de crédit, les institutions de microfinances, les bureaux de change, les messageries financières et les établissements de monnaie électronique.

Article 76 : Alinéa 1 :

La qualité d'intermédiaire agréé doit être sollicitée par écrit auprès de la Banque Centrale du Congo.

Alinéa 2 :

La qualité d'intermédiaire agréé est accordée par un acte d'agrément signé par le Gouverneur de la Banque Centrale du Congo. Elle peut être retirée sur décision de la Banque Centrale du Congo lorsque le bénéficiaire ne se conforme pas aux engagements souscrits.

Article 77 :

Les intermédiaires agréés sont tenus de :

a)se conformer en tous points aux règlements, dispositions et prescriptions de la Banque Centrale du Congo ;

b) veiller au respect des règlements, dispositions et prescriptions de la Banque Centrale du Congo et signaler à celle-ci toute irrégularité qu'ils constateraient ;

c) observer les instructions et directives de la Banque Centrale du Congo relatives à l'enregistrement des opérations de change et à l'établissement de diverses situations de change ;

d) fournir à la Banque Centrale du Congo toutes les justifications qu'elle demanderait concernant les opérations soumises à son contrôle ;

e) remettre à la Banque Centrale du Congo tous renseignements statistiques et comptables demandés par elle ;

f) percevoir et verser auprès de la Banque Centrale du Congo tous droits, redevances ou autres montants dus.

SECTION 2 : DES DISPOSITIONS SPECIFIQUES APPLICABLES AUX INTERMEDIAIRES AGREES BANCAIRES

Article 78 :

Conformément à la présente Règlementation du change, les banques agréées en exécution des transactions bancaires pour compte de leurs clientèles ou leur propre compte sont autorisées notamment à :

a) ouvrir des comptes auprès des correspondants à l'étranger ;

b) négocier et obtenir des lignes de confirmation ;

c) constituer des provisions en monnaies étrangères en couverture de leurs engagements ;

d) effectuer et recevoir des paiements extérieurs ;

e) placer aux meilleures conditions les avoirs extérieurs détenus auprès des correspondants et rapatrier les produits de ces placements;

f) acheter et vendre des devises ;

Article 79 :

Les banques sont autorisées à exporter et à importer des billets de banque libellés en monnaies étrangères moyennant une autorisation préalable de la Banque Centrale du Congo.

Article 80 : Alinéa 1 :

L'envoi à l'étranger des Billets de Banque libellés en monnaies étrangères par les banques agréées et faisant partie de leurs positions de change s'effectue moyennant autorisation préalable de la Banque Centrale du Congo.

Alinéa 2 :

La banque concernée est tenue de solliciter par écrit auprès de la Banque Centrale du Congo/Direction ayant le change dans ses attributions, une autorisation d'exportation en précisant les montants à exporter par devise, les détails du colisage, ainsi que le nom et l'adresse du correspondant étranger destinataire.

Cette autorisation qui a une validité de cinq jours ouvrables à dater de sa délivrance et dont le montant à exporter ne peut être fractionné, est accordée endéans 2 (deux) jours ouvrables après la réception de sa demande.

Alinéa 3 :

Toute opération d'exportation requiert l'implication de la Banque Centrale du Congo/Direction ayant la gestion des caisses et des billets de banque dans ses attributions pour la préparation du colis, du plombage des emballages, du convoyage des fonds jusqu'au poste frontière de sortie ainsi qu'à la remise des colis au transporteur contre décharge sur la LTA ou tout autre document justificatif faisant foi.

Alinéa 4 :

A la sortie des fonds du territoire national, le porteur ou le transporteur mandaté à cette fin doit se munir outre l'original de l'autorisation délivrée par la Banque Centrale du Congo, d'une attestation dûment signée par les responsables de la banque agréée mentionnant les références des titres de transport internationaux tels que titre de voyage, LTA, BL/CDA… reprenant notamment :

- Le nom du porteur ou le transporteur ;
- Le détail du colisage ;
- La date de voyage ou de transport ;
- Le destinataire.

Alinéa 5 :

La banque agréée exportatrice est tenue de transmettre à la Banque Centrale du Congo/Direction des Opérations Bancaires et des Marchés, endéans sept jours ouvrables, à compter de la date d'exportation, l'accusé de réception ainsi que la preuve de crédit en compte auprès du correspondant, équivalent au montant exporté.

Alinéa 6 :

La Banque Centrale du Congo se réserve le droit d'encaisser les billets de banque en monnaies étrangères contre transfert auprès du correspondant de la banque agréée cédante, à la bonne date de valeur.

Article 81 : Alinéa 1 :

L'importation des Billets de Banque libellés en monnaies étrangères par les banques agréées concernées s'effectue moyennant une autorisation écrite de la Banque Centrale du Congo.

La banque concernée est tenue de solliciter par écrit auprès de la Banque Centrale du Congo / Direction des Opérations Bancaires et des Marchés, une autorisation d'importation en précisant les montants à importer par devise, les détails du colisage, ainsi que le nom et l'adresse du fournisseur étranger.

Cette autorisation qui a une validité de 5 (cinq) jours ouvrables à dater de sa délivrance et dont le montant à importer ne peut être fractionné, est accordée endéans 2 (deux) jours ouvrables après la réception de sa demande.

Les devises ainsi importées doivent faire partie de leurs positions de change.

Alinéa 2 :

A l'entrée des fonds sur le territoire national, le porteur ou le transporteur mandaté à cette fin doit se munir outre l'original de l'autorisation délivrée par la Banque Centrale du Congo, d'une attestation dûment signée par les responsables de la banque agréée mentionnant les références des titres de transport internationaux tels que LTA, BL/CDA… reprenant notamment :

- Le nom du porteur ou le transporteur
- Le détail du colisage
- La date de voyage ou de transport
- Le nom du fournisseur.

Alinéa 3 :

Les banques agréées importatrices sont tenues de communiquer à la Banque Centrale du Congo /Direction des Opérations Bancaires et des Marchés, endéans 7 (sept) jours après l'importation, la situation détaillée de l'opération réalisée.

SECTION 2 : DES DISPOSITIONS SPECIFIQUES APPLICABLES AUX INTERMEDIAIRES AGREES NON-BANCAIRES

Sous-section 2.1. : Des Institutions Financières Non Bancaires, des Coopératives d'Epargne et de Crédit et des Institutions de Microfinance

Article 82 :

Toute institution financière non bancaire, toute coopérative d'épargne et de crédit ou toute institution de microfinance désireuse d'effectuer des opérations en monnaies étrangères doit solliciter l'autorisation préalable de la Banque Centrale du Congo, qui détermine les conditions dans lesquelles ces opérations doivent se réaliser.

Sous-section 2.2. : Bureaux de Change

Article 83 : Alinéa 1 :

Toute personne morale de droit congolais, autre que celles reprises à l'article 82, désireuse de faire des opérations d'achat et de vente des monnaies étrangères son unique profession doit se faire agréer par la Banque Centrale en qualité de Bureau de Change.

Alinéa 2 :

Une instruction administrative de la Banque Centrale du Congo portant réglementation de l'activité des bureaux de change en République Démocratique du Congo détermine les conditions d'agrément, de fonctionnement et de transmission des données statistiques à l'Institut d'Emission.

Sous-section 2.3. : Des Messageries Financières

Article 84 : Alinéa 1 :

Toute personne morale, autre que les banques agréées, intéressée à la réalisation des opérations de transfert de fonds en monnaie nationale et en monnaies étrangères doit se faire agréer par la Banque Centrale du Congo en qualité de société de Messagerie Financière.

Alinéa 2 :

Une instruction administrative de la Banque Centrale du Congo portant réglementation de l'activité des messageries financières en République Démocratique du Congo détermine les conditions d'agrément, de fonctionnement et de transmission des données statistiques à l'Institut d'Emission. Elle détermine également les opérations autorisées ainsi que le régime disciplinaire applicable aux messageries financières.

Sous-section 2.4. : Des Etablissements de Monnaie Electronique

Article 85 : Alinéa 1 :

Toute personne morale, autre que les banques agréées, relevant de la catégorie de société financière dont l'objet est entre autres la réalisation des opérations en monnaie électronique doit se faire agréer par la Banque Centrale du Congo en qualité d'Etablissement de Monnaie Electronique.

Alinéa 2 :

Une instruction administrative de la Banque Centrale du Congo portant réglementation de l'activité relative à l'émission de monnaie électronique en République Démocratique du Congo, détermine les conditions d'agrément, de fonctionnement et de transmission des données statistiques à l'Institut d'Emission. Elle détermine également les opérations autorisées, le régime prudentiel, le champ d'application ainsi que le régime disciplinaire applicable aux Etablissements de Monnaie Electronique.

SECTION 3 : DE LA POSITION DE CHANGE

Article 86 : Alinéa 1 :

Les banques doivent gérer leurs positions de change conformément aux instructions édictées en la matière par la Banque Centrale du Congo.

Alinéa 2 :

Les banques sont autorisées à décentraliser la gestion de leurs positions de change au profit de leurs Succursales et Agences.

Alinéa 3 :

Les règles prudentielles relatives à la gestion des positions de change des banques sont définies par la Banque Centrale du Congo dans des instructions administratives appropriées.

Article 87 :

Les banques sont tenues de déclarer hebdomadairement et mensuellement leurs positions de change et de transmettre ces données à la Banque Centrale du Congo conformément aux instructions administratives édictées par elle.

CHAPITRE IX : DES MODALITES PRATIQUES D'ELABORATION ET DE TRANSMISSION DES STATISTIQUES A LA BANQUE CENTRALE DU CONGO ET DES DISPOSITIONS TRANSITOIRES

Article 88 :

Outre les statistiques générées automatiquement par l'Applicatif ISYS-DDR, les modalités pratiques se rapportant à l'élaboration et à la transmission d'autres statistiques à la Banque Centrale du Congo sont définies dans les instructions administratives relatives à la codification des opérations de change.

CHAPITRE X : DISPOSITIONS PARTICULIERES

SECTION 1 : DES DISPOSITIONS SPECIFIQUES APPLICABLES AUX SOCIETES TITULAIRES DES DROITS MINIERS, AUX ENTITES DE TRAITEMENT ET DE TRANSFORMATION DES SUBSTANCES MINERALES AINSI QU'AUX COMPTOIRS D'ACHAT ET DE VENTE DES SUBSTANCES MINERALES PRECIEUSES ET SEMI-PRECIEUSES D'EXPLOITATION ARTISANALE

Sous-section 1 : Des dispositions communes

Article 89 : De l'immatriculation

Alinéa 1 :

Les sociétés titulaires des droits miniers, les entités de traitement et de transformation des substances minérales ainsi que les comptoirs d'achat et de vente des substances minérales d'exploitation artisanale ont l'obligation d'obtenir préalablement, avant l'obtention de leur agrément auprès du Ministère des Mines, un numéro d'immatriculation auprès des services de la Banque Centrale.

Alinéa 2 :

Ces sociétés minières peuvent, en cas de nécessité, solliciter la modification de leur statut d'immatriculation.

Article 90 :

La demande d'Immatriculation doit être soutenue par :

- une lettre adressée à la Banque Centrale du Congo/Direction des Opérations Bancaires et des Marchés précisant la qualité pour laquelle l'immatriculation est sollicitée ;
- les statuts notariés de la société demanderesse ;
- la copie d'identification nationale ;
- la copie d'identification au Cadastre Minier ;
- la copie du Nouveau Registre de Commerce ;

- la preuve de paiement des frais d'immatriculation et du dossier.

Sous-section 2 : Des dispositions particulières aux sociétés titulaires des droits miniers

Article 91 : Alinéa 1 :

Les sociétés titulaires des droits miniers sont autorisées d'importer librement des biens au titre des investissements et des apports en capital nécessaires à leurs activités.

Alinéa 2 :

Elles sont également autorisées de commercialiser et d'exporter la totalité de leur production sur le marché de leur choix.

Alinéa 3 :

Toutes leurs opérations d'importation et d'exportation doivent se dénouer en conformité avec la Réglementation de Change en vigueur en République Démocratique du Congo.

Alinéa 4 :

Toutefois, pour rendre aisée la réalisation de leurs opérations d'importation et d'exportation des biens, les sociétés titulaires des droits miniers sont autorisées de souscrire, sur base des prévisions, les déclarations modèle « IB formule globale » et/ou « EB formule globale » auprès des banques agréées de leurs choix, pour autant que :

-les biens importés proviennent d'un même fournisseur et soient de même nature et de même provenance ;

- les biens exportés soient de même nature et destinés à un même acheteur étranger.

Alinéa 5 :

La souscription des déclarations dont question ci-dessus est effectuée sur base :

- des prévisions annuelles des importations pour ce qui est des déclarations modèle « IB formule globale » ;
- des prévisions trimestrielles des exportations pour ce qui est des déclarations modèle « EB formule globale ».

Alinéa 6 :

La validité de la déclaration modèle « IB formule globale » est de 12 (douze) mois, tandis que celle de la déclaration modèle « EB formule globale » est de 3 (trois) mois.

Article 92 : Alinéa 1 :

Le dénouement des opérations d'importation et exportation des services ainsi que celle relative aux transferts des revenus, capitaux et opérations financières, se fait conformément aux dispositions des chapitres 3 et 4 de la présente réglementation de Change.

Alinéa 2 :

Il s'agit de la souscription préalable des déclarations modèle « IS » pour les importations des services, modèle « ES » pour les exportations des services et modèle « RC » pour les transferts des revenus, capitaux et opérations financières.

Article 93 : Alinéa 1 :

Les sociétés titulaires des droits miniers sont autorisées à détenir un compte dénommé « Compte principal » ouvert auprès d'une banque étrangère de réputation internationale et d'autres comptes en devises où elles gèrent ou font gérer des fonds résultant de leurs comptes principaux affectés au service de la dette étrangère ou au titre des provisions et réserves connexes.

Alinéa 2 :

Elles sont également autorisées à détenir un ou plusieurs comptes en monnaies étrangères auprès du système bancaire national.

Alinéa 3 :

Le Compte principal est crédité de recettes d'exportations.

Alinéa 4 :

S'agissant du Compte ou des comptes auprès du système bancaire national :

1. il(s) est ou sont crédité(s) des quotités des recettes rapatriées, des préfinancements, des divers crédits et engagements liés à l'exploitation de l'entreprise ;
2. il(s) est ou sont débité(s) des montants nécessaires aux besoins du fonctionnement local de l'entreprise.

Article 94 :

Les sociétés titulaires des droits miniers ont l'obligation de communiquer à la Banque Centrale du Congo les coordonnées de leurs comptes principaux ainsi que tous autres comptes à l'étranger impliqués dans leurs activités en République Démocratique du Congo.

Article 95 : Alinéa 1 :

Les recettes d'exportation des produits miniers doivent être reçues en compte principal à l'étranger dans les 45 (quarante-cinq) jours à dater de la sortie des biens pour un pays africain et de l'embarquement pour une destination internationale.

Alinéa 2 :

Les sociétés titulaires des droits miniers sont autorisées à garder 60% des recettes d'exportation dans le compte principal ouvert auprès d'une banque étrangère. Quant aux 40% restants, ils doivent être rapatriés et portés au crédit du compte national principal ouvert auprès d'une banque agréée.

Alinéa 3 :

La quotité à rapatrier dans le système bancaire national est exigible dans les 15 (quinze) jours qui suivent l'encaissement des recettes dans le compte principal à l'étranger.

Article 96 :

Alinéa 1 :

Les sociétés titulaires des droits miniers sont tenues de payer à la Banque Centrale du Congo ou à toute personne mandatée par elle une Redevance de Suivi de Change de 2‰ (deux pour mille) sur la totalité (100 %) du montant de l'exportation réalisée.

Alinéa 2 :

Calculée sur la totalité des recettes d'exportation, cette Redevance sera prélevée lors de l'encaissement de la dite recette à l'étranger et payée lors du rapatriement de la quotité exigée dans le système bancaire national.

Alinéa 3 :

Ces sociétés sont tenues également de payer à la Banque Centrale du Congo ou à toute personne mandatée par elle une Redevance de Suivi de Change de 2%0 (deux pour mille) sur :

- tout paiement vers ou en provenance de l'étranger effectué par le canal d'une banque agréée ;
- toute exportation des biens sans rapatriement ;
- toute importation des biens sans achat des devises ;
- tout mouvement de débit ou de crédit effectué sur leurs comptes principaux à l'étranger, à l'exception

de celui effectué au profit des comptes du service de la dette extérieure.

Alinéa 4 :

Au plus tard le quinzième jour du mois, les sociétés titulaires des droits miniers sont tenues de transmettre à la Banque Centrale du Congo une déclaration reprenant les mouvements des fonds effectués le mois précédent dans leurs comptes principaux à l'étranger ainsi que le relevé bancaire y afférents.

Article 97 :

La Banque Centrale du Congo se réserve le droit de vérifier la régularité des opérations inscrites sur le compte principal à l'étranger des sociétés titulaires des droits miniers après avoir préalablement informé par écrit les titulaires des comptes.

Les sociétés titulaires des droits miniers ont l'obligation d'acter cette vérification dans les 30 (trente) jours dès réception de la lettre de la Banque Centrale du Congo.

SECTION 2 : DES DISPOSITIONS SPECIFIQUES APPLICABLES AUX SOCIETES PETROLIERES D'EXPLOITATION- PRODUCTION

Article 98 :

Alinéa 1 :

Les sociétés pétrolières d'exploitation-production sont autorisées à exporter et commercialiser librement la totalité de leur production sur le marché.

Alinéa 2 :

Les recettes d'exportation y relatives doivent être encaissées dans les 60 (soixante) jours à compter de la date d'embarquement desdits produits.

Article 99 :

Alinéa 1 :

Toute opération d'exportation de produits par les sociétés requiert la souscription préalable auprès d'une banque agréée, d'une déclaration d'exportation modèle « EB ».

Alinéa 2 :

e prix unitaire sur base duquel la valeur des déclarations modèle

« EB » devra être établie, doit correspondre à celui repris dans le contrat de vente conclu par les sociétés, les pièces justificatives devront y être jointes, le rapport de l'OCC faisant foi.

Article 100 :

Alinéa 1 :

Toute importation effectuée par les sociétés pétrolières d'exploitation-production requiert la souscription préalable auprès d'une banque agréée, d'une Déclaration d'importation modèle « IB ».

Alinéa 2 :

Toutefois, pour rendre aisée la réalisation de leurs opérations d'importation des biens, les sociétés pétrolières d'exploitation-production sont autorisées de souscrire, sur base des prévisions, les déclarations modèle « IB formule globale » auprès des banques agréées de leurs choix, pour autant que les biens importés proviennent d'un même fournisseur et soient de même nature et de même provenance.

Alinéa 3 :

La souscription des déclarations dont question à l'alinéa 2 ci-dessus est effectuée sur base des prévisions annuelles des importations pour ce qui est des déclarations modèle « IB formule globale ».

Alinéa 4 :

Les déclarations modèle « IB formule globale » sont établies sur base d'une prévision annuelle (12 mois) et sont à émarger au fur et à mesure des importations réalisées.

Article 101 :

Alinéa 1 :

Le dénouement des opérations d'importation et exportation des services ainsi que celle relative aux transferts des revenus, capitaux et opérations financières, se fait conformément aux dispositions des chapitres 3 et 4 de la présente réglementation de Change.

Alinéa 2 :

Il s'agit de la souscription préalable des déclarations modèle « IS » pour les importations des services, modèle « ES » pour les exportations des services et modèle « RC » pour les transferts des revenus, capitaux et opérations financières.

Article 102 :

Alinéa 1 :

Les sociétés pétrolières d'exploitation-production sont tenues de payer à la Banque Centrale du Congo ou à toute personne mandatée par elle, une Redevance de Suivi de Change de 2%0 (deux pour mille) sur tout paiement vers ou en provenance de l'étranger, toute exportation sans rapatriement ainsi que toute importation sans achat de devise.

Alinéa 2 :

Les sociétés pétrolières d'exploitation-production sont tenues de calculer, tous les 15 (quinze) jours, le montant de la Redevance de Suivi de Change et d'en créditer les comptes de la Banque Centrale du Congo en USD et en EUR, ouverts auprès d'une banque agréée indiquée par elle.

Alinéa 3 :

Les ordres de paiements à établir à cet effet doivent indiquer la mention suivante : « la Redevance de Suivi de Change, période du ……… au ……. ».

Article 103 :

Alinéa 1 :

Les sociétés peuvent rapatrier en République Démocratique du Congo les montants pour leurs besoins de trésorerie.

Alinéa 2 :

Tout transfert à effectuer sur un montant détenu en compte RME en République Démocratique du Congo ne pourra être effectué que dans la mesure où les sociétés ne disposent pas suffisamment des avoirs dans leurs comptes à l'étranger.

Article 104 :

La Banque Centrale du Congo se réserve le droit de vérifier la régularité des opérations inscrites sur le compte principal des sociétés, détenu à l'étranger, après avoir préalablement informé par écrit le titulaire.

Les sociétés pétrolières d'exploitation-production ont l'obligation d'acter cette vérification dans les 30 (trente) jours dès réception de la lettre de la Banque Centrale du Congo.

SECTION 3 : DES DISPOSITIONS SPECIFIQUES APPLICABLES AUX SOCIETES PETROLIERES DE DISTRIBUTION

Article 105 :

Alinéa 1 :

Toute opération d'importation de l'essence super, essence ordinaire, essence tourisme, essence d'avion (avgas), du pétrole lampant, du gasoil, du fuel-oil (fomi), du gaz, du pétrole liquéfié (g.p.l.) et du kérosène avion (JETA1) requiert la souscription préalable d'une déclaration modèle « IB ».

Alinéa 2 :

Les banques agréées peuvent payer avant embarquement ou à l'embarquement les importations des produits pétroliers ci-haut identifiés sur base :

- du contrat commercial et/ou de la facture pro-forma assortis d'une telle exigence ;
- d'une lettre d'engagement par laquelle l'importateur 'engage à présenter les documents ci-après : la facture définitive, l'Attestation de Vérification, le document de transport, la preuve de mise en consommation douanière (E) ainsi que tout autre document exigé dans le commerce international, et ce, endéans le délai de :

- 100 (cent) jours pour les paiements avant l'embarquement ;
- 60 (soixante) jours pour les paiements à l'embarquement ;
- 30 (trente) jours pour les paiements à l'arrivée.

Article 106 :

S'agissant des importations en consignation, les banques agréées sont autorisées à payer le carburant sur base de :

- la facture provisoire ou du contrat de vente ;
- lettre d'engagement par laquelle l'importateur s'engage à présenter les documents ci-après : la facture définitive, l'Attestation de Vérification, le document de transport, la preuve de mise en consommation douanière (IM7) ainsi que tout autre document exigé dans le commerce international.

Article 107 :

Les banques intervenantes étant solidairement responsables avec leurs clients importateurs respectifs doivent s'assurer de la bonne fin de l'opération en exigeant selon le cas l'une des preuves de mise en consommation douanière ci-dessous et autres justificatifs.

Il s'agit de :

- déclaration sur entrepôt modèle « IM7» ;
- déclaration pour importation définitive modèle « IM4 » ;
- déclaration pour le transit modèle « IM8 » ;
- déclaration pour importation en exonération modèle « IE »;
- déclaration pour importation conditionnelle modèle « IC ».

Article 108 :

Alinéa 1 :

La banque agréée intervenante garde les documents visés à l'article 107 ci-dessus en vue d'un contrôle ultérieur de la Banque Centrale du

Congo.

Alinéa 2 :

A défaut de présentation desdits documents dans le délai requis et en cas du non-respect des engagements pris, la banque agréée intervenante est tenue de réclamer ces documents à l'importateur et de dénoncer le contrevenant auprès de la Banque Centrale du Congo, dans un délai de 10 (dix) jours calendriers à dater de la réclamation.

CHAPITRE XI : DES DISPOSITIONS TRANSITOIRES ET FINALES

Article 109 :

La présente réglementation ne porte pas préjudice aux dispositions légales et réglementaires en matières fiscales, douanière, d'assurance, d'expédition ou de contrôle tant à l'exportation qu'à l'importation des biens et services.

Article 110 :

Les missions diplomatiques et les organismes internationaux accrédités en République Démocratique du Congo et bénéficiant des immunités et privilèges diplomatiques sont dispensés des obligations portées aux articles 5, 16 alinéa 1, 23, 48 et 58 alinéa 1.

Article 111 :

Sans préjudice des autres dispositions légales ou réglementaires, tout manquement aux dispositions ainsi édictées, constaté à l'occasion d'un contrôle ou à toute autre occasion, entraîne l'application des sanctions prévues par l'Ordonnance-loi n° 67/272 du 23 juin 1967 relative au pouvoir réglementaire de la Banque Centrale en matière de change[11].

Article 112 :

---

[11] La lutte contre le blanchiment des capitaux et le financement du terrorisme en Afrique Centrale entamée il y a plus d'une dizaine d'années se poursuit sans relâche et va en se renforçant. La preuve en est que le Règlement CEMAC y relatif, adopté en 2003, a déjà fait l'objet de deux modifications dont la dernière est celle intervenue en avril 2016 après celle de 2010.

Le nouveau texte, qui comprend pas moins de 166 articles, comporte de nombreuses innovations.

– Il élargit son champ d'action puisqu'il s'étend, au-delà du blanchiment des capitaux et du financement du terrorisme qui constituaient son domaine originaire, à la lutte contre la prolifération des armes nucléaires, chimiques et biologiques.

– Il est également marqué par l'élargissement de la catégorie des personnes tenues de diverses obligations en matière de lutte et de prévention des infractions. On compte désormais plus de 20 catégories de personnes tenues des obligations relatives à la lutte contre le blanchiment, le financement et la prolifération. Parmi celles-ci, il y a des catégories plutôt insolites comme les agents sportifs (couramment connus sous le nom d'agents de joueurs), les sociétés de gardiennage, les agences de voyage, les » quincaillers » et les marchands de matériaux de construction.

– Il pose le caractère imprescriptible des différentes infractions contenues dans le Règlement.

– Il rappelle les différentes obligations en matière de lutte et de prévention des différentes infractions en particulier les obligations de déclaration et de vigilance.

– le Règlement met des obligations spécifiques à la charge de certaines catégories de personnes telles que les sociétés d'assurances ou à l'égard de certaines catégories d'acteurs comme les organismes à but non lucratif.

– le rôle des Agences Nationales d'Investigation Financière (ANIF) dont la création est obligatoire dans les différents Etats a été renforcé.

– Le Règlement prévoit aussi des obligations spécifiques pour ce qui est des opérations immobilières ou des virements électroniques. Il rappelle aussi l'interdiction de paiement en espèce au-delà d'un certain montant qui est désormais fixé à 5 000 000 F CFA en matière commerciale ou à 3 000 000 F CFA pour les transactions immobilières.

– Le Règlement précise enfin les procédures applicables en matière d'enquête ainsi que les différentes sanctions qui peuvent être administratives, disciplinaires ou pénales.

Ce nouveau dispositif sécuritaire devrait permettrait une meilleure prévention et une lutte plus étroite et plus efficace contre les différentes formes de criminalité liées au blanchiment des capitaux, au financement du terrorisme et à la prolifération des armes nucléaires, chimiques et biologiques dans un contexte sous-régional marqué par l'insécurité.

Toute matière relative à la réglementation du change qui n'aurait pas été traitée par les présentes dispositions est à soumettre à l'appréciation de la Banque Centrale du Congo.

Article 113 :

La présente réglementation abroge toutes les dispositions antérieures qui lui sont contraires et entre en vigueur à la date de sa signature.

LOI N° 18-019 DU 9 JUILLET 2018 RELATIVE AUX SYSTÈMES DE PAIEMENT ET DE RÈGLEMENT-TITRES

Exposé des motifs

La République démocratique du Congo a amorcé depuis 2002 un vaste chantier de réforme du secteur financier national, étant entendu qu'un système financier performant contribue efficacement à la croissance économique. L'un des volets de cette réforme est la modernisation des systèmes de paiement.

Le rôle des systèmes de paiement est de faciliter la circulation de la monnaie, notamment sous forme scripturale en encadrant (i) les paiements de différentes transactions entre les particuliers et les fournisseurs des biens et services, (ii) les paiements entre établissements financiers pour rapprocher leurs positions les unes envers les autres au regard des instructions de paiement de leurs clients ou pour comptes propres et (iii) les transferts de fonds entre établissements financiers, en vue d'assurer leur bonne fin et la baisse de coûts de transaction.

Le système de paiement congolais évolue actuellement dans un cadre juridique et institutionnel inadapté au regard des évolutions de l'environnement financier international et des attentes de différentes parties prenantes notamment en termes d'élargissement de l'éventail des instruments et services de paiement, de qualité et de réduction des coûts des services de paiement ainsi que de sécurité des opérations de paiement par voie scripturale ou par voie de monnaie électronique. Les services financiers sont de plus en plus accessibles grâce aux opérateurs téléphoniques et le paiement mobile connaît une explosion spectaculaire.

Cependant, les transactions sur base de nouveaux instruments de paiement, notamment les cartes de paiement et les autres instruments de paiement électronique analogues, ne bénéficient pas d'un encadrement juridique de même niveau que le chèque. Cette situation crée de l'insécurité juridique pour les utilisateurs de ces instruments. Un autre effet négatif de cette situation consiste en l'absence d'interopérabilité des infrastructures de paiement par carte utilisées par les banques commerciales du fait de l'absence d'un cadre juridique adéquat.

Par ailleurs, au regard des instructions de paiement qu'ils reçoivent de leurs clients ou qu'ils initient pour leur propre compte, les établissements financiers et la Banque centrale ont recours au mécanisme de compensation pour qu'en fin de journée, la situation débitrice ou créditrice de chacun d'eux vis-à-vis des autres soit connue.

Cette compensation multilatérale est basée jusqu'à ce jour sur un mécanisme conventionnel. En conséquence, ne pouvant être considérée comme un mode d'extinction parfaite des obligations, la compensation multilatérale des obligations et des créances peut ainsi être anéantie en cas d'ouverture d'une procédure d'insolvabilité ou de mise en œuvre des voies d'exécution.

En outre, la législation congolaise n'organise pas les garanties financières, moyens de couverture appropriés pour les opérations de financement entre établissements financiers. Les sûretés classiques prévues par l' Acte uniforme sur les sûretés de l'Organisation pour l'harmonisation en Afrique du droit des affaires (Ohada) comportent un formalisme rigoureux dans leur constitution et leur réalisation de sorte qu'elles peuvent être source d'instabilité dans la transmission des risques de défaillance.

La présente loi vise à combler ces insuffisances qui entravent le développement harmonieux du secteur financier et introduit des innovations majeures se rapportant, d'une part, au fonctionnement du système de paiement électronique et, d'autre part, aux instruments de paiement, conformément aux dispositions des articles 122 points 8 et 10 et 202 point 14 de la Constitution.

En ce qui concerne le fonctionnement du système de paiement et de règlement-titres, elle affirme les principes ci-après:

- les pouvoirs de surveillance et de réglementation du système de paiement reconnus à la Banque centrale;

- l'irrévocabilité et la finalité des paiements et des livraisons des titres financiers entre participants à partir d'un moment défini conventionnellement par les règles organisant lesdits systèmes;

- l'institution d'un régime particulier des garanties financières dont la constitution et l'opposabilité aux tiers n'impliquent pas une inscription au Registre de commerce et de crédit mobilier ainsi que la possibilité de réalisation sans mise en demeure ni intervention du juge;

- l'insaisissabilité des comptes de règlement ouverts auprès de l'agent de règlement ainsi que des titres financiers et des garanties financières détenus par un dépositaire central de titres;

- la reconnaissance de la circulation internationale des titres par la conclusion des accords d'interopérabilité entre les systèmes de livraison-titres domestiques et des systèmes étrangers.

S'agissant de l'utilisation des instruments de paiement, elle les réglemente, dans un seul texte, tout en apportant les innovations majeures ci-après:

- l'obligation d'interopérabilité des infrastructures de paiement par carte et la normalisation des instruments de paiement dans le cadre d'un comité permanent composé principalement des établissements émetteurs d'instruments de paiement;

- la centralisation des informations sur les incidents de paiement auprès de la Banque centrale;

- la prévention des incidents de paiement par l'obligation faite aux émetteurs de consulter le registre centralisateur sous peine de sanctions pénales;

- la dépénalisation partielle de l'émission du chèque sans provision par l'instauration d'une possibilité de régularisation de l'incident de paiement avec comme conséquence un changement substantiel dans le régime de répression institué par l' ordonnance-loi 68-195 du 3 mai 1968 relative aux chèques non provisionnés et autres effets tirés sans droit de sorte que seul le défaut de satisfaire à cette injonction entraîne, après établissement d'un certificat de non- paiement, l'ouverture d'une poursuite pénale.

C'est pourquoi, dans la mesure où la constitution des sûretés financières fait largement appel aux titres financiers incorporant un droit de créance sur l'émetteur, il a fallu organiser la conservation de ces titres et le régime de leur circulation dans le cadre du système de paiement. Ainsi, pour rester en phase avec les dispositions de l'Acte uniforme relatif au droit des sociétés commerciales et des regroupements d'intérêt économique , le principe de la dématérialisation des titres financiers a été privilégié.

Cette dématérialisation consacre l'existence des titres financiers uniquement sous forme d'écritures comptables dans les livres d'un établissement financier. Pour garantir la préservation des droits des titulaires de ces titres dématérialisés, un dispositif de dépôt et de conservation centralisés a été institué.

La présente loi compte 139 articles regroupés en huit titres suivants: Titre Ier: Des dispositions générales;

Titre II: Des règles relatives aux systèmes de paiement et de règlement-titres; Titre III: Des règles relatives aux instruments de paiement;

Titre IV: De la prévention et de la centralisation des incidents de paiement; Titre V: De la preuve des opérations et de la conservation des documents;

Titre VI: De la surveillance des systèmes, des émetteurs et des instruments de paiement; Titre VII: Des mesures coercitives;

Titre 8: Des dispositions transitoires et finales. Telle est l'économie de la présente loi.

Loi. L'Assemblée nationale et le Sénat ont adopté;

Le président de la République promulgue la loi dont la teneur suit:

Titre Ier

DES DISPOSITIONS GÉNÉRALES

Chapitre Ier

De l'objet et du champ d'application

Art. 1er. La présente loi fixe les règles relatives aux systèmes de paiement et de règlement-titres en République démocratique du Congo.

Art. 2. La présente loi s'applique notamment aux:

1. participants aux systèmes de paiement et de règlement-titres, à leurs gestionnaires et aux personnes auxquelles ils délèguent une partie de leurs activités;
2. émetteurs des titres financiers acceptés comme garantie financière et aux personnes chargées de la conservation de ces titres;
3. émetteurs, accepteurs et utilisateurs des instruments de paiement;
4. opérations passées dans les systèmes de paiement et de règlement-titres.

Sous réserve des articles 52, 80, 81, 82, 84, 88, 89, 90 et 128 ci-dessous, la présente loi ne s'applique pas au chèque, à la lettre de change, au billet à ordre et au warrant qui sont régis par des lois particulières.

Chapitre II Des définitions

Art. 3. Au sens de la présente loi, on entend par:

1. agent de règlement: institution qui met à la disposition des participants aux systèmes de paiement ou de règlement-titres, des comptes de règlement par lesquels les ordres de transfert dans ces systèmes sont liquidés et qui, le cas échéant, octroie des crédits à ces participants à des fins de règlement;

2. appel de marge: instruments financiers, créances ou fonds portés en compte fournis en garantie ou transférés dans le cadre d'un contrat de garantie financière en vue de tenir compte de variations de la valeur des instruments financiers, créances ou fonds portés en compte ou de variations du montant des créances garanties;

3. avis de prélèvement: ordre de paiement par le bénéficiaire en vue du débit de compte de payeur, sur base d'une autorisation donnée par le payeur à son teneur de compte;

4. Banque centrale: Banque centrale du Congo;

5. bénéficiaire: une personne physique ou morale qui est le destinataire prévu des fonds ayant fait l'objet d'une opération de paiement;

6. carte de paiement: tout instrument de transfert électronique de fonds, émis par les émetteurs d'instruments de paiement agréés dont les fonctions sont supportées par une carte de paiement ou intelligente, permettant à son titulaire de retirer ou de transférer des fonds;

7. certificat électronique: document sous forme électronique attestant du lien entre les données de vérification de signature électronique et un signataire;

8. compensation multilatérale: conversion des créances et des obligations résultant des ordres de transfert qu'un ou plusieurs participants émettent en faveur d'un ou plusieurs autres participants ou reçoivent de ceux-ci en une créance ou en une obligation nette unique, de sorte que seule une créance nette peut être exigée ou une obligation nette peut être due;

9. compte de règlement: compte ouvert auprès d'un agent de règlement ou d'une contrepartie centrale utilisé pour le dépôt de fonds et de titres ainsi que pour le règlement de transactions entre participants d'un système;

10. contrat-cadre: contrat relatif à l'utilisation des instruments de paiement, d'un compte de paiement ainsi que des services y associés qui régit l'exécution future d'opérations de paiement individuelles et successives et qui peut énoncer les obligations et les conditions liées à l'ouverture d'un compte de paiement;

11. contrepartie centrale: agent qui se porte acquéreur face à tout vendeur et cédant face à tout acheteur, pour une catégorie

de contrats déterminée sur les marchés monétaires ou sur les marchés d'autres instruments financiers;

12. dépositaire central de titres financiers: personne morale qui exploite un système de règlement-titres, effectue l'inscription initiale des titres en compte et tient les comptes-titres de manière centralisée;

13. dispositif de vérification de signature électronique: éléments, tels que les clés cryptographiques publiques, utilisés pour vérifier la signature électronique;

14. dispositif sécurisé de création de signature électronique: dispositif qui satisfait aux exigences de sécurité;

15. émetteur d'instrument de paiement: toute entité agréée ou autorisée qui fournit aux utilisateurs des instruments de paiement afin d'effectuer des paiements et d'autres services associés;

16. garantie financière: fonds portés en compte, instruments financiers et créances fournis dans le cadre d'un nantissement, d'un gage, d'une pension livrée, d'un transfert fiduciaire, d'une cession à titre de garantie ou d'un accord analogue, ou d'une autre manière, dans le but de garantir les droits et obligations susceptibles de se présenter dans le cadre d'un système;

17. incident de paiement: toute émission d'instruments de paiement sans provision ou avec provision insuffisante, toute falsification ou fraude sur les instruments de paiement, toute utilisation d'instruments de paiement perdus ou volés, ou tout autre fait irrégulier sur les instruments de paiement non régularisé en vertu de la présente loi;

18. infrastructure critique: installation, système ou partie de celui- ci, d'intérêt national, qui est indispensable au maintien des fonctions vitales de la société, de la santé, de la sûreté, de la sécurité et du bien-être économique ou social des citoyens, et dont l'interruption du fonctionnement ou la destruction aurait une incidence significative du fait de la défaillance de ces fonctions;

19. instrument de paiement: tout moyen, quel que soit le support utilisé, permettant à toute personne de transférer des fonds. Il s'agit notamment de: chèque, lettre de change, billet

à ordre, ordre de virement, avis de prélèvement et carte de paiement;

20. instrument de paiement électronique: tout dispositif qui permet d'effectuer des paiements par voie électronique ou numérique;

21. instruments financiers: actions et autres titres assimilables à des actions, obligations et autres titres de créance négociables sur le marché monétaire et des capitaux;

22. loi bancaire: loi relative à l'activité et au contrôle des établissements de crédit;

23. monnaie électronique: valeur monétaire qui est:

- chargée sous une forme électronique et représentant une créance sur l'émetteur;

- émise contre la remise de fonds aux fins d'opérations de paiement;

- acceptée par une personne physique ou morale autre que l'émetteur de monnaie électronique;

24. ordre de paiement: instruction inconditionnelle, sous forme de message de données, donnée par un expéditeur à une banque réceptrice de mettre à la disposition d'un bénéficiaire une somme d'argent déterminée ou déterminable;

25. opérateur du système: institution responsable du fonctionnement ou de l'administration d'un système;

26. opération de paiement: action initiée par le payeur ou le bénéficiaire, consistant à verser, transférer ou retirer des fonds ou d'autres instruments financiers, indépendamment de toute obligation sous-jacente entre le payeur et le bénéficiaire;

27. ordre de transfert:

- instruction donnée par un participant de mettre des fonds à la disposition d'un destinataire par le biais d'une inscription en compte dans les livres d'une banque centrale, d'un établissement de crédit ou d'un agent de règlement, ou toute instruction qui entraine la prise en charge ou l'exécution d'une obligation de paiement telle que définie par les règles de fonctionnement du système;

- instruction donnée par un participant de transférer la propriété d'un ou de plusieurs instruments financiers par le biais d'une inscription en compte;

28. participant: institution qui est partie à un accord établissant un système de paiement ou de règlement-titres, incluant son opérateur, et chargée d'exécuter les obligations financières résultant d'ordres de transfert émis au sein de ce système;

29. porte-monnaie électronique: carte de paiement prépayée, sur laquelle une certaine somme d'argent a été chargée, permettant d'effectuer des paiements électroniques des montants limités;

30. prélèvement: paiement effectué par le débit du compte de paiement d'un payeur, lorsque l'opération de paiement est initiée par le bénéficiaire sur la base de l'accord du payeur;

31. procédure d'insolvabilité: toute mesure collective prévue par la législation congolaise ou par la législation d'un autre pays aux fins soit de liquider une entité, soit de la réorganiser, lorsqu'une telle mesure implique la suspension ou une limitation des transferts ou des paiements. En République démocratique du Congo, la procédure d'insolvabilité inclut, notamment le règlement préventif, le redressement judiciaire et la liquidation des biens;

32. pension livrée: contrat de garantie financière en vertu duquel un participant à un système cède en pleine propriété, par une vente, à un autre participant, moyennant un prix convenu, des valeurs, titres ou effets et par laquelle le cédant et le cessionnaire s'engagent respectivement et irrévocablement, le premier à reprendre les valeurs, titres ou effets, le second à les rétrocéder pour un prix et à une date convenus;

33. signature électronique: donnée qui résulte de l'usage d'un procédé répondant aux conditions définies par la présente loi;

34. signature électronique sécurisée: signature électronique qui satisfait aux exigences suivantes:

- être propre au signataire;

- être créée par des moyens que le signataire peut garder sous son contrôle exclusif;

- garantir avec l'acte auquel elle s'attache un lien tel que toute modification ultérieure de l'acte soit détectable.

35. système de paiement: système permettant de transférer des fonds, régi par des procédures formelles standardisées et des règles communes pour le traitement, la compensation ou le règlement d'opérations de paiement;

36. système de règlement-titres: système permettant de transférer des instruments financiers, régi par des procédures formelles standardisées et des règles communes pour le règlement-livraison des transactions sur les instruments financiers;

37. teneur de compte: établissement de crédit tel que défini par la loi relative à l'activité et au fonctionnement des établissements de crédit;

38. titre financier: titre éligible aux opérations du marché monétaire ou financier;

39. titulaire de compte: personne morale ou physique ayant ouvert un compte auprès d'un établissement de crédit;

40. virement: opération par laquelle un teneur de compte, sur ordre de son client, transfère des fonds au profit d'un tiers bénéficiaire désigné, par le crédit de son compte et le débit du compte du donneur d'ordre.

Titre II

DES RÈGLES RELATIVES AUX SYSTÈMES DE PAIEMENT, AUX DÉPOSITAIRES CENTRAUX ET AUX SYSTÈMES DE RÈGLEMENT-TITRES

Chapitre Ier

De la participation et des règles de fonctionnement des systèmes de paiement

Art. 4. Sont participants à un système de paiement:

1. la Banque centrale;
2. le Trésor public;
3. les établissements de crédit;
4. les contreparties centrales;
5. l'agent de règlement du système;
6. les opérateurs de systèmes;

7. les services financiers de la poste;

8. les autres émetteurs d'instruments de paiement.

La Banque centrale assure la promotion, la sécurité, l'efficience et la solidité des systèmes de paiement.

Art. 5. Les systèmes de paiement sont organisés de manière à assurer le règlement ordonné des ordres de transfert. Leurs règles de fonctionnement sont adéquates au regard de la nature, du volume des activités et du nombre de participants envisagés.

Ces règles fixent notamment:

1. les conditions d'admission, de suspension et d'exclusion des participants au système;

2. les droits et obligations des participants découlant de leur participation au système;

3. le moment où un ordre de transfert est introduit dans le système;

4. le moment à partir duquel un ordre de transfert ne peut plus être révoqué par un participant à ce système ou par un tiers;

5. le mode de règlement des ordres de transfert;

6. les procédures de règlement applicables en situation ordinaire et de crise;

7. les procédures de gestion des risques;

8. la juridiction compétente en cas de litige;

9. les modalités de débit des comptes de règlement des participants en les livres de l'agent de règlement.

En vue de la préservation de la stabilité des systèmes de paiement, les règles de fonctionnement des systèmes définissent des modes de participation distincts en considération du statut juridique des participants.

Les modes de participation sont notamment la participation directe et la participation indirecte.

Art. 6. La Banque centrale opère un ou plusieurs systèmes de paiement.

Les règles de fonctionnement des systèmes de paiement opérés par la Banque centrale sont élaborées sous sa responsabilité. Les règles de fonctionnement des systèmes de paiement opérés par un tiers sont soumises à la Banque centrale pour approbation préalable.

Chapitre II

De la protection des systèmes

Art. 7. Les paiements et les règlements au sein d'un système ont un caractère définitif.

La procédure d'insolvabilité ouverte à l'égard d'un participant n'a pas d'effet rétroactif sur les droits et obligations découlant de sa participation à un système, ou en relation avec ladite participation, avant le moment de l'ouverture de cette procédure d'insolvabilité.

Le moment d'ouverture de la procédure d'insolvabilité à l'égard d'un participant à un système est le moment à partir duquel l'opérateur de ce système est notifié de l'ouverture de ladite procédure conformément à l'article 11 de la présente loi.

Les opérations ci-après restent valables, exécutoires, opposables au liquidateur et/ou aux tiers et ne peuvent en aucun cas être contestées:

1. les ordres de transfert, les paiements et règlements résultant de tels ordres de transfert qui ont été introduits dans le système conformément aux règles dudit système avant le moment de l'ouverture de la procédure d'insolvabilité même si le paiement ou le règlement a eu lieu après le moment de l'ouverture de la procédure d'insolvabilité;

2. la compensation des ordres de transfert, et des dettes et obligations résultant de ces ordres de transfert lorsqu'ils ont été introduits dans le système conformément aux règles dudit système, avant le moment de l'ouverture de la procédure d'insolvabilité même si la compensation a eu lieu après le moment de l'ouverture de la procédure d'insolvabilité.

Art. 8. Un ordre de transfert introduit dans un système ne peut être révoqué par un participant ni par un tiers, y compris le liquidateur, à partir du moment défini par les règles de ce système, sans préjudice de tout moyen pouvant exister ou être utilisé pour le recouvrement du montant équivalent au transfert en cas de fraude, d'erreur ou de tout autre facteur similaire.

Art. 9. Les obligations de paiement que les participants contractent les uns envers les autres s'éteignent par compensation multilatérale et les règles de fonctionnement du système prévoient l'établissement d'un solde unique pour chaque participant à charge d'au moins un des participants.

Art. 10. Nonobstant l'ouverture d'une procédure d'insolvabilité contre un participant dans un système, l'opérateur de ce système ou l'agent de règlement utilise les liquidités et les titres financiers disponibles sur le compte de règlement du participant en

défaut de s'acquitter ses obligations en débitant d'office son compte pour régler les ordres de transfert en cours et/ou en les compensant avec tout solde débiteur du participant résultant de la compensation afin de permettre le règlement final du système.

Dans le même but, s'il échet, l'opérateur ou l'agent de règlement est également autorisé à utiliser les lignes de crédit accordées au participant et à réaliser toute garantie financière offerte dans le but de garantir l'ouverture de crédit.

Art. 11. Lorsqu'une procédure d'insolvabilité est ouverte par le tribunal à l'encontre d'un opérateur ou d'un participant, le greffe en notifie la Banque centrale sans délai.

Une fois notifiée de l'ouverture d'une procédure d'insolvabilité, la Banque centrale en notifie, sans délai, les systèmes domestiques et leurs opérateurs ainsi que les systèmes étrangers et leurs opérateurs, si des accords de coopération le prévoient.

Les mêmes principes sont applicables mutatis mutandis si une décision de suspendre, de limiter ou de mettre fin aux paiements du participant ou de l'opérateur a été prise par l'administrateur provisoire ou le commissaire au redressement conformément à la loi bancaire.

La Banque centrale communique dès que possible aux systèmes et opérateurs domestiques toute information reçue des autorités compétentes étrangères, dans le cadre d'accords de coopération avec elles, relativement à l'ouverture d'une procédure d'insolvabilité initiée à l'égard d'un système, opérateur ou participant étranger.

Art. 12. Le compte de règlement de même que tout transfert de fonds à porter à un tel compte de règlement ne peuvent faire l'objet d'une mesure d'exécution forcée, de séquestre, de saisie ou de blocage par un participant ou un tiers autre que l'opérateur ou l'agent de règlement du système.

Art. 13. En cas de procédure d'insolvabilité ouverte contre un participant à un système domestique, les droits et obligations inhérents à sa participation sont régis et déterminés par la présente loi.

En cas de procédure d'insolvabilité ouverte contre un participant à un système étranger, les droits et obligations inhérents ou liés à sa participation à ce système sont régis et déterminés par la loi ou les conventions régissant ce système étranger.

Chapitre III

Des dépositaires centraux de titres et des systèmes de règlement-titres

Section 1re

Des fonctions des dépositaires centraux de titres et de la participation aux systèmes de règlement- titres

Art. 14. Les titres financiers admis à la négociation d'un marché monétaire ou des capitaux, négociés sur des systèmes de négociation multilatérale ou éligibles au titre des garanties financières prévues par la présente loi sont inscrits en compte sous forme dématérialisée auprès d'un dépositaire central de titres.

Art. 15. Le dépositaire central de titres:

1. réalise tout acte de conservation adapté à la nature et à la forme des titres financiers qui lui sont confiés;

2. ouvre et administre les comptes-titres ouverts au nom des participants;

3. assure l'administration des systèmes de règlement-livraison;

4. opère tout transfert entre les comptes-titres sur instruction de participants directement et, concomitamment aux livraisons des titres financiers, ordonnance, le cas échéant, les règlements en espèces correspondants;

5. détient les titres financiers donnés en garantie par les participants;

6. fournit des services aux émetteurs des titres financiers;

7. effectue toute autre prestation requise selon les instructions de la Banque centrale ou de toute autre autorité de marché compétente.

À ce titre, il exerce notamment les missions de:

1. mettre en œuvre toute procédure en vue de faciliter aux participants l'exercice des droits attachés aux titres financiers sous sa garde et l'encaissement des produits qu'ils génèrent;

2. effectuer des contrôles sur la tenue de la comptabilité titres des participants et vérifier en particulier les équilibres comptables dans le cadre du régime général de l'inscription en compte;

3. assurer en outre toute activité connexe permettant de faciliter la réalisation de ses missions et notamment la codification des titres inscrits en compte.

Art. 16. La Banque centrale peut exercer les fonctions de dépositaire central de titres.

Elle peut, en tant que dépositaire central de titres, opérer un système de règlement-titres.

Art. 17. Peuvent être participants à un système de règlement- titres notamment:

1. la Banque centrale;
2. le Trésor public;
3. les dépositaires centraux des titres;
4. les établissements de crédit;
5. les opérateurs de systèmes;
6. les agents de règlement;
7. les émetteurs des titres financiers autorisés.

Art. 18. Les participants doivent constituer, auprès du dépositaire central de titres, les garanties financières nécessaires à l'exécution de leurs obligations présentes et futures qu'ils contractent dans le cadre du système de règlement-titres.

Pour chaque système de règlement-livraison des titres qu'il exploite, le dépositaire central de titres établit un système de suivi des défauts de règlement des transactions sur les titres financiers. Il transmet régulièrement à la Banque centrale et, le cas échéant, à l'autorité de marché compétente, les rapports concernant ces défauts de transaction.

Section 2

De la détention et de la circulation des titres financiers

Art. 19. Les titres financiers visés ci-après sont émis sous forme dématérialisée:

1. les titres financiers représentatifs d'un emprunt émis par la République démocratique du Congo;

2. les titres financiers émis par la Banque centrale;

3. les autres titres financiers émis sur le marché monétaire ou des capitaux, ou négociés sur des systèmes de négociation multilatérale établis en République démocratique du Congo.

Le dépositaire central de titres ou l'opérateur d'un système de règlement-titres peut conclure des accords d'interopérabilité avec d'autres dépositaires centraux ou d'autres systèmes de règlement-domestiques ou étrangers avec l'assistance du comité technique de normalisation visé à l'article 53 alinéa 2 de la présente loi. Ces accords d'interopérabilité doivent être approuvés par la Banque centrale avant leur mise en application.

Art. 20. Les titres financiers dématérialisés existent uniquement sous la forme d'une inscription en compte. Ils sont fongibles par nature.

Le crédit à un compte-titres tenu auprès du dépositaire central de titres ou de ses participants de titres financiers dématérialisés d'une catégorie et d'une émission de données confère un droit de propriété sur un nombre égal de titres financiers dématérialisés de même catégorie et émission.

La propriété des titres dématérialisés est constatée par le crédit d'un compte-titres, qui sera établi au moyen des relevés de compte remis par le dépositaire central de titres ou un participant.

Les titres financiers dématérialisés sont transférés par voie de débits et crédits entre comptes-titres.

Art. 21. Les participants qui détiennent pour leur compte propre des titres financiers dématérialisés auprès du dépositaire central de titres ne font valoir leurs droits qu'à l'égard du dépositaire central de titres.

Cependant, il leur revient de:

1. exercer un droit de revendication conformément aux dispositions du présent article;

2. exercer directement leurs droits d'associés ou leurs droits de créance auprès de l'émetteur;

3. faire valoir leur droit directement contre l'émetteur en cas de procédure d'insolvabilité ouverte à son encontre.

En cas de procédure d'insolvabilité ouverte à l'encontre du dépositaire central de titres, la revendication du nombre de titres financiers dématérialisés dont le dépositaire central de titres est redevable, s'exerce collectivement à l'intervention du syndic sur l'universalité des titres financiers dématérialisés de la même catégorie que le dépositaire central de titres conserve, fait conserver ou a inscrits en son nom, sous quelque forme que ce soit.

Si, dans le cas visé à l'alinéa précédent, cette universalité est insuffisante pour assurer la restitution intégrale des titres financiers dématérialisés, elle sera répartie entre les participants en proportion de leurs droits.

Si le dépositaire central de titres est lui-même propriétaire d'un nombre de titres financiers dématérialisés de la même catégorie, il ne lui est attribué, lors de l'application de l'alinéa précédent, que le nombre de titres financiers dématérialisés qui subsiste après que le nombre total de titres financiers dématérialisés de la même catégorie détenus par lui pour compte de tiers aura pu être restitué.

Art. 22. Les propriétaires de titres financiers dématérialisés ne font valoir leurs droits qu'à l'égard du participant auprès duquel ces titres financiers sont inscrits en compte. Par exception, il leur revient de:

1. exercer un droit de revendication conformément aux alinéas 2, 3 et 4 du présent article;

2. exercer directement leurs droits d'associés ou leurs droits de créance auprès de l'émetteur;

3. faire valoir leur droit directement contre l'émetteur en cas de procédure d'insolvabilité ouverte à son encontre.

En cas de procédure d'insolvabilité ouverte à l'encontre d'un participant, la revendication du nombre de titres financiers dématérialisés dont le participant est redevable s'exerce collectivement par le syndic sur l'universalité des titres financiers dématérialisés de la même catégorie, inscrits au nom du participant auprès du dépositaire central de titres.

Si, dans le cas visé à l'alinéa précédent, cette universalité est insuffisante pour assurer la restitution intégrale des titres financiers dématérialisés dus, elle sera répartie entre les propriétaires en proportion de leurs droits.

Si le participant est lui-même propriétaire d'un nombre de titres financiers dématérialisés de la même catégorie, il ne lui est attribué, lors de l'application de l'alinéa précédent, que le nombre de titres qui subsiste après que le nombre total de titres de la même catégorie détenus par lui pour compte de tiers aura pu être restitué.

Art. 23. Le dépositaire central de titres et les participants doivent tenir tous les comptes nécessaires pour permettre de distinguer à tout moment les titres financiers dématérialisés détenus pour le compte de chaque participant ou de chaque propriétaire de leurs propres titres financiers dématérialisés.

Les participants doivent séparer, dans les livres du dépositaire central de titres, les titres financiers dématérialisés qu'ils détiennent pour leur propre compte de ceux qu'ils détiennent pour compte de leurs clients.

Les titres financiers dématérialisés peuvent être tenus auprès du dépositaire central de titres dans des comptes globaux ou individualisés.

Le dépositaire central de titres et les participants doivent sauvegarder les droits de propriété de leurs clients respectifs concernant les titres financiers dématérialisés. Ils ne peuvent, en aucun cas, s'approprier ou autrement utiliser ces titres financiers dématérialisés pour leur propre compte ou au bénéfice de tiers.

Art. 24. Aucune saisie, même à titre conservatoire, n'est admise sur les comptes ouverts auprès d'un dépositaire central. Aucune mesure d'exécution forcée ou conservatoire menée à l'encontre d'un participant n'est admise sur les titres financiers inscrits sur un compte ouvert en son nom dans les livres du dépositaire central de titres.

Art. 25. Le paiement des dividendes, des intérêts et des capitaux échus des titres financiers dématérialisés au dépositaire central de titres ou à son agent de règlement est libératoire pour l'émetteur à l'égard des propriétaires de titres financiers dématérialisés. Les sommes ainsi payées sont insaisissables par les créanciers du dépositaire central de titres.

Le dépositaire central de titres ou l'agent de règlement rétrocède ces dividendes, intérêts et capitaux aux participants en fonction du nombre de titres financiers dématérialisés inscrits à leur nom à l'échéance. Ces paiements sont libératoires pour le dépositaire central de titres.

Art. 26. Un participant doit détenir auprès du dépositaire central de titres un nombre total de titres financiers dématérialisés égal au nombre des titres financiers dématérialisés qu'il tient pour son compte propre et pour compte de tiers. En cas de perte de titres financiers dématérialisés, le titulaire a droit à une action en restitution contre le participant teneur du compte-titres ou le dépositaire central des titres.

Art. 27. Les découverts ou soldes débiteurs de compte-titres ne sont pas autorisés au sein d'un système de règlement-titres, sauf autorisation de la Banque centrale ou, le cas échéant, de l'autorité de marché compétente.

Section 3

Des garanties financières

Art. 28. Les garanties financières sont constituées au moyen de fonds portés en compte, de créances et de titres financiers.

Le transfert de propriété à titre de garantie se réalise sous forme de pension livrée, de transfert fiduciaire ou de cession de créance à titre de garantie. Dans les autres cas, les garanties sont constituées sous forme de gage ou de nantissement dans les conditions définies par la présente loi.

Les règles de fonctionnement des systèmes de compensation et de règlement peuvent prévoir la constitution d'un fonds de garantie pour la bonne fin des opérations.

Art. 29. Sous réserve des dispositions de la présente loi, les conventions de pension livrée produisent leurs effets entre parties conformément à leurs termes et sont opposables aux tiers dès leur conclusion.

Les appels de marge sont considérés comme relevant des modalités de prix afférentes à la pension livrée.

Relève des modalités de livraison, la substitution en cours de contrats de nouveaux titres financiers aux titres financiers livrés initialement en exécution de la pension livrée.

Art. 30. En cas de non-paiement à échéance du prix de rachat à terme et si le cessionnaire choisit de réaliser les titres financiers, cette réalisation doit s'effectuer au prix le plus avantageux et dans les meilleurs délais possibles, compte tenu du volume des transactions.

Conformément à l'article 152 du Code civil congolais Livre III, sur la créance du cessionnaire, le produit de la réalisation de ces titres financiers est imputé. Le solde éventuel du produit de cette réalisation revient au cédant.

L'exercice des droits conférés au cessionnaire n'est suspendu ni par l'ouverture d'une procédure d'insolvabilité ni par une saisie dans le chef du cédant.

Art. 31. En cas de défaut de rétrocession à échéance des titres financiers et si le cédant choisit d'acquérir sur le marché des titres financiers équivalents, il doit les acquérir au prix le plus avantageux et dans les meilleurs délais possibles, compte tenu du volume des transactions.

Si l'acquisition de tels titres financiers, dans les conditions visées à l'alinéa 1er, s'effectue à un prix inférieur au prix convenu pour le rachat à terme, le surplus éventuel revient au cessionnaire, après déduction des frais et intérêts dus, s'il échet, au cédant.

L'exercice des droits conférés au cédant n'est suspendu ni par l'ouverture d'une procédure d'insolvabilité ni par une saisie dans le chef du cessionnaire.

La pension livrée porte sur des titres financiers qui ne sont pas susceptibles de faire l'objet, pendant toute la durée de l'opération du détachement d'un droit à dividende ou paiement d'un intérêt.

La rémunération du cessionnaire, quelle qu'en soit la forme, constitue un revenu de créance. Elle est traitée sur le plan comptable comme des intérêts. Lorsque la durée de la pension couvre la date de paiement des revenus attachés aux titres financiers donnés en pension, le cessionnaire les reverse au cédant qui les comptabilise parmi les produits de même nature.

La pension livrée entraîne, chez le cédant, d'une part, le maintien à l'actif de son bilan des titres financiers mis en pension et, d'autre part, l'inscription au passif du bilan du montant de sa dette vis-à-vis du cessionnaire; ces titres et cette dette sont individualisés à une rubrique spécifique dans la comptabilité du cédant.

En outre, le montant des titres financiers mis en pension, ventilé selon la nature des actifs concernés, doit figurer dans les documents annexés aux comptes annuels.

Les titres financiers reçus en pension ne sont pas inscrits au bilan du cessionnaire. Celui-ci enregistre à l'actif de son bilan le montant de sa créance sur le cédant.

Lorsque le cessionnaire cède des titres financiers qu'il a lui-même reçus en pension, il constate au passif de son bilan le montant de cette cession représentatif de sa dette de titres financiers qui, à la clôture de l'exercice, est évaluée au prix du marché de ces actifs.

Les écarts de valeur constatés sont retenus pour la détermination du résultat imposable de cet exercice. Lorsque le cessionnaire donne en pension des titres financiers qu'il a lui-même reçus en pension, il inscrit au passif de son bilan le montant de sa dette à l'égard du nouveau cessionnaire. Les montants représentatifs des créances et dettes mentionnées au présent article sont individualisés dans la comptabilité du cessionnaire.

Art. 32. La cession de créance à titre de garantie ainsi que le nantissement de créance sont valablement conclus entre participants et opposables aux tiers de par la conclusion du contrat de cession ou de nantissement entre les parties.

La cession de créance à titre de garantie ainsi que le nantissement de créance sont opposables au débiteur de la créance cédée ainsi qu'au débiteur de la créance nantie à partir du moment où la cession ou le nantissement lui a été notifié ou est reconnu par lui.

Art. 33. Le nantissement de titres financiers est valablement conclu entre participants et opposable aux tiers de par la conclusion du contrat de nantissement.

Il se matérialise par l'inscription dans un compte de titres tenu par le dépositaire central de titres.

Art. 34. La constitution des garanties financières s'effectue sans formalité d'inscription sur un registre.

En cas de défaut d'exécution tel que défini dans le contrat de garantie financière, tout terme auquel est assortie la créance garantie est échu de plein droit. Le bénéficiaire de la garantie ou l'agent de règlement est autorisé à réaliser ou à s'approprier, sans mise en demeure ni décision judiciaire préalable, l'assiette de sa garantie, dans les meilleurs délais possibles, nonobstant l'ouverture d'une procédure d'insolvabilité dans le chef du participant ou l'exercice d'une saisie.

Le bénéficiaire de la garantie financière est préféré sur tout autre créancier sur le produit de réalisation de la garantie financière.

Les contrats de garanties financières peuvent contenir une clause d'appel de marge pour prendre en compte les changements de la valeur de l'assiette de la garantie financière ou du montant des créances garanties.

Ils peuvent également stipuler le droit de substituer à l'assiette de la garantie financière initiale une autre garantie financière de même valeur.

Les appels de marge ainsi que l'assiette de la garantie financière substituée en cours de contrat aux avoirs constituant initialement la garantie financière suivent le même régime que la garantie financière initiale.

Art. 35. Sauf dispositions contraires des parties, le bénéficiaire d'une garantie financière a le droit de céder les actifs constitutifs de la garantie à un tiers à titre de propriété ou de garantie financière, à charge pour lui de substituer, au plus tard à la date d'exigibilité de la dette garantie, des titres financiers équivalents à ceux originellement donnés en garantie.

Art. 36. La fourniture d'une garantie financière ne peut être déclarée non valable ou nulle ou être révoquée en raison de l'ouverture d'une procédure d'insolvabilité, pour autant qu'elle ait été faite au plus tard le jour de l'ouverture de la procédure d'insolvabilité et à un moment où le bénéficiaire de la garantie était légitimement dans l'ignorance de l'ouverture de cette procédure d'insolvabilité.

Titre III

DES RÈGLES RELATIVES AUX INSTRUMENTS DE PAIEMENT

Chapitre Ier

Des dispositions générales

Section 1re

De l'utilisation des instruments de paiement

Art. 37. Les établissements de crédit et les autres émetteurs d'instrument de paiement doivent, préalablement à la délivrance de tout instrument de paiement, s'assurer que le demandeur ne fait pas l'objet d'une décision d'interdiction d'utiliser des instruments de paiement ou de se les faire délivrer.

Dans ces cas, ils peuvent, dans la limite prévue à l'article 84 de la présente loi, par décision dûment motivée, refuser de délivrer l'instrument de paiement demandé ou enjoindre au demandeur la restitution d'un instrument qu'ils ont déjà mis à sa disposition.

Ils sont tenus de déclarer, dans un délai de six jours, le retrait de l'instrument de paiement à la Centrale des incidents de paiement visée à l'article 75 de la présente loi.

Art. 38. Les établissements de crédit et les autres émetteurs d'instrument de paiement ont l'obligation de fournir aux utilisateurs, sur support papier ou sur tout autre support, les informations relatives au contrat à conclure et aux opérations de paiement à effectuer telles que prévues ci-dessous.

Ils doivent faire signer un contrat à la personne à qui ils délivrent l'instrument de paiement et/ou aux fournisseurs de biens et services qui désirent l'accepter. Ce contrat fixe les droits, les obligations et les responsabilités de l'émetteur et de l'utilisateur de l'instrument de paiement conformément au contrat-cadre sur l'émission des instruments de paiement approuvé par la Banque centrale.

Ce contrat-cadre fixe notamment:

1. les conditions légales et contractuelles régissant l'émission et l'utilisation de l'instrument de paiement ainsi que les sanctions en cas d'utilisation abusive;

2. une description exhaustive de l'instrument de paiement;

3. une description exhaustive des utilisations possibles de l'instrument de paiement à l'intérieur du pays et à l'étranger;

4. le plafond appliqué aux opérations qu'il est permis d'effectuer par l'instrument de paiement;

5. le droit de choisir, en accord avec l'émetteur, le plafond correspondant ainsi que le droit de le modifier à tout moment;

6. une description exhaustive des obligations et responsabilités respectives du titulaire et de l'émetteur ainsi que des risques et des mesures de prévenance inhérentes à l'utilisation de l'instrument de paiement;

7. les modalités de blocage de l'instrument de paiement, pour des raisons objectivement motivées ayant trait à la sécurité de l'instrument de paiement, à la présomption d'une utilisation non autorisée ou frauduleuse de l'instrument de paiement ou, s'il s'agit d'un instrument de paiement doté d'une ligne de crédit, au risque sensiblement accru que le payeur soit dans l'incapacité de s'acquitter de son obligation de paiement;

8. les modalités, les procédures et le délai d'opposition en cas de vol, de perte, de falsification ou de renonciation à l'utilisation de l'instrument de paiement;

9. les frais relatifs à l'instrument de paiement à charge du titulaire, notamment le taux d'intérêt appliqué ainsi que la manière de le calculer;

10. les conditions et les modalités relatives à la contestation des opérations effectuées et l'adresse à laquelle les notifications et oppositions sont envoyées.

Les informations énumérées dans l'alinéa précédent sont également transcrites dans le contrat visé audit alinéa. Ce contrat peut être établi sur un support papier ou électronique.

Art. 39. L'Observatoire des services financiers prévu par la loi bancaire est notamment habilité à recevoir de tout utilisateur intéressé les réclamations en rapport avec l'utilisation d'un instrument de paiement et à leur donner la suite qu'elles appellent. Il propose, lorsque les conditions sont réunies, la résolution à l'amiable des différends portés à sa connaissance par voie de conciliation ou de médiation.

La saisine de l'Observatoire des services financiers dans ce cadre suspend la prescription de l'action civile et administrative.

Art. 40. L'ordre de paiement est donné au moyen d'un instrument établi sur support papier ou par tout autre procédé non manuscrit.

La signature du donneur d'ordre est apposée sur un instrument de paiement, ou donnée par tout procédé non manuscrit.

La Banque centrale est habilitée à préciser, pour chaque type d'instrument de paiement, le montant minimum approprié par opération et dans une période de temps déterminé. Les contrats-cadres et les contrats individuels relatifs à l'utilisation des instruments de paiement doivent s'y conformer.

Art. 41. Le teneur de compte de paiement a l'obligation de délivrer au donneur d'ordre et au bénéficiaire une preuve écrite de l'exécution de l'ordre de paiement.

Section 2

De l'opposition aux paiements et de la révocation des paiements

Art. 42. Le consentement du payeur est requis pour toute opération de paiement. Ce consentement peut être donné pour une opération ou pour une série d'opérations en la forme convenue entre l'émetteur et l'utilisateur.

Toute opération de paiement autorisée doit être exécutée à moins qu'il y ait retrait du consentement ou révocation du paiement dans les conditions ci-dessous.

Une opération ponctuelle de paiement est autorisée si le payeur a donné son consentement à son exécution. Toutefois, le payeur et l'établissement teneur de son compte de paiement peuvent convenir que le payeur pourra donner son consentement à l'opération de paiement après l'exécution de cette dernière. Dans ce cas, le consentement peut être retiré par le payeur tant que l'ordre de paiement n'a pas acquis un caractère définitif conformément à l'article 8 de la présente loi.

Une série d'opérations de paiement est autorisée si le payeur a donné son consentement à l'exécution de la série d'opérations. Sauf dispositions contraires de la présente loi, le consentement est donné sous la forme convenue entre le payeur et l'établissement teneur de son compte de paiement. En l'absence d'un tel consentement, l'opération ou la série d'opérations de paiement est réputée non autorisée.

Le consentement à l'exécution d'une série d'opérations de paiement peut être retiré tant que l'ordre de paiement n'a pas acquis un caractère définitif conformément à l'article 8 de la présente loi, avec pour effet que toute opération postérieure est réputée non autorisée.

Dans le cas où il a été convenu entre l'utilisateur qui a ordonné l'opération de paiement et l'établissement teneur de son compte de paiement que l'exécution de l'ordre de paiement commencera un jour donné ou à l'issue d'une période déterminée ou le jour où le payeur aura mis les fonds ou les titres à la disposition de l'établissement teneur du compte de paiement, l'utilisateur peut révoquer l'ordre de paiement au plus tard la fin du jour ouvrable précédant le jour convenu.

Art. 43. La révocation d'un ordre de paiement s'applique à la relation entre l'utilisateur et le teneur du compte de paiement. Elle ne porte pas atteinte au caractère irrévocable et définitif des opérations de paiement effectuées dans les systèmes de paiement, conformément à l'article 8 de la présente loi.

Art. 44. L'utilisateur d'un instrument de paiement ou tout tiers intéressé fait par tout moyen opposition au paiement auprès du teneur de compte de paiement dans les cas ci-après:

1. la perte de l'instrument de paiement;

2. la soustraction frauduleuse de l'instrument de paiement;

3. le dessaisissement du titulaire de l'administration de son compte;

4. l'incapacité de recevoir du bénéficiaire. L'opposition est motivée.

Le titulaire de l'instrument de paiement perdu ou volé confirme son opposition par écrit endéans trois jours ouvrables. L'opposition au paiement entraîne défense à payer. Cette défense prend fin par mainlevée.

Section 3

Du remboursement des paiements non autorisés ou mal exécutés

Art. 45. En cas d'opération de paiement non autorisée ou mal exécutée, le payeur doit, sous peine de forclusion, présenter une réclamation auprès du teneur de compte de paiement dans les soixante jours à compter de la date où le compte de paiement a été débité.

Lorsque la réclamation est avérée, le teneur de compte de paiement du payeur doit, sauf dispositions contraires de la présente loi, rétablir, au plus tard dans le délai de trente jours calendaires à compter de la réception de la réclamation, le compte de paiement débité dans l'état où il se serait trouvé si l'opération de paiement non autorisée ou mal exécutée n'avait pas eu lieu.

Dans ce cas, le teneur de compte de paiement du bénéficiaire doit rembourser immédiatement au teneur de compte de paiement du payeur le montant principal et les frais de cette opération. Le remboursement effectué dans ce cadre est considéré comme un nouvel ordre de paiement.

Le payeur a droit au remboursement par le teneur de son compte de paiement d'une opération de paiement autorisée, ordonnée par le bénéficiaire ou par le payeur qui donne un ordre de paiement par l'intermédiaire du bénéficiaire, si l'autorisation donnée n'indiquait pas le montant exact de l'opération de paiement et si le montant de l'opération dépassait le montant auquel le payeur pouvait raisonnablement s'attendre en tenant compte du profil de ses dépenses passées, des conditions prévues par le contrat-cadre sur l'utilisation de l'instrument de paiement et des circonstances propres à l'opération.

Le tiré qui a payé un chèque en dépit de l'absence, de l'insuffisance ou de l'indisponibilité de la provision est réputé avoir consenti une avance au tireur et est subrogé dans les droits du porteur à concurrence de la somme dont il a fait l'avance. Il peut, à cet effet, faire constater l'absence ou l'insuffisance de la provision disponible par acte dressé en la forme du protêt. Il peut, à défaut de prélèvement d'office sur le compte du tireur et sans préjudice de toute autre voie de droit, faire une mise en demeure par huissier de justice au titulaire du compte d'avoir à payer la somme qui lui est due.

À l'exception de ces cas, les litiges découlant de la relation sous-jacente à l'ordre de paiement doivent être réglés uniquement entre le payeur et le bénéficiaire.

Art. 46. Le teneur de compte de paiement visé par une réclamation peut, dans le délai de trente jours calendaires à compter de la réception de la réclamation, refuser de rembourser. Dans ce cas, sa décision est portée à la connaissance de l'Observatoire des services financiers en vue du règlement de la contestation.

Art. 47. Le remboursement des comptes débités s'effectue sans frais.

Le teneur de compte du payeur n'est pas tenu de l'obligation de remboursement si la non-exécution résulte soit d'une erreur ou d'une omission du donneur d'ordre dans les instructions données, soit du fait d'un établissement intermédiaire choisi par le donneur d'ordre.

Section 4

Du délai d'exécution des ordres de paiement

Art. 48. Sauf dispositions contraires de la présente loi, le délai de paiement à partir de la remise de l'instrument ou de l'ordre de paiement initial jusqu'au moment où le compte du client bénéficiaire est crédité ne doit pas dépasser un délai fixé par la Banque centrale.

Ce délai tient compte du temps de préparation de l'opération avant remise en compensation, du délai de règlement interbancaire, du délai de rejet de cette opération par la banque destinataire, ainsi que de la nature de l'instrument de paiement.

Chapitre II

De la promotion des instruments de paiement

Section 1re

Du droit au compte et à l'accès aux services financiers

Art. 49. Toute personne physique ou morale a droit à l'ouverture d'un compte auprès d'un établissement de crédit habilité par la Banque centrale à recevoir et à collecter des fonds du public.

Art. 50. En cas de refus d'ouverture de compte non motivé opposé par trois établissements de crédit successivement, la Banque centrale désigne d'office un établissement de crédit qui est tenu d'ouvrir un compte de dépôt donnant droit à un service financier minimum.

Le service financier minimum comprend:

1. la gestion du compte;

2. la mise à disposition d'au moins un instrument de paiement, entouré de sécurité nécessaire;

3. la possibilité d'effectuer des virements (domiciliation, encaissement et paiement) à partir de ce compte;

4. la réception et la remise en compensation d'opérations de paiement pour le compte du client.

Art. 51. L'émetteur d'instrument de paiement ne peut imputer de frais à l'utilisateur de services de paiement pour l'accomplissement de ses obligations d'information prévues à l'article 38 de la présente loi.

Section 2

De l'obligation de payer par instruments de paiement

Art. 52. Sans préjudice des dispositions de la loi 04-016 du 19 juillet 2004 portant lutte contre le blanchiment des capitaux et le financement du terrorisme, tout paiement qui excède la somme fixée par la Banque centrale ou qui a pour objet le paiement par fraction d'une somme supérieure à ce montant doit être effectué par chèque, par mouvement interbancaire ou postal, par

carte de paiement ou par tout autre instrument de paiement inscrivant le montant réglé au débit d'un compte de paiement tenu au nom du payeur.

Section 3

De l'interbancarité et de l'interopérabilité

Art. 53. Les établissements de crédit et autres émetteurs d'instruments de paiement ont l'obligation de coopérer entre eux pour garantir l'acceptabilité desdits instruments et leur échange dans les meilleures conditions de rapidité, de sécurité et de coût. À cet effet, il est institué un comité technique de normalisation pour le secteur bancaire et financier, placé sous la supervision de la Banque centrale du Congo, dont les missions, la composition et les modalités de fonctionnement sont fixées par convention entre participants.

Chapitre III Du virement

Art. 54. L'ordre de virement est établi sur support papier ou tout autre support et contient sous peine d'inopposabilité au teneur de compte de paiement:

1. l'instruction donnée par le titulaire du compte de transférer des fonds dont le montant est déterminé;
2. l'indication du compte à débiter;
3. l'indication des coordonnées bancaires du bénéficiaire;
4. la date d'émission;
5. la date d'exécution;
6. la signature du donneur d'ordre;
7. le libellé.

Art. 55. L'ordre de virement est irrévocable à compter du débit du compte du donneur d'ordre.

Le virement est définitif à compter du crédit du compte du bénéficiaire.

Art. 56. La date d'acceptation du virement est la date de réalisation de toutes les conditions exigées pour l'exécution de l'ordre de virement.

Ces conditions sont relatives à l'existence d'une provision préalable, suffisante et disponible et aux informations nécessaires pour l'exécution de cet ordre, y compris celles qu'imposent les vérifications requises par les règles de fonctionnement d'un système de paiement ou de règlement.

Art. 57. Le teneur du compte de paiement exécute les ordres de virement qu'il a acceptés pour leur montant intégral et s'abstient de prélever des frais sur le montant transféré, sauf si le donneur d'ordre a spécifié que les frais relatifs au virement sont à imputer en totalité ou en partie au bénéficiaire.

Chapitre IV

De l'avis du prélèvement

Art. 58. L'autorisation de prélèvement émise par le payeur est présentée à son teneur de compte de paiement et s'exécute sur présentation de l'avis de prélèvement du bénéficiaire.

Art. 59. L'autorisation de prélèvement est établi sur support papier ou tout autre support et contient sous peine d'inopposabilité au teneur de compte de paiement:

1. le nom et les coordonnées bancaires de l'émetteur de l'avis de prélèvement ainsi que son numéro d'émetteur d'avis de prélèvement délivré par la Banque centrale;

2. le nom et les coordonnées bancaires du payeur;

3. le nom, l'adresse et la raison sociale de l'établissement teneur de compte à débiter;

4. l'ordre inconditionnel de transférer des fonds;

5. le montant du transfert;

6. le montant plafonné;

7. la périodicité du prélèvement;

8. la date de validité;

9. la devise;

10. la date d'échéance;

11. le lieu, la date d'émission et la signature du payeur;

12. le motif du prélèvement.

Art. 60. Sauf dans le cas de prélèvements périodiques de même montant, le bénéficiaire doit, sous peine d'engager sa responsabilité:

1. informer le payeur du montant de prélèvement au minimum cinq jours ouvrables avant la date d'échéance et suspendre l'opération en cas de retrait du consentement ou de contestation. Le silence du payeur vaut acceptation du montant indiqué par le bénéficiaire;

2. restituer au payeur, dans les deux jours ouvrables, les fonds prélevés par erreur.

Art. 61. Sous peine d'irrecevabilité par le teneur de compte, le payeur doit s'opposer à un prélèvement ou retirer son consentement dans les cinq jours ouvrables avant l'échéance.

Art. 62. Le prélèvement sur le compte de paiement du payeur a pour effet de transférer de plein droit la propriété des fonds au bénéficiaire à la date du débit.

Chapitre V

De la carte de paiement et des autres instruments de paiement et procédés de transfert électronique de fonds

Section 1re

Des obligations de l'émetteur

Art. 63. L'émetteur s'engage à honorer les obligations de paiement de son client effectuées par carte ou par d'autres instruments et procédés de transfert électronique après s'être assuré de la validité de l'ordre de paiement et de l'absence d'opposition au paiement.

Avant la réalisation de l'opération de transfert électronique de fonds, il doit s'assurer de l'identité du titulaire et vérifier l'instrument de paiement et le procédé de transfert électronique de fonds.

L'émetteur sera tenu responsable en cas de:

1. exécution d'une opération sans autorisation du titulaire;

2. exécution incorrecte des opérations effectuées à l'aide d'un instrument de transfert électronique de fonds;

3. exécution d'une opération après opposition du titulaire;

4. défaillance des équipements techniques, d'erreur dans leur utilisation ou de vice de l'instrument de transfert électronique des fonds.

Art. 64. En cas d'utilisation abusive, frauduleuse ou non autorisée d'un instrument de paiement électronique, les établissements de crédit et les autres émetteurs d'instruments de paiement doivent, à compter de la constatation, bloquer l'instrument de paiement et déclarer, sans délai, cette décision à la Centrale des incidents de paiement. Le blocage intervient aussi en cas de présomption d'une utilisation abusive, frauduleuse ou non autorisée.

Art. 65. En cas d'opération non autorisée avérée ou d'utilisation frauduleuse d'une carte de paiement ou de tout autre instrument de paiement électronique ayant fait l'objet d'une opposition préalable, l'émetteur rembourse à son titulaire la totalité du montant de l'opération et des frais bancaires qu'il a supportés dans les conditions prévues à l'article 45 alinéa 3 de la présente loi.

L'émetteur n'est exonéré de sa responsabilité que s'il prouve la force majeure, le cas fortuit ou la faute du titulaire. Il doit, dans ce cas, apporter la preuve que l'opération en question a été authentifiée, dûment enregistrée et comptabilisée, et qu'elle n'a pas été affectée par une déficience technique ou autre.

Section 2

Des obligations des fournisseurs accepteurs

Art. 66. Le fournisseur de biens et services doit porter à la connaissance de la clientèle qu'il accepte le paiement par carte ou par tout autre instrument de paiement électronique en affichant la dénomination de l'instrument de paiement accepté.

Section 3

Des obligations du titulaire

Art. 67. Le titulaire veille au respect des règles suivantes:

1. utiliser la carte de paiement ou l'instrument de transfert électronique conformément aux conditions légales et conventionnelles qui en régissent la délivrance et l'utilisation;

2. prendre les précautions nécessaires pour garantir la préservation de la carte de paiement ou de l'instrument de transfert électronique des fonds et des données liées à son utilisation.

Art. 68. Le titulaire de la carte de paiement ou de tout autre instrument de paiement électronique est présumé avoir autorisé, sauf stipulation contractuelle contraire, un débit automatique sur son compte de paiement, en exécution de son ordre de paiement.

Il peut faire opposition aux paiements dans les conditions prévues aux articles 42, 43 et 44 de la présente loi.

Le titulaire est présumé donneur d'ordre de paiements effectués avant l'opposition. Il supporte toutes les pertes occasionnées par des opérations de paiement non autorisées si ces pertes résultent d'un agissement frauduleux de sa part ou s'il n'a pas satisfait intentionnellement ou par négligence grave aux obligations mentionnées à l'article 67 de la présente loi.

Art. 69. La responsabilité du titulaire d'un instrument de paiement électronique n'est pas engagée si le paiement contesté a été effectué:

1. sans utilisation physique ou sans identification électronique de son instrument de paiement électronique;

2. en contrefaçon de son instrument de paiement électronique et si, au moment de l'opération contestée, il était en possession physique de sa carte.

Art. 70. Le titulaire d'une carte de paiement ou d'un instrument de paiement électronique peut faire réclamation et obtenir remboursement des paiements non autorisés dans les conditions prévues à l'article 45 de la présente loi.

Art. 71. Le titulaire doit tenir l'émetteur informé des opérations inscrites en son compte sans son consentement ainsi que des erreurs et défaillances dans la tenue des comptes.

Chapitre VI

De la monnaie électronique

Art. 72. Les activités des établissements de monnaie électronique sont limitées à la fourniture des services liés à l'émission, à la mise à disposition ou à la gestion de monnaie électronique ainsi qu'au stockage des données sur support électronique pour le compte d'autres personnes.

Art. 73. La monnaie électronique est émise pour un montant dont la valeur ne peut être supérieure à celle des fonds reçus en contrepartie.

Ces fonds sont logés dans un compte spécial ouvert auprès d'une banque dont les règles de fonctionnement sont fixées par la

Banque centrale.

Ils ne constituent pas des dépôts ou autres fonds remboursables au sens de la loi bancaire s'ils sont immédiatement échangés contre la monnaie électronique.

Les fonds reçus en contrepartie de l'émission de la monnaie électronique ne peuvent, où qu'ils se trouvent, faire l'objet de séquestre, de saisie ou de toute autre voie d'exécution.

La Banque centrale fixe les règles relatives au régime d'émission de la monnaie électronique et aux établissements de monnaie électronique.

Art. 74. La Banque centrale édicte notamment:

1. les conditions et les modalités d'agrément de toute personne morale souhaitant être établissement de la monnaie électronique;

2. la réglementation prudentielle spécifique aux opérations d'émission et/ou de distribution de la monnaie électronique;

3. les conditions de remboursement de la monnaie électronique.

Titre IV

DE LA PRÉVENTION ET DE LA CENTRALISATION DES INCIDENTS DE PAIEMENT

Chapitre Ier

De la Centrale des incidents de paiement

Art. 75. La Banque centrale crée et gère un registre ayant pour mission la centralisation des informations, notamment sur les clients, les comptes, les incidents de paiement et les instruments de paiement irréguliers.

Elle peut déléguer la gestion de ce registre, ci-après dénommé centrale des incidents de paiement, dans les conditions qu'elle définit.

Art. 76. L'accès aux informations contenues dans les fichiers de la Centrale des incidents de paiement est réservé:

1. aux juges et aux officiers du Ministère public dans le cadre d'une procédure judiciaire;

2. à l'Administration fiscale;

3. à la Cellule nationale des renseignements financiers;

4. aux accepteurs des instruments de paiement et titulaires de compte.

La Banque centrale fixe, par voie d'instruction, le fonctionnement de la Centrale des incidents de paiement ainsi que les conditions d'accès aux informations détenues par celle-ci et les modalités de règlement des différends.

Art. 77. La durée de conservation des inscriptions dans la Centrale des incidents de paiement est de dix ans. Au-delà de ce délai, les inscriptions font l'objet de radiation, sauf avis contraire de la Banque centrale.

Chapitre II

Des obligations des établissements de crédit et autres émetteurs d'instruments de paiement

Art. 78. Les établissements de crédit et autres émetteurs d'instruments de paiement sont tenus de consulter la Centrale des incidents de paiement:

1. lors de l'ouverture d'un compte à un nouveau client;

2. avant la délivrance d'un instrument de paiement à un client.

Ils conservent la trace de la réponse qui leur est donnée à ce sujet par la Centrale des incidents de paiement. Ils déclarent immédiatement à la Banque centrale:

1. les incidents de paiement concernant notamment les utilisateurs, les comptes de paiement et les instruments de paiement;

2. les saisies, blocages ou autres mesures conservatoires opérés sur un compte de paiement;

3. les avis à tiers détenteur dont il est saisi.

Chapitre III

Des obligations du teneur de compte de paiement

Art. 79. Les établissements de crédit, teneurs de compte de paiement doivent notamment:

1. enregistrer dans leurs livres l'incident de paiement au plus tard le deuxième jour ouvré suivant le refus de paiement;

2. déclarer à la Banque centrale tout incident de paiement survenu sur les clients, les comptes et les instruments de paiement;

3. informer la Banque centrale et les autorités judiciaires des présomptions de contrefaçon, de falsification ou de fraude portant sur un instrument de paiement;

4. informer le titulaire du compte de l'interdiction bancaire prononcée contre lui dans les conditions prévues par la présente loi et l'enjoindre de restituer à tous les émetteurs dont il est client les formules d'instruments de paiement scripturaux en sa possession et en possession de ses mandataires et des co-titulaires du compte;

5. informer les mandataires et co-titulaires du compte de paiement de l'interdiction bancaire prononcée contre le titulaire du compte;

6. délivrer un certificat de non-paiement au bénéficiaire ayant subi l'impayé en vue de lui permettre de procéder au recouvrement de sa créance.

Le certificat de non-paiement comporte tous renseignements permettant d'identifier le teneur des comptes de paiement et le payeur, ainsi que le numéro et le montant de l'effet de commerce dont le paiement a été refusé. Il est signé par le teneur de compte.

Chapitre IV

De l'avertissement, de la régularisation et de l'interdiction bancaire

Section 1re

De l'avertissement

Art. 80. Le tiré qui a refusé le paiement d'un chèque pour défaut ou insuffisance de provision doit:

1. délivrer une attestation de rejet au bénéficiaire, précisant le motif du refus de paiement; 2. enregistrer dans ses livres l'incident de paiement au plus tard le deuxième jour ouvrable suivant le refus de paiement;

3. adresser au titulaire du compte, aux frais de ce dernier, une lettre d'avertissement dont copie est adressée à la Banque

Centrale qui doit, à titre informatif, inscrire cet avertissement sur le fichier des incidents de paiement;

4. préciser dans la lettre d'avertissement le motif du refus de paiement, l'interdiction d'émission de chèques jusqu'à la régularisation et les sanctions encourues en cas d'émission de chèques durant cet intervalle ou de défaut de régularisation.

Le délai de trente jours contenu dans la lettre d'avertissement n'est accordé au client que si le compte n'a enregistré aucun incident de paiement dans les trois mois précédant l'enregistrement visé au paragraphe 2 du présent article. En cas d'émission de chèques durant ce délai de trente jours, le banquier tiré avise la Banque centrale et signifie au titulaire du compte l'interdiction bancaire prévue à l'article 77 de la présente loi.

Art. 81. Le banquier tiré doit informer le titulaire du compte dans la lettre d'avertissement qu'il recouvrera la faculté d'émettre des chèques s'il justifie avoir:

1. réglé le montant du chèque impayé ou constitué au compte une provision suffisante et spécialement affectée au règlement dudit chèque;

2. le cas échéant, acquitté une pénalité libératoire conformément à l'article 74 de la présente loi. Le banquier tiré informe la Banque centrale qui efface l'avertissement de son fichier.

Section 2

De la régularisation

Art. 82. Sous peine d'une amende administrative au taux d'un tiers du montant impayé ou des autres sanctions prévues par la présente loi, le titulaire du compte régularise sa situation s'il règle le montant impayé ou s'il constitue au compte de paiement concerné une provision suffisante dans le délai fixé de trente jours à compter de l'avertissement.

Tout approvisionnement du compte visé à l'alinéa précédent est affecté en priorité au paiement du chèque impayé.

Le bénéfice de régularisation n'est accordé au titulaire du compte ou du donneur d'ordre que si aucun de ses comptes n'a enregistré d'incident de paiement dans les trois mois précédents l'incident.

À défaut de régularisation dans les délais, le teneur du compte de paiement adresse un certificat de non- paiement au bénéficiaire et le Ministère public se saisit de l'infraction de l'émission de l'instrument de paiement sans provision ou avec provision insuffisante.

Art. 83. Le montant de l'amende administrative est porté au double lorsque deux régularisations ayant permis de recouvrer la faculté d'utiliser des instruments de paiement ont été enregistrées sur le même compte de paiement au cours des douze mois qui précédent l'incident de paiement.

Ce montant est augmenté de la moitié de l'amende administrative précédente à chaque nouvelle régularisation et ce, à partir de la quatrième, qui interviendrait dans les douze mois de la première.

La Banque centrale fixe, par voie réglementaire, les modalités de recouvrement des amendes administratives. Le produit de cette pénalité est acquis à la Banque centrale.

Le paiement de l'amende administrative éteint l'action publique.

Section 3

De l'interdiction bancaire

Art. 84. En l'absence de régularisation dans le délai prévu à l'article 82, le banquier tiré signifie au titulaire du compte qu'il lui est interdit, pendant une période de deux ans, d'utiliser les chèques et autres effets de commerce et l'obligation de restituer toutes les formules de chèques en sa possession. Cette interdiction ne concerne pas l'utilisation des chèques servant au retrait de fonds par le tireur et les chèques certifiés.

La décision d'interdiction bancaire prononcée par le banquier tiré est communiquée à la Banque centrale qui avise les autres émetteurs, les établissements teneurs de compte de paiement, à l'Administration fiscale et au procureur de la République du ressort.

Art. 85. La mesure d'interdiction bancaire frappe exclusivement le titulaire du compte. Elle produit néanmoins effet à l'égard du mandataire conventionnel ou social habilité à émettre des chèques, lui interdisant cette facilité sur ce seul compte.

Art. 86. Lorsque l'incident de paiement est le fait de l'un des co-titulaires d'un compte collectif avec ou sans solidarité, les dispositions relatives à l'interdiction bancaire s'appliquent sur l'ensemble des co-titulaires, uniquement pour ce qui concerne le compte ayant enregistré ledit incident.

Art. 87. L'interdit bancaire dispose d'un délai de dix jours francs, à compter de la notification de l'interdiction bancaire et de la pénalité, pour introduire devant le Conseil d'État un recours en annulation contre la décision attaquée.

Ce recours n'est pas suspensif de l'exécution de la décision attaquée.

Chapitre V

De l'interdiction judiciaire

Art. 88. L'interdiction d'établir des chèques et des effets de commerce, d'utiliser un instrument de paiement autre que ceux visés à l'article 84 ou de se faire délivrer une carte de paiement ou tout autre instrument de paiement est prononcée par le juge saisi d'une infraction quelconque en matière de chèques, d'effets de commerce, de cartes de paiement, de prélèvement ou de tout autre instrument de paiement.

Le juge prononce une telle sanction, notamment à l'égard de l'auteur de l'utilisation d'un instrument de paiement sans provision ou avec provision insuffisante, de la contrefaçon, de la falsification d'un instrument de paiement, de la fraude sur un instrument de paiement ou à l'égard de celui qui, en connaissance de cause, aura accepté de recevoir en paiement, fait usage ou tenté de faire usage d'un instrument de paiement contrefait ou falsifié, ou aura émis un ordre de paiement sur un compte clôturé.

Art. 89. L'interdiction judicaire frappe toute personne qui établit un chèque, un effet de commerce ou fait usage d'un instrument de paiement au mépris d'une interdiction bancaire.

Art. 90. L'interdiction judiciaire est encourue par l'auteur, le co-auteur ou le complice d'une infraction en matière de chèque, d'effet de commerce ou de tout autre instrument de paiement.

Art. 91. L'interdiction judiciaire entraine l'incapacité d'établir et/ou de se faire délivrer un instrument de paiement et ne peut être prononcée pour une durée inférieure à deux ans et supérieure à cinq ans.

S'il n'a pas obtenu mainlevée de l'interdiction, la personne frappée d'interdiction judiciaire ne recouvre la faculté d'utiliser des instruments de paiement qu'à l'issue d'un délai de cinq ans qui court à compter du prononcé de la décision coulée en force de chose jugée.

Chapitre VI

Des échanges d'information

Art. 92. Les autorités judiciaires informent la Banque centrale endéans trois jours:

1. des interdictions judiciaires d'émettre ou de se faire délivrer un instrument de paiement, prononcées en application de l'article 88 de la présente loi;
2. des mainlevées d'interdictions judiciaires d'émettre ou de se faire délivrer un instrument de paiement;
3. des levées ou suspensions d'interdictions bancaires d'émettre ou de se faire délivrer un instrument de paiement;

4. de l'ouverture de la procédure d'insolvabilité à l'encontre d'un utilisateur.

Art. 93. Les juridictions compétentes sont informées par la Banque centrale de toute violation d'interdiction bancaire ou judiciaire qu'elle constate ou qui lui est signalée.

Titre V

DE LA PREUVE DES OPÉRATIONS ET DE LA CONSERVATION DES DOCUMENTS

Chapitre Ier

Des dispositions générales

Art. 94. Les dispositions du présent titre s'appliquent à toute information, de quelque nature qu'elle soit, prenant la forme d'un message de données utilisé dans les transactions bancaires et financières et dans tous les systèmes de paiement.

Outre les moyens de preuve admis par les textes légaux, la preuve de l'exécution des opérations de paiement et de livraison des titres prévues par la présente loi est réglée par les dispositions qui suivent.

Les actes établis sous forme électronique ou d'image optique sont admis comme preuve des engagements qu'ils énoncent au même titre que les écrits sur support papier lorsqu'ils sont établis et maintenus selon le procédé technique fiable, qui garantit, à tout moment, leur origine et leur intégrité au cours des traitements et des transmissions électroniques dans les conditions définies aux chapitres relatifs à la signature électronique et à la conservation des documents de la présente loi.

Les livres des opérateurs, des participants, des émetteurs de paiement, des fournisseurs des services et des biens accepteurs d'instruments de paiement, quel que soit le format de leur enregistrement ou de leur établissement, sont acceptés comme moyen de preuve relative à tout droit ou obligation des intéressés lorsqu'ils réunissent les conditions prévues aux articles relatifs à la signature électronique et à la conservation des documents de la présente loi.

Art. 95. Dans ce cas, et en cas de contestation, des preuves apportées quant à l'exécution des opérations de paiement ou de livraison entre professionnels, il pourra être fait recours à un expert désigné de commun accord par les parties pour déterminer la réalité des opérations effectuées.

La conclusion de l'expert met fin à la contestation. À défaut, un autre expert sera désigné par le juge conformément aux dispositions de l'article 39 du Code de procédure civile.

Art. 96. En cas de contestation d'un ordre de paiement exécuté par l'établissement teneur de compte, ce dernier est tenu d'apporter par tout moyen la preuve sur l'authenticité de l'ordre de paiement donné par le client.

Art. 97. Les contrats conclus sous forme électronique, en application de la présente loi, sont admis comme preuve des engagements qu'ils énoncent pour autant que la partie qui en conteste la validité apporte la preuve d'une altération ou modification.

En cas de contestation des preuves apportées quant à l'exécution des opérations de paiement ou de livraison entre professionnels, il est fait recours à un certificateur agréé par la Banque centrale pour déterminer la réalité des opérations effectuées.

Chapitre II

De la preuve littérale

Art. 98. Au sens de la présente loi, les contrats ou les ordres de paiement sous support électronique s'entendent d'une suite de lettres, de caractères, de chiffres ou de tous autres signes ou symboles dotés d'une signification intelligible, quels que soient le support et les modalités de transmission.

L'écrit sous forme électronique est admis comme preuve au même titre que l'écrit sur support papier et a la même force probante que celui-ci, sous réserve que puisse être dûment identifiée la personne dont il émane et qu'il soit établi et conservé dans des conditions de nature à en garantir l'intégrité.

La signature sur ces contrats et ordres de paiement est établie sous forme électronique.

Chapitre III

De la signature électronique

Art. 99. La fiabilité d'un procédé de signature électronique est présumée jusqu'à preuve du contraire, lorsque ce procédé met en œuvre une signature électronique sécurisée, établie grâce à un dispositif sécurisé de création de signature électronique et que la vérification de cette signature repose sur l'utilisation d'un certificat qualifié.

Art. 100. Une signature électronique ne peut être déclarée irrecevable au seul motif qu'elle se présente sous forme électronique ou qu'elle ne repose pas sur un certificat qualifié ou qu'elle n'est pas créée par un dispositif sécurisé de création de signature. La signature électronique sécurisée liée à un certificat électronique qualifié a la même force probante que la signature manuscrite.

Art. 101. Un dispositif de création de signature ne peut être considéré comme sécurisé que s'il satisfait aux exigences définies à l'alinéa 2 ci-dessous.

Un dispositif sécurisé de création de signature électronique:

1. doit garantir, par des moyens techniques et des procédures appropriées, que les données de création de signature électronique ne peuvent être:

a) établies plus d'une fois et que leur confidentialité est assurée;

b) trouvées par déduction et que la signature électronique est protégée contre toute falsification;

c) protégées de manière satisfaisante par le signataire contre toute utilisation par des tiers;

2. ne doit entraîner aucune modification du contenu de l'acte à signer et ne pas faire obstacle à ce que le signataire en ait une connaissance exacte avant de le signer.

Art. 102. Un dispositif de vérification de signature électronique doit être évalué et peut être certifié conforme, selon les procédures définies par les règles de fonctionnement du système concerné, s'il permet de:

1. garantir l'identité entre les données de vérification de signature électronique utilisées et celles qui ont été portées à la connaissance du vérificateur;

2. assurer l'exactitude de la signature électronique;

3. déterminer avec certitude les conditions et la durée de validité du certificat électronique utilisé ainsi que l'identité du signataire;

4. détecter toute modification ayant une incidence sur les conditions de vérification de la signature électronique.

Art. 103. Un certificat électronique ne peut être considéré comme qualifié que s'il est délivré par un prestataire de service de certification qualifié et s'il comporte:

1. une mention indiquant que ce certificat est délivré à titre de certificat électronique qualifié;

2. l'identité du prestataire de services de certificat électronique ainsi que l'État dans lequel il est établi;

3. le nom du signataire et, le cas échéant, sa qualité;

4. les données de vérification de la signature électronique correspondant aux données de création de celles-ci;

5. l'indication du début et de la fin de la période de validité du certificat électronique ainsi que le code d'identité de celui-ci;

6. la signature électronique sécurisée du prestataire de services de certificat qui délivre le certificat électronique;

7. les conditions d'utilisation du certificat électronique, notamment le montant maximum des transactions pour lesquelles ce certificat peut être utilisé.

Art. 104. La réception d'un transfert ou de paiement est réputée faite dès que l'ordre a été introduit dans le système, même si le destinataire n'en prend connaissance qu'avec retard, l'horodatage du système faisant foi.

Art. 105. Les conventions-cadres et les contrats individuels relatifs à l'utilisation d'instruments de paiement reproduisent les effets, en considération de leur objet.

Chapitre IV

De la conservation des documents

Art. 106. La conservation des documents sous forme électronique doit se faire pendant une période de cinq ans et dans les conditions suivantes:

1. l'information que contient le message de données doit être accessible pour être consultée ultérieurement;

2. le message de données doit être conservé en la forme sous laquelle il a été créé, envoyé ou reçu, ou sous une forme dont on peut démontrer qu'elle n'est susceptible ni de modification ni d'altération dans son contenu et que le document transmis et celui conservé sont strictement identiques;

3. les informations qui permettent de déterminer l'origine et la destination du message de données, ainsi que les indications de date et d'heure de l'envoi ou de la réception, sont conservées si elles existent.

Art. 107. Les opérateurs des systèmes, les participants, les émetteurs d'instrument de paiement et les fournisseurs des biens et services accepteurs d'instruments de paiement sont tenus à la conservation des documents pour une période de dix ans.

La conservation des documents sous forme électronique s'effectue dans les conditions suivantes:

1. l'information que contient le message de données est accessible pour être consultée ultérieurement;

2. le message de données est conservé en la forme sous laquelle il a été créé, envoyé ou reçu, ou sous une forme dont on peut démontrer qu'elle n'est susceptible ni de modification ni d'altération dans son contenu et que le document transmis et celui conservé sont strictement identiques;

3. les informations qui permettent de déterminer l'origine et la destination du message de données ainsi que les indications de date et d'heure de l'envoi ou de la réception, sont conservées.

Titre VI

DE LA SURVEILLANCE DES SYSTÈMES DE PAIEMENT ET DE RÈGLEMENT-TITRES

Art.108. Nul ne peut mettre en place, opérer un système ou émettre des instruments de paiement sans avoir obtenu un agrément à cet effet accordé par la Banque centrale.

Pour les systèmes de règlement-titre, l'agrément peut être accordé par une autre autorité de régulation.

La Banque centrale ou l'autorité compétente dispose d'un délai de soixante jours, à compter de la date de la réception de demande d'agrément, pour statuer et se prononcer. Toute décision de refus de l'agrément est motivée.

L'acte d'agrément est publié, aux frais de l'établissement bénéficiaire, au Journal officiel et dans au moins un des principaux organes de la presse nationale. Il précise, en tant que de besoin, les opérations que les opérateurs des systèmes de paiement et les émetteurs d'instruments de paiement sont habilités à effectuer.

Art. 109. Les systèmes de paiement établis ou opérés par la Banque centrale ne sont pas soumis à l'obligation d'agrément. Toutefois, ils doivent se conformer aux mêmes règles et standards de surveillance que ceux imposés à tout autre système similaire agréé.

Art. 110. L'obtention de l'agrément en tant qu'opérateur d'un système de paiement ou émetteur d'instrument de paiement est subordonnée à la soumission, à la Banque centrale, d'une demande accompagnée des informations suivantes:

a) un programme d'activité indiquant, en particulier, le type de services de paiement envisagé;

b) un plan d'affaires, contenant notamment un calcul budgétaire prévisionnel afférent aux trois premiers exercices, démontrant que le demandeur est en mesure de mettre en œuvre les systèmes, ressources et procédures appropriés et proportionnés nécessaires à son bon fonctionnement;

c) la preuve que l'opérateur ou l'émetteur de l'instrument de paiement dispose du capital initial minimum fixé par la Banque centrale;

d) une description des mesures prises pour protéger les fonds des utilisateurs de l'instrument de paiement et des services y associés, pour les émetteurs d'instruments de paiement;

e) une description du dispositif de gestion d'entreprise et des mécanismes de contrôle interne, notamment des procédures administratives, de gestion des risques et comptables du demandeur, qui démontre que ce dispositif de gestion d'entreprise, ces mécanismes de contrôle et ces procédures sont proportionnés, adaptés, sains et adéquats;

f) une description des mécanismes de contrôle interne que le demandeur a mis en place pour se conformer aux obligations en matière de lutte contre le blanchiment de capitaux et le financement du terrorisme;

g) une description de l'organisation structurelle du demandeur, y compris, le cas échéant, une description du projet de recours à des agents et à des succursales et une description des accords d'externalisation, ainsi que de sa participation à un système de paiement national ou international;

h) l'identité des associés, la taille de leur participation ainsi que la preuve de leur moralité;

i) l'identité des dirigeants et des personnes responsables de la gestion et, le cas échéant, la preuve de ce qu'ils jouissent de l'honorabilité et possèdent les compétences et l'expérience requises;

j) l'identité des contrôleurs légaux des comptes.

Lorsque l'agrément est sollicité par un demandeur qui est la filiale d'un autre opérateur ou émetteur d'instruments de paiement établi à l'étranger, la Banque centrale consulte, avant de prendre sa décision d'agrément, les autorités nationales de l'État dans lequel est établi ledit opérateur ou émetteur et, le cas échéant, l'entreprise mère, agréé selon leur droit.

Art. 111. La Banque centrale retire l'agrément accordé à un opérateur ou un émetteur d'instruments de paiement lorsque l'opérateur ou l'émetteur[12]:

---

[12] **Le développement des engagements de financement et de garantie**

Les engagements de financement et de garantie constituent un segment important de l'activité contemporaine des banques et représentent une part significative de leurs opérations de hors-bilan.

On peut définir ces engagements comme des promesses données par la banque à ses clients (ou aux créanciers de ces derniers), en vertu desquelles, celle-ci s'engage à les financer ou à s'acquitter de leurs dettes, si certains événements (prédéfinis dans le contrat) viennent à se produire. La banque perçoit, à l'occasion de l'octroi de ces engagements, des revenus essentiellement sous forme de commissions d'engagement.

Plus précisément, les engagements de financement correspondent à des promesses de concours en trésorerie qui sont faites en faveur, soit d'une autre banque (accords de refinancement, acceptations à payer ou engagement de payer, confirmation d'ouverture de crédits documentaires, etc.), soit de la clientèle régulière (ouverture de crédits confirmés, crédits stand-by, lignes de substitution des billets de trésorerie, engagements sur facilités d'émissions de titres, etc.). S'il arrive qu'une banque rejoigne un syndicat bancaire (consortium) ayant accordé des promesses de financement, elle n'inscrit dans son hors-bilan que la quote-part qu'elle s'est engagée à financer.

Pour leur part, les engagements de garantie, également connues sous l'appellation « engagements par signature », correspondent pour l'essentiel à des cautions et avals qui font intervenir trois parties : le garant (la banque), le donneur d'ordre (le client) et le bénéficiaire (un tiers). A ce titre, le garant s'engage en faveur du bénéficiaire à assurer la charge d'une obligation souscrite par le donneur d'ordre en cas de défaillance de celui-ci. En règle générale, les engagements de garantie sont classés suivant la qualité du donneur d'ordre. Lorsque celui-ci relève de la clientèle régulière, on y trouve : les cautions immobilières, les cautions administratives, douanières et fiscales, les garanties financières, etc. Ces engagements peuvent soit différer certains décaissements ou les éviter, soit encore, accélérer certaines rentrées de fonds. Lorsque le donneur d'ordre est une banque, ces engagements de garantie prennent la forme de : confirmations d'ouverture de crédits documentaires, acceptations à payer, etc.

L'analyse de l'évolution des hors-bilans bancaires permet de constater l'impressionnante croissance des engagements de financement et de garantie. En France, il apparaît sur le graphique n°39 que, de 1993 à 2003, les engagements de garantie et de financement accordés à la clientèle régulière ont augmenté de 47% à 68% par rapport aux crédits réellement accordés à cette clientèle. Au cours de la même période, les engagements de garantie et de financement consentis aux établissements de crédit sont passés de 17% à 30% relativement aux prêts octroyés à ces mêmes établissements.

Sur le plan comptable, il faut préciser que dès le moment où les engagements de financement et de garantie sont contractés, et aussi longtemps qu'ils ne sont pas mobilisés – avant leur expiration – ils sont enregistrés au niveau du hors-bilan. En revanche, aussitôt qu'ils sont mis en œuvre, ils intègrent automatiquement l'actif du bilan bancaire, et sont annulés du hors-bilan. Ces engagements se transforment alors en crédits classiques donnant lieu – pour l'essentiel – à des rémunérations sous forme d'intérêts et non plus sous forme de commissions.

Sur le plan économique, les engagements de financement et de garantie sont à l'origine d'importants avantages, partagés entre les entreprises clientes qui les souscrivent et leurs banques. Pour les premières, ces engagements représentent un matelas de sécurité en cas de difficultés financières. En outre, ils valorisent leur image de marque et leur notoriété en transmettant un signal positif à leurs partenaires économiques. Ceux-ci, et notamment les fournisseurs, sont plus en confiance lorsqu'ils savent qu'une entreprise cliente pourra compter sur le soutien financier de sa banque en cas de problème. Dans la même optique, les engagements de financement et de garantie rassurent les investisseurs potentiels qui souhaitent acquérir les titres d'une entreprise. On constate d'ailleurs que beaucoup de firmes souscrivent ce genre d'engagements juste avant une introduction en bourse ou l'émission de titres de créances sur les marchés de capitaux.

Par ailleurs, ces engagements permettent une gestion plus rationnelle de la trésorerie et diminuent sensiblement les coûts financiers qui se réduisent souvent à de simples commissions, tout en garantissant l'obtention de financements avec des conditions prédéfinies. Dans ce cadre, une entreprise qui prévoit d'emprunter dans l'avenir, mais qui craint d'être rationnée au moment de l'emprunt, peut souscrire un engagement de financement qui l'assurera d'un accès au crédit lorsqu'elle en aura besoin. Ce moment venu, si les taux débiteurs du marché deviennent supérieurs au taux de référence de l'engagement contracté (celui-ci étant supposé à taux fixe), l'entreprise tirera un avantage certain en empruntant, et réduira d'autant ses charges financières.

En revanche, si les taux débiteurs baissent, elle pourra toujours emprunter sur le marché et ne perdra que les commissions versées à la banque.

Du point de vue de la banque maintenant, on constate que les engagements de financement et de garantie représentent une source idéale de revenus hybrides. Ils génèrent des

a) ne fait pas usage de l'agrément dans un délai de douze mois;

b) y renonce expressément ou cesse d'exercer son activité pendant une période supérieure à six mois;

c) a obtenu l'agrément au moyen de fausses déclarations ou par tout autre moyen irrégulier;

d) ne remplit plus les conditions d'octroi de l'agrément;

e) représente une menace pour la stabilité du système de paiement ou pour la sécurité des utilisateurs des instruments de paiement en poursuivant son activité.

Tout retrait d'agrément est motivé, communiqué aux intéressés et publié au Journal officiel, sur le site de la Banque centrale et

---

commissions tant qu'ils ne sont pas mobilisés et produisent des intérêts lorsqu'ils se transforment en crédits classiques. En outre, leur nature contingente en tant qu'élément du hors-bilan fait d'eux de faibles consommateurs en fonds propres.

Par ailleurs, avec le développement de la titrisation et la vente des créances bancaires, ils peuvent facilement être cédés entre les banques. Certaines de celles-ci peuvent alors les consentir et les vendre aussitôt que les clients demandent la concrétisation de ces engagements, laissant ainsi la charge de leur financement à d'autres banques.

Dans ce cadre, il ne faut pas oublier le fait que sous certaines conditions contractuelles, les banques peuvent faire valoir la clause du « Material Adverse Change » (MAC) qui les dispense de respecter leurs engagements en cas de détérioration majeure de la situation financière du client entre la date de la signature de l'engagement et sa date d'exécution.

A ce sujet, plusieurs auteurs considèrent que l'octroi d'un engagement de financement par une banque s'apparente à la vente d'une option non négociable de vente, c'est-à-dire d'un put (le client, moyennant paiement d'une commission à la banque – le prix de l'option – achète le droit de lui vendre un titre de dette primaire, à un prix fixé et durant un certain intervalle). Toutefois, à la différence d'une option de vente classique, la banque peut ne pas s'exercer et refuser de financer l'acquéreur de l'engagement, en vertu de la clause MAC.

Toujours dans le prolongement des nouvelles activités bancaires génératrices de commissions et de revenus divers, nous allons maintenant nous intéresser aux opérations bancaires sur instruments dérivés qui ont enregistré, ces dernières années, une croissance très rapide.

Lorsque certaines informations sur une entreprise ne sont pas disponibles, des investisseurs potentiels peuvent déduire de la souscription d'un engagement de financement ou de garantie par cette entreprise auprès d'une banque réputée, qu'elle est viable et potentiellement rentable (du fait de la supériorité informationnelle de la banque qui a accès à des informations privatives). Les investisseurs potentiels peuvent alors investir dans ladite entreprise et économiser d'importants coûts d'information et de transaction.

dans au moins un des principaux organes de la presse nationale.

Le retrait d'agrément entraîne la radiation de la liste d'opérateurs de système de paiement ou d'émetteurs d'instruments de paiement. La radiation emporte de plein droit dissolution de l'opérateur ou l'émetteur d'instruments de paiement.

Art. 112. Sauf dispositions contraires de la présente loi, les systèmes, les émetteurs et les instruments de paiement sont soumis à la surveillance et au pouvoir réglementaire de la Banque centrale.

La Banque centrale prend toute mesure nécessaire pour assurer le bon fonctionnement, la sécurité, l'efficience et la solidité des systèmes.

L'opérateur du système indique à la Banque centrale les participants au système ainsi que tout changement de ces derniers.

Art. 113. Les émetteurs d'instruments de paiement régis par la loi bancaire sont exemptés de l'obligation de demande d'agrément prévu à l'article 108, alinéa 1er de la présente loi.

Ils ont cependant l'obligation de fournir à la Banque centrale une description détaillée de l'instrument de paiement qu'ils ont l'intention d'émettre, au moins un mois avant son émission effective. La Banque centrale rend une décision endéans ce délai.

Art. 114. Les opérateurs des systèmes veillent à ce que le système qu'ils exploitent offre une protection adéquate à ses participants. Ils prennent, à cet effet, toutes les mesures raisonnables pour:

1. donner un caractère définitif aux transferts de fonds ou de titre financier conformément à l'article 7 de la présente loi;

2. définir le moment de l'introduction et de l'irrévocabilité des ordres de paiement dans ces systèmes;

3. exécuter les ordres de transfert des fonds ou des titres financiers sur une base intra journalière et, au plus tard, à l'issue du jour ouvrable correspondant à la date de règlement effective.

Les opérateurs des systèmes de paiement, les participants et les émetteurs d'instruments communiquent à la Banque centrale, avant le 30 avril de chaque année, leurs états financiers arrêtés au 31 décembre de l'année précédente.

La Banque centrale peut à tout moment:

1. exiger des systèmes, des opérateurs, des participants ou des émetteurs d'instruments de paiement toute déclaration, document, information, clarification ou tout autre élément qu'elle juge utile;

2. commettre ses agents ou toute autre personne pour effectuer des contrôles sur place auprès des opérateurs, des participants ou des émetteurs d'instruments de paiement. Ces personnes peuvent consulter ou se faire délivrer une copie de tout document approprié ou toute source d'information qu'elles considèrent nécessaire pour l'exercice de leur fonction;

3. recourir aux auditeurs externes pour effectuer, en son nom, des audits du système, des opérateurs, des participants ou des émetteurs d'instruments de paiement, à charge de la Banque centrale. Cette dernière est tenue de coopérer et ne peut dans ce cadre opposer le secret professionnel.

Titre VII
DES MESURES COERCITIVES

Chapitre Ier
Des sanctions disciplinaires et administratives

Art. 115. Si l'opérateur, le participant ou l'émetteur d'un instrument de paiement enfreint une disposition légale ou réglementaire relative au système de paiement, n'obtempère pas à une injonction ou ne tient pas compte d'un avertissement de la Banque centrale, celle-ci peut prononcer à son encontre l'une des sanctions suivantes:

1. le rappel à l'ordre;

2. le blâme;

3. la suspension;

4. l'exclusion.

Art. 116. Sans préjudice des dispositions de l'article 115 de la présente loi, la Banque centrale peut, selon le cas, fixer un délai à l'opérateur, le participant ou l'émetteur d'un instrument de paiement de:

1. se conformer aux dispositions de la présente loi ou des règlements pris en exécution de celle-ci;

2. procéder aux adaptations qui s'imposent à son organisation ou son fonctionnement.

À défaut de s'exécuter, la Banque centrale est habilitée à infliger au défaillant une amende administrative dont le taux est compris entre 1.000.000 et 10.000.000 de francs congolais. Le produit de l'amende est acquis au Trésor public.

Chapitre II. Des infractions et des peines

Section 1re Des infractions et des peines spécifiques aux atteintes aux systèmes de paiement ou de traitement automatisé de données

Art. 117. Est puni d'une peine de huit jours à un an de servitude pénale et d'une amende de 200.000 à 10.000.000 de francs congolais ou de l'une de ces peines seulement l'opérateur d'un système de paiement qui néglige d'appliquer les mesures internes de sécurité nécessaires à la protection des systèmes contre les intrusions et autres actes dommageables ou de communiquer aux autorités compétentes sur les menaces concernant la sécurité dudit système.

En cas de récidive, l'amende est doublée et le contrevenant puni de quinze jours à trois ans de servitude pénale.

Art. 118. Est puni d'un à deux ans de servitude pénale et d'une amende de 10.000.000 à 20.000.000 de francs congolais ou de l'une de ces peines seulement, toute personne qui a accédé ou s'est maintenu frauduleusement, dans tout ou partie d'un système de paiement ou de traitement automatisé de données.

Cette peine est portée de deux à quatre ans de servitude pénale et d'une amende de 20.000.000 à 200.000.000 de francs congolais ou de l'une de ces peines seulement, lorsqu'il en est résulté soit la suppression ou la modification de données contenues dans le système, soit une altération du fonctionnement de ce système.

Art. 119. Est puni de trois à cinq ans de servitude pénale et de 30.000.000 à 300.000.000 de francs congolais d'amende ou de l'une de ces peines seulement, toute personne qui a:

1. intentionnellement entravé ou faussé le fonctionnement d'un système de paiement ou de traitement automatisé de données;

2. frauduleusement introduit, modifié ou supprimé des données dans un système de paiement ou de traitement automatisé. Lorsque le système de paiement ou de traitement automatisé de données fait partie des infrastructures critiques de la

République démocratique du Congo, l'auteur est poursuivi au titre de sabotage.

Art. 120. Sans préjudice des peines de servitude pénale prévues aux articles 117 et 118 de la présente loi, l'amende est portée à une somme égale à dix fois le montant de la somme gagnée par le prévenu.

Art. 121. Les co-auteurs et complices des infractions prévues aux articles 117 et 118 de la présente loi sont punis des mêmes peines que leurs auteurs.

Art. 122. Est puni de cinq à dix ans de servitude pénale et d'une amende de 50.000.000 à 500.000.000 de francs congolais ou de l'une de ces peines seulement, toute personne qui a participé à un groupement formé ou à une entente établie en vue de la préparation caractérisée par un ou plusieurs faits matériels, d'une ou de plusieurs infractions prévues par les articles 117 et 118 de la présente loi.

Section 2

Des infractions et des peines spécifiques aux cartes de paiement, aux instruments et aux procédés électroniques de paiement

Art. 123. Est puni de cinq à dix ans de servitude pénale et d'une amende de 50.000.000 à 500.000.000 de francs congolais ou de l'une de ces peines seulement, toute personne qui, en connaissance de cause:

1. utilise sans autorisation des données d'identification pour le lancement ou le traitement d'une opération de paiement électronique;

2. utilise des données d'identification fictives pour le lancement ou le traitement d'une opération de paiement électronique;

3. manipule des données ou des informations portant sur des comptes ou d'autres données d'identification, en vue du lancement ou du traitement d'une opération de paiement électronique;

4. transmet sans y être autorisée des données d'identification en vue du lancement ou du traitement d'une opération de paiement électronique;

5. détient sans y être autorisée et en connaissance de cause un élément ou une partie d'une carte de paiement ou tout autre instrument de paiement électronique contrefait;

6. fabrique, manie, détient, importe ou utilise sans autorisation ou homologation un équipement spécifique destiné:

a) à la fabrication ou à l'altération d'une carte de paiement, d'un porte-monnaie électronique ou partie de ceux-ci;

b) au lancement ou au traitement d'une opération de paiement électronique;

c) à la modification ou à l'altération de toute information ou donnée afférente à tout instrument ou opération de paiement électronique.

Art. 124. Est puni de cinq à dix ans de servitude pénale et d'une amende de 10.000.000 à 30.000.000 de francs congolais ou de l'une de ces peines seulement, toute personne qui:

1. se sera frauduleusement appropriée une carte de paiement ou tout autre instrument électronique de paiement;

2. aura contrefait ou falsifié une carte de paiement ou tout autre instrument électronique de paiement;

3. aura en connaissance de cause, fait usage ou tenté de faire usage d'une carte de paiement ou de tout autre instrument électronique de paiement contrefait, falsifié ou obtenu frauduleusement;

4. aura en connaissance de cause, accepté de recevoir un paiement au moyen d'une carte de paiement ou de tout autre instrument électronique de paiement contrefait, falsifié ou obtenu frauduleusement;

5. aura détenu, en connaissance de cause, une carte de paiement ou tout autre instrument électronique de paiement contrefait, falsifié ou obtenu frauduleusement.

Art. 125. Est puni de cinq à dix ans de servitude pénale et d'une amende de 10.000.000 à 100.000.000 de francs congolais ou de l'une de ces peines seulement, toute personne qui:

1. aura sciemment utilisé une carte de paiement après opposition pour perte ou pour vol de ladite carte sans savoir obtenu la mainlevée préalable de l'opposition;

2. continue à utiliser une carte irrégulièrement détenue malgré l'injonction de restitution reçue.

Art. 126. Est puni de cinq à dix ans de servitude pénale et d'une amende de 10.000.000 à 30.000.000 de francs congolais ou de l'une de ces peines seulement, toute personne qui aura, en connaissance de cause, effectué ou fait effectuer un transfert d'argent ou de valeur monétaire, dans le but de se procurer un avantage économique illégal ou de le procurer à une autre personne, causant ainsi de manière illicite une perte de propriété à un tiers, en:

1. introduisant, altérant, effaçant ou supprimant des données informatiques, en particulier des données permettant l'identification et/ou l'authentification;

2. perturbant le fonctionnement d'un logiciel ou d'un système informatique.

Art. 127. Est puni de cinq à dix ans de servitude pénale et d'une amende de 10.000.000 à 100.000.000 de francs congolais ou de l'une de ces peines seulement:

1. toute personne qui, en connaissance de cause, aura fabriqué, reçu, obtenu, vendu, cédé ou détenu illégalement des instruments, articles, logiciels ou tout autre moyen spécialement adapté pour commettre les infractions visées aux articles

117 et 118 de la présente loi;

2. toute personne qui, méchamment ou dans un but frauduleux, aura détruit des instruments ou machines, notamment le terminal de paiement électronique et le distributeur automatique de billets.

Section 3

Des infractions et des peines en matière de chèques et autres effets tirés sans droit

Art. 128. Est puni de cinq à dix ans de servitude pénale et d'une amende de 10.000.000 à 100.000.000 de francs congolais, ou de l'une de ces peines seulement, toute personne ayant établi un chèque, tout autre effet ou instrument de paiement sans provision ou avec une provision insuffisante et a omis d'en assurer la régularisation dans le délai prévu à l'article 82 de la présente loi.

Section 4

Des infractions spécifiques aux participants au système de paiement

Art. 129. Est puni d'une amende de 5.000.000 à 50.000.000 de francs congolais, tout émetteur d'instruments de paiement qui méconnait les obligations prescrites aux articles 36, 37, 48 et 53 de la présente loi.

Art. 130. Est puni d'une amende de 10.000.000 à 50.000.000 de francs congolais, le teneur du compte de paiement qui a omis de déclarer les incidents de paiement ainsi que les infractions prévues par les dispositions de la présente loi.

Art. 131. Est puni de cinq à dix ans de servitude pénale et d'une amende de 10.000.000 à 50.000.000 de francs congolais ou de l'une de ces peines seulement, tout opérateur de système ou tout agent de règlement qui a introduit, en connaissance de cause, un ordre de paiement irrégulier sans établir qu'il était dans l'ignorance légitime de la survenance antérieure de l'ouverture d'une procédure d'insolvabilité du participant concerné.

Art. 132. Est puni d'une amende de 3.000.000 à 30.000.000 de francs congolais, tout émetteur d'instrument de paiement ou teneur de compte de paiement qui ne respecte pas, selon le cas, ses obligations au titre de l'article 78 ou de l'article 79 de la présente

Titre VIII

DES DISPOSITIONS TRANSITOIRES ET FINALES

Art. 133. Les jugements rendus en application des chapitres Ier et II du titre VII de la présente loi sont notifiés à la Banque centrale par les soins du greffe de la juridiction compétente.

Art. 134. Dans les trois mois de l'entrée en vigueur de la présente loi, les établissements de crédit et autres émetteurs d'instruments de paiement fournissent à la Banque centrale une description détaillée des instruments de paiement déjà offerts à leurs clients.

Art. 135. Les émetteurs de cartes de paiement et autres instruments de paiement ainsi que d'autres procédés de transfert électronique de fonds disposent d'un délai d'une année pour garantir l'acceptabilité des cartes de paiement en circulation dans les conditions équitables de concurrence sur l'ensemble du système.

Art. 136. Les cartes de paiement et les autres instruments de paiement, avant la promulgation de la présente loi, restent en vigueur jusqu'à l'échéance de leur validité.

Art. 137. En attendant la création de l'Observatoire des services financiers, les attributions qui lui sont dévolues par la présente loi, sont exercées par la Banque centrale du Congo.

Art. 138. Sont abrogées, toutes les dispositions antérieures contraires à la présente loi.

Art. 139. La présente loi entre en vigueur à la date de sa promulgation.

Fait à Kinshasa, le 9 juillet 2018.

LOI N°002/2002 DU 2 FÉVRIER 2002 PORTANT DISPOSITIONS APPLICABLES AUX COOPÉRATIVES D'ÉPARGNE ET DE CRÉDIT

Titre 1 - Définitions, champ et modalités d'application

Chapitre 1 - Définitions

Art.1.- Au sens de la présente Loi, sont considérés comme

1° « Coopératives d'Epargne et de Crédit » : tout groupement de personnes, à capital variable, doté de la personnalité morale et fondé sur les principes d'union, de solidarité et d'entraide mutuelle et ayant principalement pour objet de collecter l'épargne de ses membres et de leur consentir du crédit

2° « Coopérative Primaire d'Epargne et de Crédit » ou « COOPEC » : toute coopérative d'épargne et de crédit principalement composée de personnes physiques et comptant au moins vingt membres, et opérant selon les principes énumérés à l'article 9. La dénomination d'une coopérative primaire d'épargne et de crédit comprend le sigle «COOPEC » ;

3° « Coopérative Centrale d'Epargne et de Crédit ou « COOPEC » : toute coopérative d'épargne et de crédit dont les membres sont exclusivement des COOPEC. La dénomination d'une coopérative centrale d'épargne et de crédit comprend le signe « COOCEC »

4° « Fédération de Coopératives Centrales d'Epargne et de Crédit » ou « FEDERATION » : toute coopérative d'épargne et de crédit formée exclusivement de COOCEC.

5° « RESEAU » : un ensemble de coopératives d'épargne et de crédit affiliées à une même coopérative centrale ou à une FEDERATION suivant les modalités de regroupement définies par la présente Loi.

Art.2.- Dans la présente Loi, les expressions suivantes s'entendent

1° « Lien commun » : l'identité de profession, d'employeur, du lieu de résidence, d'association ou d'objectif

2° « Dirigeant » : un membre du conseil d'administration du Conseil de surveillance, de la commission de crédit et le gérant

3° « Banque Centrale » : Banque Centrale du Congo.

Chapitre 2 - Champ et modalités d'application

Art.3.- La présente Loi s'applique aux coopératives d'épargne et de crédit exerçant leurs activités sur le territoire de la RDC.

Art.4.- La Loi Bancaire ne s'applique aux coopératives d'épargne et de crédit régies par la présente Loi que dans la mesure où cette dernière comporte des dispositions expresses à cet effet.

Art.5.- Les coopératives d'épargne et de crédit constituent un Etablissement de Crédit au sens de l'article 1 de la Loi bancaire et s'inscrit dans les catégories d'établissements de crédit pré- vues à l'article 2 de ladite Loi.

Art.6.- Les précisions concernant les opérations de banque prévues à l'article 6, au 1er alinéa de l'article 7 et à l'article 8 de la Loi Bancaire s'appliquent également aux coopératives d'épargne et crédit.

Toutefois, conformément au deuxième alinéa de l'article 3 de la Loi Bancaire, les dépôts effectués auprès des coopératives d'épargne et de crédit ne sont pas cessibles.

Art.7.- Nul ne peut se prévaloir dans sa dénomination sociale ou sa raison sociale de l'une des appellations. « Loi Bancaire » l'activité et au Etablissements de Loi relative à contrôle des Crédit suivantes ou d'une combinaison de celle-ci : « coopérative d'épargne et de crédit », « coopérative primaire d'Epargne et de crédit » ou « COOPEC », « coopérative centrale d'épargne et de crédit ou « COOCEC » et « Fédération des coopératives centrales d'épargne et de crédit », ni les utiliser pour ses activités, ni créer l'apparence d'une telle qualité, sans avoir été préalablement agréé dans les conditions prévues par les articles 15 à 19.

Tout avis de changement de dénomination doit être communiqué à la Banque Centrale et au Tribunal de Grande Instance compétent.

Art.8.- La coopérative d'épargne et de crédit ne peut exercer une activité autre que collecter l'épargne de ses membres et leur consentir du crédit, sauf dans les conditions déterminées par la Banque Centrale.

En ce cas, ces opérations doivent demeurer d'une importance limitée par rapport à l'ensemble des activités principales et sont réputées ne pas constituer l'exploitation d'un commerce ou d'un moyen de profit.

Sous réserve du premier alinéa, les activités de la coopérative d'épargne et de crédit sont réservées à ses membres.

Art.9.- La coopérative d'épargne et de crédit est régie par le principe de la coopération et ses valeurs centrales d'égalité, d'équité et d'entraide, d'autodétermination et contrôle démocratique.

Elle agit selon les coopérative suivantes règles d'action

1° l'adhésion est libre et volontaire

2° le nombre des membres n'est pas limité

3° les membres jouissent du même droit de votre selon le principe « une personne, une voix » sans égard au nombre des parts sociales qu'ils détiennent

4° un membre ne peut voter par procuration

5° l'intérêt sur les parts sociales est limité

6° les trop-perçu annuels sont d'abord versés à la réserve générale dans les limites prévues aux statuts, ensuite le solde est distribué aux membres au prorata des opération effectuées par chacun d'eux avec la coopérative d'épargne et de crédit ;

7° les actions visant l'éducation coopérative des membres sont privilégiées.

Titre 2 - Constitution, agrément et capital social

Chapitre 1 - Constitution

Art.10.- La COOPEC est constituée, conformément à la présente Loi, sous la forme de coopérative à capital variable ayant principalement pour objet de collecter l'épargne de ses membres et de leur consentir du crédit.

La constitution d'une COPEC requiert la tenue d'une Assemblée Générale constitutive ayant notamment pour objet de statuer sur l'objet de la COOPEC, sa dénomination et son siège so- cial.

L'Assemblée Générale constitutive doit en outre établir la liste des souscripteurs au capital social, approuver le projet de statuts et procéder à l'élection des membres des organes.

Les membres fondateurs doivent signer, lors de l'Assemblée constitutive une déclaration, mentionnant la dénomination de COOPEC, son siège social, le lien commun, les domicile, noms, profession et domicile des signataires ainsi que la dénomination la COOPEC à laquelle pourra éventuellement s'affilier.

Art.11.- La déclaration de Fondation renseignée à l'article 10 doit être signée par au moins vingt personnes capables de contracter, et déposée au Greffe du Tribunal de Grande Instance dans le ressort duquel la COOPEC a son siège social.

La Déclaration doit être accompagnée des statuts de la COOPEC.

Art.12.- Les statuts de la COOPEC définissent notamment

1° L'objet, la dénomination, le siège social et la zone géographique d'intervention

2° le lien commun

3° les droits et obligations des membres

4° la durée de vie de la COOPEC

5° la valeur nominale ainsi que les conditions d'acquisition, de cession et de rembourse- ment des parts sociales

6° les conditions et modalités d'adhésion, de suspension, de démission ou d'exclusion des membres

7° les conditions d'accès des membres aux services de la COOPEC

8° la responsabilité des membres vis- à-vis des tiers

9° les organes, leur rôle, leur composition et leur mode de fonctionnement

10° le nombre minimum et maximum de membres des organes, leurs pouvoirs, la durée de leur mandat et les conditions de leur renouvellement ou de leur révocation

11° les règles et normes de gestion financière ainsi que la répartition des excédents annuels sous réserve de l'article 59 ;

12° le contrôle de la COOPEC.

Art.13.- Toute modification des statuts doit être adoptée par l'Assemblée Générale extraordinaire par la décision prise à la majorité des deux tiers des voix exprimées par les membres présents.

Cette modification est soumise à l'approbation de Banque Centrale dans le délai d'un mois à compter de la date de l'Assemblée Générale ayant statué sur la modification. Elle est ensuite déposée au greffe de la juridiction compétente. Copie de la modification est transmise à la COOCEC ou à la Fédération, selon le cas.

Chapitre 2 - Agrément

Art.14.- La coopérative primaire d'épargne et de crédit doit, avant d'exercer ses activités sur le territoire de la RDC, être agréée préalablement par la Banque Centrale, dans les conditions prévues aux articles 15 à 19.

L'agrément lui confère la personnalité morale.

Art.15.- La demande d'agrément est introduite auprès de la Banque Centrale. Le dossier d'agrément, comporte les informations et documents suivants

1° les statuts dûment signés par les fondateurs

2° le procès-verbal de l'Assemblée Générale constitutive

3° la déclaration de fondation prévue à l'article 10 ;

4° les noms, adresse et profession des dirigeants

5° les pièces attestant des versements effectués au titre de souscriptions au capital ;

6° les prévisions d'activités, d'implantation d'organisation

7° le détail des moyens techniques et financiers ainsi que des ressources humaines que la COOPEC entend mettre en œuvre au regard de ses objectifs et de ses besoins

8° les règles et procédures comptables et financières

9° tous autres documents et informations susceptibles d'éclairer la décision de la Banque Centrale.

Art.16.- Dans le processus d'examen de la demande d'agrément, la Banque Centrale est habilitée à recueillir tous renseignements et documents jugés utiles à l'instruction de la demande.

Art.17.- La demande d'agrément est déposée à l'endroit indiqué par la Banque Centrale.

Dans le cas de la COOPEC en voie d'affiliation à une COOCEC, la demande d'agrément peut être introduite par cette dernière à la Banque Centrale.

Art.18.- A la réception de la demande d'agrément, la Banque Centrale délivre un avis de réception. L'examen de la demande d'agrément peut être confié à d'autres structures ou personnes dans les conditions précisées par la Banque Centrale.

Art.19.- L'agrément est accordé dans les 90 jours de la date mentionnée sur l'avis de réception, dépassé ce délai la coopérative est réputée agréée.

L'acte d'agrément est publié, aux frais de la requérante, au Journal Officiel et dans au moins un organe de grande diffusion de la presse nationale.

L'acte d'agrément précise les activités que peut exercer la COOPEC.

Le refus d'agrément est notifié à la requérante par la Banque Centrale dans le même délai que celui fixé au premier alinéa.

Chapitre 3 - Capital social

Art.20.- Le capital social de la COOPEC est constitué de parts sociales dont la valeur nominale est déterminée par les statuts.

Le capital social varie en fonction de l'évolution de la valeur et du nombre de parts sociales ainsi que du nombre de membres.

Art.21.- Les parts sociales doivent être intégralement libérées.

Elles sont nominatives et non négociables ; elles ne sont cessibles que selon les dispositions des statuts. Les parts sociales sont saisissables, sauf pour le minimum requis pour obtenir la qualité de membre, et dans la mesure où leur saisie n'entraîne pas la dissolution de la COO- PEC. Les parts sociales peuvent être rémunérées dans les limites fixées par l'Assemblée Générale.

Titre 3 - Membres - Organes dirigeants - Gérance

Chapitre 1 - Membres

Art.22.- Peut-être membre d'une COOPEC, toute personne morale ou physique capable de contracter et qui

1° partage le lien commun, tel que défini à l'article 2 ;

2° souscrit et libère au moins une part sociale

3° signe une demande d'adhésion, sauf dans le cas d'un fondateur

4° s'engage à respecter les statuts et les règlements de la COOPEC

5° s'acquitte du droit d'adhésion fixé, le cas échéant, par l'Assemblée Générale

6° est admise par le Conseil d 'Administration.

Art.23.- La COOPEC peut prévoir dans ses statuts une catégorie de membres auxiliaires. Ces membres sont des personnes physiques ou morales qui ne remplissent pas les conditions pré- vues à l'article 22 pour l'adhésion des membres.

Les statuts déterminent, en outre, les conditions de leur admission ainsi que leurs droits et obligations, sous réserve de l'alinéa ci-dessous.

Ces membres ont le droit d'assister aux Assemblées, mais ne peuvent voter ni remplir une quelconque fonction au sein de la COOPEC.

Art.24.- Un membre peut se retirer, à condition qu'il ne soit pas emprunteur ou endosseur d'un prêt. Toutefois, une démission peut être refusée, pendant deux ans maximum, lorsqu'elle a pour conséquence la dissolution de fait de la COOPEC. La décision portant refus de la démission d'un membre peut faire l'objet d'un recours devant l'Assemblée Générale.

Art.25.- Le Conseil d'Administration peut exclure tout membre qui ne respecte pas les principes de la coopération tels que définis dans la présente Loi, les statuts ou le règlement intérieur de la COOPEC, ou qui met en péril le bon fonctionnement de la COOPEC. La décision d'exclusion d'un membre peut faire l'objet d'un recours devant l'Assemblée Générale.

Art.26.- En ce qui concerne les dettes de la COOPEC, la responsabilité financière des membres est engagée à concurrence de leurs parts sociales.

Art.27.- La perte de la qualité de membre donne lieu à l'apurement de ses créances et engagements à l'égard de la COOPEC.

Chapitre 2 - Organes

Art.28.- La COOPEC est dotée des organes suivants

- l'Assemblée Générale
- le Conseil d'Administration
- le Conseil de Surveillance
- la Commission de Crédit.

Les statuts et le règlement intérieur de la COOPEC précisent les règles de fonctionnement de ses organes.

Section 1 - Assemblée générale

Art.29.- L'Assemblée Générale est l'instance suprême de la COOPEC. Elle es constituée de l'ensemble des membres convoqués conformément aux Statuts.

Art.30.- L'Assemblée Générale a notamment compétence pour :

1° s'assurer de la bonne administration et du bon fonctionnement de la COOPEC ;

2° modifier les statuts et le règlement intérieur de la COOPEC ;

3° modifier le siège social et le lien commun de la COOPEC

4° approuver les rapports des autres organes

5° élire et révoquer les membres des organes de la COOPEC

6° décider de l'affectation des trop- perçus annuels

7° définir la politique de crédit de la COOPEC ;

8° créer des réserves et toute structure qu'elle juge utile pour la réalisation de l'objet de la COOPEC ;

9° traiter de toutes autres questions relatives à l'organisation et au fonctionnement de la

COOPEC.

Art.31.- A l'exclusion des dispositions relatives aux modifications des statuts, à l'élection des membres des organes, à l'approbation des comptes et à l'affectation des résultats, l'Assemblée Générale peut déléguer certains de ses pouvoirs à tout autre organe de la COO- PEC.

Art.32.- Les membres se réunissent en Assemblée Générale ordinaire au moins une fois l'an, principalement dans les trois mois qui suivent la clôture de chaque exercice social, en vue notamment :

1° d'adopter le rapport d'activités de l'exercice

2° d'examiner et d'approuver les comptes de l'exercice

3° de donner quitus aux membres des organes de gestion ;

4° d'élire les membres des organes

5° de nommer un commissaire aux comptes, le cas échéant.

Art.33.- Les membres peuvent se réunir en Assemblée Générale extraordinaire convoquée à l'initiative :

1° du Conseil d'Administration de la COOPEC ;

2° d'au moins le tiers des membres de la COOPEC

3° du Conseil d'Administration de COOCEC à laquelle la COOPEC est affiliée

4° du Conseil de Surveillance de la COOPEC ;

5° de la Banque Centrale.

Seules les questions figurant dans l'avis de convocation peuvent faire l'objet des délibérations de l'Assemblée Générale extraordinaire.

Section 2 - Conseil d'administration

Art.34.- Le Conseil d'Administration de la COOPEC se compose d'au moins cinq administrateurs. Toutefois, les statuts de la COOPEC peuvent prévoir un nombre impair plus élevé d'administrateurs qui ne peut être supérieur à neuf.

Aucun salarié de la COOPEC ne peut faire partie du Conseil d'Administration.

Le gérant assiste avec voix consultative aux réunions du Conseil d'Administration dont il assume par ailleurs le secrétariat.

Art.35.- Le Conseil d'Administration exerce, dans les limites des statuts et du règlement intérieur, les pouvoirs qui lui sont généralement ou spécialement délégués par l'Assemblée Générale.

A cet effet, il doit notamment

1° définir la politique de gestion des ressources de la COOPEC

2° assurer le respect des prescriptions légales, réglementaires et statutaires

3° favoriser le travail des inspecteurs et de toute mission de contrôle dépêchée par la Ban- que Centrale, par la COOCEC ou par la Fédération, selon le cas

4° promouvoir par toute mesure utile, l'éducation économique, sociale et coopérative des membres

5° statuer en appel sur les décisions de la Commission de Crédit à l'endroit d'un membre

6° proposer des solutions pour un règlement à l'amiable des différends

7° mettre en application les décisions de l'Assemblée Générale

8° rendre compte périodiquement de son mandat à l'Assemblée Générale.

Art.36.- Le Conseil d'Administration se réunit dans les formes prévues par les statuts et le règlement intérieur de la COOPEC.

Art.37.- La majorité des administrateurs constitue le quorum du Conseil d'Administration. Les décisions du Conseil d'Administration sont prises à la majorité des administrateurs présents.

Section 3 - Conseil de surveillance

Art.38.- Le Conseil de Surveillance est composé de trois membres élus par l'Assemblée Générale.

Art.39.- Le Conseil de Surveillance est chargé de veiller sur les opérations de la COOPEC. Il a accès à toutes les pièces et peut obtenir tous les renseignements qu'il requiert.

Art.40.- Le Conseil de Surveillance est chargé notamment de

1° vérifier les avoirs et les engagements de la COOPEC

2° contrôler les opérations découlant des décisions de la commission de crédit

3° sou mettre ses recommandations au Conseil d'Administration

4° s'assurer que les opérations de la COOPEC sont contrôlées périodiquement et conformément aux articles 69, 74, 75 et 76 ;

5° convoquer une Assemblée Générale extraordinaire s'il estime que le Conseil d'Administration tarde à prendre les mesures que nécessite la situation

6° s'assurer que les règles de déontologie applicables à la COOPEC sont respectées.

Le Conseil de Surveillance d'une COOPEC non affiliée adopte les règles relatives à la prote tion des intérêts de la COOPEC et de ses membres.

Section 4 - Commission de crédit

Art.41.- La Commission de Crédit est composée de trois membres.

Art.42.- La majorité des membres constitue le quorum de la Commission de Crédit. Le Gérant de la COOPEC assure d'office le secrétariat et assiste, avec voix consultative, aux ré- unions.

Art.43.- La Commission de Crédit a la responsabilité de gérer la distribution et le remboursement du crédit conformément aux politiques et procédures définies en la matière.

Les décisions de la Commission de Crédit sont prises à l'unanimité.

Tout membre de la COOPEC peut se pourvoir en recours auprès du Conseil d'Administration contre une décision de la Commission de Crédit.

Section 5 - Dispositions communes aux organes d'administration, de gestion et de contrôle

Art.44.- Au sein d'une COOPEC, les fonctions de gestion et de contrôle sont exercées par des organes distincts.

Art.45.- La durée du mandat des membres du Conseil d'Administration, du Conseil de Surveillance et de la Commission de Crédit est de trois ans renouvelable chaque année au tiers des membres.

Les statuts fixent les modalités de renouvellement.

Art.46.- Les fonctions exercées par les membres au sein des organes sont bénévoles.

Seuls les frais engagés par les membres des organes dans l'exercice de leurs fonctions, peu- vent leur être remboursés dans les conditions fixées par l'Assemblée Générale.

En dehors de tels remboursements, il ne peut leur être accordé aucun avantage direct ou indirect, sous quelque forme que ce soit.

Art.47.- Les membres des organes exercent leur mandat jusqu'à l'élection de leurs successeurs.

Toute vacance au sein d'un organe est comblée pour la durée non écoulée du mandat par un membre élu par l'Assemblée Générale.

Art.48.- Le Conseil de Surveillance et la Commission de Crédit transmettent, à la fin de l'exercice social de la COOPEC, leurs rapports d'activité au Conseil d'Administration et les présentent lors de l'Assemblée Générale annuelle.

Chapitre 3 - Dirigeants

Art.49.- Nul ne peut être dirigeant d'une COOPEC, s'il :

1° n'est pas membre de la COOPE

2° a un litige avec la COOPEC ou avec la COOCEC à laquelle la COOPEC est affiliée

3° exerce une activité rémunérée au sein de la COOPEC ou du réseau, sauf en ce qui concerne le gérant

4° détient, autrement qu'en qualité de membre, un intérêt quelconque dans la coopérative d'épargne et de crédit, ou s'il exerce une autre fonction de nature à mettre en cause son impartialité

5° n'est pas de bonne conduite et de bonne moralité

6° a été condamné en RDC ou à l'étranger comme auteur, complice ou pour tentative de l'une des infractions suivantes :

- a. faux monnayage
- b. contrefaçon ou falsification de billets de banque, d'effets publics en marques
- c. contrefaçon ou falsification de sceaux, timbres, poinçons et marques
- d. faux et usage de faux en écritures
- e. vol, extorsion, détournement ou abus de confiance, escroqueries, recel ou grivèlerie
- f. banqueroute simple ou frauduleuse, circulation fictive d'effets de commerce
- g. émission de chèque sans provision
- h. corruption ou concussion
- i. blanchiment de capitaux

7° a déjà perdu la qualité de dirigeant d'une coopérative d'épargne et de crédit à la suite d'un manquement grave ou d'une faute lourde

8° a été condamné pour infraction à la présente Loi ou à la réglementation du change

9° a été déclaré en faillite, sauf réhabilitation en sa faveur, même si la faillite s'est ouverte à l'étranger

10° a pris part à l'administration, à la direction ou à la gestion courante d'un Etablissement de Crédit dont la liquidation forcée a été ordonnée ou dont la faillite a été déclarée.

Lorsque la décision dont résulte l'une des interdictions visées au présent article est ultérieurement rapportée ou infirmée, l'interdiction cesse de plein droit, à moins que la nouvelle décision ne soit susceptible de recours.

Art.50.- Nul ne peut être dirigeant d'une coopérative d'épargne et de crédit s'il exerce des fonctions de responsabilité dans un établissement concurrent, ayant totalement ou partielle- ment le même objet social. Les agents de la Banque Centrale ne peuvent pas occuper une fonction permanente au sein d'une Coopérative.

Art.51.- Nul ne peut être dirigeant dans plusieurs COOPEC, que celles-ci soient ou non affiliées à une même COOCEC.

De même, dans une COOPEC, COOCEC ou Fédération, nul ne peut être membre de plusieurs organes à la fois.

Art.52.- Les dirigeants ne peuvent obtenir des crédits ou d'autres services dispensés par la coopérative d'épargne et de crédit à des conditions plus avantageuses que celles dont bénéficient les autres membres.

Il en est de même des salariés ou de toute autre personne intéressée ou liée à un dirigeant au sens des règles de déontologie.

Art.53.- Les dirigeants sont pécuniairement responsables, individuellement ou solidairement, dans l'exercice de fautes commises de leurs fonctions.

Art.54.- Un membre d'un organe peut démissionner de ses fonctions dans les formes et conditions fixées par les statuts. Un membre d'un organe peut être suspendu ou démis par l'Assemblée Générale ou par le Conseil d'Administration pour faute grave, notamment pour violation des prescriptions léga- les, réglementaires ou statutaires.

Le membre démis perd le droit d'exercer car toute fonction au sein de la COOPEC ou du ré- seau.

Art.55.- Une personne ayant perdu la qualité de dirigeant d'une coopérative d'épargne et de crédit à la suite d'un manquement grave ou d'une faute lourde ne peut être élue dirigeant d'une COOPEC, d'une COOCEC ou d'une Fédération.

Il en est de même de tout d'une coopérative d'épargne crédit.

Chapitre 4 - Gérance

Art.56.- Le gérant est nommé par le Conseil d'Administration qui fixe les modalités de son engagement et de son licenciement, la nature de son contrat, le montant de sa rémunération ainsi que les autres avantages pouvant lui être accordés.

Il exerce ses fonctions sous l'autorité du Conseil d'Administration.

Art.57.- Le gérant est chargé de la gestion courante de la COOPEC. L'étendue de ses pouvoirs est déterminée par le règlement intérieur de la COOPEC.

Titre 4 - Règles de gestion, divulgation financière et registres

Chapitre 1 - Règles de gestion

Art.58.- La coopérative d'épargne et de crédit doit veiller au maintien de l'équilibre de sa structure financière ainsi que, dans le cas de la COOCEC et de la fédération, de celui des coopératives d'épargne et de crédit qui leur sont affiliées.

Art.59.- Pour l'application de l'article 58, la coopérative d'épargne et de crédit doit respecter les normes suivantes dont les éléments pris en compte dans leur calcul ainsi que les modalités de calcul sont définis par instruction de la Banque Centrale.

1° constituer une réserve générale par un prélèvement annuel d'au moins 15 % sur les excédents nets avant ristourne de chaque exercice, après imputation éventuelle de tout report à nouveau déficitaire

2° couvrir, à tout moment, les emplois à moyen et long termes par des ressources stables

3° s'assurer que ses valeurs disponibles, réalisables et mobilisables à court terme représentent en permanence, au moins 8O % de l'ensemble de son passif exigible et de l'encours de ses engagements par signature à court terme

4° s'assurer que l'encours total des prêts consentis à ses dirigeants n'excède pas 2O % de l'ensemble des dépôts de ses membres

5° s'assurer que les risques qu'elle porte ne peuvent excéder le double de l'ensemble des dépôts de ses membres

6° ne pas prendre, sur un seul membre, des risques pour un montant excédant 1O % de l'ensemble des dépôts de ses membres.

Art.60.- Pour les fins des paragraphes 5° et 6° de l'article 59, il faut entendre par « risque » tous prêts octroyés et tous engagements par signature pris par la coopérative d'épargne et de crédit.

Les risques portés par les bailleurs de fonds, sur les ressources affectées, ne sont pas visés aux paragraphes 5° et 6° de l'article 59.

Art.61.- Les normes prévues aux paragraphes 2°, 4°, 5° et 6 de l'article 59 peuvent faire l'objet de dérogations de la Banque centrale.

Chapitre 2 - Incitations fiscales

Art.62.- La coopérative d'épargne et de crédit est exonérée de tous impôts et taxes afférents à ses opérations de collecte de l'épargne et de distribution du crédit. Le membre de coopérative d'épargne et de crédit est également exonéré de tous impôts et taxes sur les parts sociales et sur les revenus de son épargne.

Chapitre 3 - Divulgation financière

Art.63.- L'exercice social d'u n e coopérative d'épargne et de crédit commence le 1er janvier et se termine le 31 décembre de chaque année, sauf pour le premier exercice qui débute à la date d'obtention de l'agrément.

Art.64.- Dans les 60 jours qui suivent la fin de l'exercice social, le Conseil d'Administration fait préparer, pour approbation par l'Assemblée générale, un rapport annuel qui comprend, en sus des informations sur les activités de la COOPEC, les états certifiés et établis selon les normes de la Banque Centrale.

Art.65.- Le Conseil d'Administration de la COOPEC adresse le rapport annuel, selon le cas, à la COOCEC ou à la Fédération à laquelle elle est affiliée, qui se charge d'élaborer le rapport annuel sur une base consolidée pour le réseau.

Les états financiers et les rapports annuels des coopératives d'épargne et de crédit affiliées, élaborés sur une base consolidée, sont communiquées à la Banque Centrale dans un délai de six mois suivant la clôture de l'exercice.

Les COOPEC transmettent, dans leurs rapports et annuels certifiés à la Banque Centrale.

Art.66.- La COOPEC doit produire tous documents, rapports, et renseignements en la forme, la teneur et suivant la périodicité fixée par la Banque Centrale.

Elle transmet les copies desdits documents, rapports et renseignements à la COOCEC à la COOCEC à laquelle elle est affiliée. Le cas échéant, il en va de même pour la COOCEC à l'endroit de la FEDERATION.

Chapitre 4 - Registres

Art.67.- La coopérative d'épargne et de crédit doit tenir et conserver à son siège social, des livres ou registres dont les contenus et les conditions d'accès sont déterminés par le règlement intérieur.

Art.68.- Un membre peut consulter documents versés dans le registre en obtenir extrait ou copies dans cas et suivant les conditions fixés le règlement intérieur.

Titre 5 - Autocontrôle, contrôle externe et supervision

Chapitre 1 - Autocontrôle

Art.69.- Toute COOCEC non affiliée ou toute fédération est chargée d'assurer le contrôle sur pièces et sur place des opérations des COOPEC ou des COOCEC, selon le cas, qui lui sont affiliées.

A cet effet, elle peut éditer tout manuel de procédures conformes aux normes édictées en la matière par la Banque Centrale.

La COOCEC non affiliée ou la Fédération est tenue, selon le cas, de procéder ou faire procéder à la certification des états financiers et à l'inspection, au moins une fois l'an, des COO- PEC et des COOCEC qui lui sont affiliées.

Art.70.- L'inspection a notamment pour but d'évaluer les politiques et pratiques financières des coopératives d'épargne et de crédit, de même que leur système de contrôle interne, et de s'assurer de la fiabilité de leurs états financiers ainsi que du respect des dispositions de la pré- sente Loi et de ses mesures d'application.

Art.71.- Les inspecteurs de la COOCEC ou de la Fédération, selon le cas, ont droit, dans le cadre de la mission d'inspection, à la communication de tous documents et informations nécessaires à l'exercice de leur fonction sans que le secret professionnel ne leur soit opposable.

Art.72.- Les anomalies constatées doivent faire l'objet d'un rapport assorti des recommanda- tions au Conseil d'Administration de la

COOPEC concernée et à la COOCEC à elle est affiliée. Une copie de ce rapport est transmise à la Banque Centrale.

Art.73.- Pour le besoin d'enquête, la COOCEC ou la Fédération, selon le cas, peut suspendre tout dirigeant d'une COOPEC à la suite de tout fait grave portant atteinte aux intérêts de la COOPEC ou de ses membres. Cette suspension ne peut excéder trois mois.

Chapitre 2 - Contrôle externe et supervision

Art.74.- La Banque Centrale assure la supervision des activités de contrôle des coopératives d'épargne et de crédit. Elle procède ou fait procéder, au moins une fois l'an, à l'inspection sur pièces et sur place des COOPEC, des COOCEC et des Fédérations ainsi que de toute entreprise sous le contrôle de ces dernières.

Art.75.- La Banque Centrale doit procéder ou faire procéder, au moins une fois l'an, à l'inspection des Coopératives non affiliées et doit en assurer le contrôle sur pièces et sur place.

Les COOPEC concernées participent aux frais d'inspection et de contrôle, conformément aux dispositions de l'article 91 de la loi relative à l'activité et au contrôle des Établissements de Crédit.

Art.76.- La certification des états financiers d'une COOPEC non affiliée est effectuée par un commissaire aux comptes, désigné par les membres réunis en assemblée générale annuelle pour un mandat d'un an renouvelable.

Le Commissaire aux Comptes ne peut procéder à la vérification de la COOPEC dont il est membre.

Art.77.- Les normes relatives au choix et à la rémunération des commissaires aux comptes sont déterminées par la Banque Centrale.

Art.78.- Lorsque la Banque Centrale constate

1° que les opérations d'une COOPEC sont conduites contrairement à la présente Loi, aux

Lois et Règlements en vigueur

2° que les organes de gestion d'une coopérative d'épargne et de crédit, son organisation administrative et comptable de même que son contrôle interne présent des lacunes graves

3° qu'une coopérative d'épargne et de crédit refuse de se soumettre au contrôle ou entrave de quelque façon ce contrôle ; et selon la gravité des faits, elle peut :

- a. lui adresser une mise en garde, après avoir demis ses dirigeants en mesure de présenter leurs explications
- b. lui adresser une injonction à l'effet notamment de prendre, dans un délai déterminé, toutes mesures correctives appropriées
- c. prendre toute mesure de protection, jugée nécessaire, notamment la désignation, pour une durée n'excédant pas six mois, d'un Représentant Provisoire
- d. mettre sous gestion administrative une coopérative d'épargne et de crédit. Ces mesures sont prises conformément aux règles établies par la Banque Centrale.

La COOCEC ou Fédération, selon le cas, est informée de toute initiative prise par la Banque

Centrale à l'endroit de ses membres en vertu du présent article.

Titre 6 - Secret professionnel et retrait d'agrément

Art.79.- Toute personne qui, à un titre quelconque, participe ou a participé à la gestion ou au contrôle d'une coopérative d'épargne et de crédit est tenue au secret professionnel sous peine de sanctions prévues à l'article 73 du Code Pénal Congolais Live I.

Outre le cas où la loi le prévoit, le secret professionnel ne peut être opposé ni à la Banque

Centrale, ni à l'autorité judiciaire agissant dans le cadre d'une procédure pénale.

Art.80.- Le retrait d'agrément peut intervenir dans les cas suivants

1° à la demande expresse de la COOPEC ;

2° lorsque le démarrage des activités n'intervient pas dans l'année qui suit la décision d'agrément ou lorsque la COOPEC n'exerce aucune activité depuis plus d'un an

3° à la cessation des activités de la COOPEC ;

4° en cas de fusion ou de scission

5° en cas de manquement grave ou répété à la présente Loi.

Art.81.- La décision de retrait d'agrément est notifiée à la COOPEC. Elle doit préciser le mo- tif et la date de prise d'effet de la décision.

La Banque Centrale procède, aux frais de la COOPEC, à sa publication au Journal Officiel et dans au moins un organe de la presse nationale de grande diffusion.

Art.82.- Le retrait d'agrément entraîne de plein droit la radiation de la COOPEC de la liste des Etablissements de Crédit agréés.

Titre 7 - Fusion, scission, dissolution et liquidation

Chapitre 1 - Fusion et scission

Art.83.- Deux ou plusieurs coopératives d'épargne et de crédit de même niveau peuvent fusionner.

Une coopérative d'épargne et de crédit peut se scinder en deux ou plusieurs coopératives d'épargne et de crédit du même niveau. Les conditions et les modalités de la fusion ou de la scission sont précisées par la Banque Centrale.

La décision de fusion ou de scission est soumise à l'autorisation préalable de la Banque Centrale. Elle doit au préalable s'assurer que les intérêts des membres sont préservés.

Chapitre 2 - Dissolution et liquidation

Art.84.- La dissolution d'une coopérative d'épargne et de crédit peut être volontaire ou forcée. La dissolution est dite volontaire lorsqu'elle est décidée, dans les cas prévus dans les statuts, à la majorité des trois quarts des membres réunis en Assemblée Générale extraordinaire.

La dissolution est dite forcée lorsque la décision émane de la Banque Centrale ou de l'autorité judiciaire, sur saisine de toute personne intéressée.

Art.85.- La décision de dissolution entraîne la liquidation de la coopérative d'épargne et de crédit. Elle doit être assortie de la nomination d'un ou plusieurs liquidateurs par l'Assemblée Générale extraordinaire lorsque la dissolution est volontaire, ou par la Banque Centrale s'il s'agit d'une dissolution forcée.

Les COOCEC et les Fédérations, selon le cas, peuvent être associées à la conduite des opérations de liquidation des COOPEC ou des COOCEC qui leur sont affiliées.

Art.86.- A la clôture de la liquidation, lorsqu'il subsiste un excédent, l'Assemblée Générale peut décider de l'affecter au remboursement des parts sociales des membres.

Le solde éventuellement disponible après cette opération est dévolu à une autre COOPEC ou à des œuvres d'intérêt social ou humanitaire.

Art.87.- Sous réserve des dispositions de la présente Loi, la liquidation s'effectue conformé- ment aux règles fixées par la loi relative à l'activité et au contrôle des Etablissements de Crédit.

Titre 8 - Regroupement de coopératives d'épargne et de crédit

Chapitre 1 - Dispositions communes au regroupement

Art.88.- Sauf incompatibilité, les dispositions des titres II et III ainsi que de leurs mesures d'exécution s'appliquent, mutatis mutandis, aux COOCEC et aux Fédérations.

Art.89.- Lorsque plusieurs coopératives d'épargne et de crédit d'un réseau se voient confier par la présente Loi une même mission, il leur appartient de déterminer, par règlement, laquelle d'entre elles doit exercer cette attribution.

Chapitre 2 - Coopérative centrale d'épargne et de crédit ou « COOCEC »

Art.90.- Sept coopératives primaires d'épargne et de crédit au moins peuvent, avec l'agrément de la Banque Centrale, se regrouper pour constituer une coopérative centrale d'épargne et de crédit ou COOCEC.

Art.91.- Les COOPEC désirant former une COOCEC doivent signer une déclaration de fon- dation indiquant :

1° la dénomination de la COOCEC projetée

2° le lien commun

3° les dénominations des COOPEC adhérentes et le nombre de parts sociales souscrites par chacune d'elles

4° les noms, profession et domicile de la personne désignée pour agir comme secrétaire provisoire de la COOCEC pour la convocation de l'Assemblée constitutive

5° son siège social.

Cette déclaration doit être signée par les représentants des COOPEC, lesquels représentants doivent être autorisés à cette fin par résolutions de leurs conseils d'administration respectifs, ratifiées par les assemblées générales de leurs membres. Ces résolutions doivent faire mention des noms des personnes autorisées à signer la déclaration de fondation.

Une copie de cette déclaration ainsi que les statuts et le règlement intérieur sont déposés au

Greffe du Tribunal de Grande Instance dans le ressort duquel la COOCEC a son siège social

Art.92.- Une COOCEC a pour but de promouvoir et de protéger les intérêts de ses membres. A cette fin, elle peut notamment :

1° recevoir et faire fructifier les dépôts des COOPEC

2° consentir des prêts à ses membres

3° conclure des conventions avec une COOPEC affiliée pour diriger ou gérer ses affaires pendant une période déterminée

4° établir le mode de paiement des contributions des COOPEC affiliées

5° s'occuper, à la demande des COOPEC, des recouvrements et encaissements, faciliter l'échange des effets négociables entre les COOPEC membres et autres Etablissements de

Crédit

6° effectuer des placements et contracter les emprunts jugés nécessaires pour son propre compte et pour celui des COOPEC ;

7° effectuer le contrôle administratif et de gestion des COOPEC ;

8° formuler des avis sur la création et l'agrément d'une COOPEC

9° organiser des sessions de formation et d'assistance technique

10° définir, à l'usage de ses membres, les règles de déontologie.

Art.93.- Les statuts de la COOCEC déterminent, dans les limites fixées par la présente Loi, notamment les conditions d'adhésion, de démission ou d'exclusion des membres, les modes d'administration et de contrôle.

Chapitre 3 - Fédération de coopératives centrales d'épargne et de crédit

Art.94.- Deux coopératives centrales d'épargne et de crédit ou COOCEC au moins peuvent, avec l'agrément de la Banque Centrale, se regroupe pour constituer une Fédération des coopé- ratives d'épargne et de crédit ou Fédération, en abrégé.

Art.95.- La Fédération a pour objet

1° d'assumer des fonctions techniques, administratives et financières au bénéfice de ses membres ;

2° de représenter les COOCEC vis- à-vis des partenaires tant sur le plan national qu'international

3° de consolider les liens qui unissent les COOCEC et de défendre leurs intérêts communs

4° de favoriser leur croissance et leur développement

5° d'effectuer le contrôle de la gestion administrative et financière de COOCEC et des COOPEC ;

6° de promouvoir l'expansion de la philosophie coopérative et de veiller à son respect

7° de définir les objectifs communs en vue de réaliser l'unité de pensée et d'action des COOCEC et des COOPEC

8° de proposer toute mesure permettant d'orienter et de coordonner les activités des COOCEC ;

9° de formuler des avis sur la création et l'agrément d'une COOPEC ou d'une COOCEC ;

10° de définir, à l'usage de ses membres, les règles de déontologie

11° d'assumer toute autre tâche que les COOCEC lui confient.

Art.96.- Les statuts de la Fédération définissent, dans les limites fixées par la présente Loi, les règles relatives à son organisation et à son fonctionnement.

Titre 9 - Sanctions

Chapitre 1 - Sanctions disciplinaires et administratives

Art.97.- Si une coopérative d'épargne et de crédit enfreint une disposition légale ou réglementaire afférente à son activité, n'obtempère pas à une injonction ou ne tient pas compte d'une mise en garde, la Banque Centrale peut prononcer l'une des sanctions disciplinaires suivantes

1° l'avertissement

2° le blâme

3° l'interdiction d'effectuer certaines opérations ou activités

4° la suspension ou la démission d'office des dirigeants responsables

5° la révocation du commissaire aux comptes

6° le retrait d'agrément.

Art.98.- Sans préjudice des dispositions de l'article 97, la Banque Centrale peut impartir un délai à une coopérative d'épargne et de crédit afin de

1. se conformer à certaines dispositions de la présente Loi et de ses mesures d'application

2. procéder aux adaptations qui s'imposent à son organisation et à son fonctionnement.

A défaut de ce faire, la coopérative d'épargne et de crédit concernée est passible d'une amende administrative dont le taux est fixé par la Banque Centrale.

Les sanctions disciplinaires sont prises sans préjudice des sanctions pénales de droit commun.

Chapitre 2 - Astreintes

Art.99.- La coopérative d'épargne et de crédit qui ne respecte pas les normes prudentielles établies par la Banque Centrale est passible d'une astreinte dont le taux est fixé par cette der- nière. Le produit de l'astreinte est versé au Trésor par les soins de la Banque Centrale.

Chapitre 3 - Sanctions pénales

Art.100.- Est possible d'une peine de servitude pénale d'un mois à un an et d'une amende de

30 000 à 300 000 Francs Congolais ou de l'une de ces peines seulement

1° toute personne qui contrevient aux dispositions des articles 7, 8 et 49;

2° toute personne qui, participant directement ou indirectement à l'administration, à la direction, au contrôle ou à la gestion d'une coopérative d'épargne et de crédit :

- a) fait obstacle à la mission des personnes mandatées par la Banque Centrale pour effectuer une inspection prévue aux articles 71, 74 et 75 ;
- b) fait obstacle à la mission du Représentant Provisoire prévue à l'article 78 ;
- c) communique au public, à la Banque Centrale ou aux personnes mandatées par elles, des renseignements sciemment inexacts ou incomplets

3° toute personne qui, participant directement ou indirectement à l'administration, à la direction, au contrôle ou à la gestion d'une coopérative d'épargne et de crédit, contrevient sciemment aux dispositions des articles 13, 49 à 79 et 83 ;

4° Toute personne qui refuse de soumettre ses livres, comptes et dossiers à l'examen de la

Banque Centrale conformément à l'article 66.

Art.101.- Les coopératives d'épargne et de crédit sont civilement responsables des condamna- tions à l'amende prononcée en vertu des dispositions des articles 98 et 100 contre toute per- sonne qui participe, directement ou indirectement, à leur administration, gestion ou contrôle.

Toutefois, la responsabilité civile des coopératives d'épargne et de crédit ne joue pas en ce qui concerne les administrateurs, gérants et représentants provisoires ainsi que les commissaires aux comptes désignés par la Banque Centrale[13].

---

[13] **Les douze engagements des banques en matière de taux variable**

En mars 2008, le député Frédéric Lefebvre a présenté un rapport d'information sur les emprunts immobiliers à taux variable préconisant des mesures visant à améliorer l'information des emprunteurs. Le 22 mai 2008, les banques ont repris une partie de ces recommandations sous la forme des « 12 engagements des établissements de crédit en matière de taux variable et d'accession à la propriété ».

Ces engagements ont été signés par la Fédération bancaire française (FBF) et l'Association française des sociétés financières (ASF) et :

- ne concernent que le financement de l'acquisition de la résidence principale de l'emprunteur au moyen d'un prêt à taux révisable en euros,
- ne précisent pas si les SCI sont concernées par ces dispositions,
- n'ont pas été intégrés au Code de la consommation,
- doivent être mis en œuvre pour toute offre de prêt à taux révisable émise à compter du 1er octobre 2008,
- doivent être mis en œuvre pour toute simulation de prêt à taux révisable émise à compter du 21 mai 2009.

Engagements en matière de crédit à taux variable

Du taux variable au taux maîtrisable (engagement n° 1)

Pour toute proposition (offre ou simulation) de prêt à taux variable, les banques présentent une alternative de prêt à taux maîtrisable ou à taux fixe. Le prêt à taux maîtrisable comporte soit un plafond d'évolution du taux, soit une limite d'évolution des mensualités et de la durée.

La fin des taux d'appel (engagement n° 2)

Les établissements de crédit ne pratiquent pas de taux d'appel. Le taux d'appel est un avantage commercial consistant à bonifier le taux de départ de façon importante en le réduisant sur quelques mois par rapport au taux de fonctionnement du prêt prévu au contrat.

Le calcul du TEG se fait sur la base des taux des différentes périodes : lorsque les prêts sont à périodes de taux successives et/ou paliers de mensualités qui comportent pour chacun une définition spécifique du taux d'intérêt appliqué et/ou de la mensualité, ces éléments sont clairement indiqués dans les simulations et les offres de prêt.

La fin de l'amortissement négatif (engagement n° 3)

Une révision de taux sur un prêt à taux maîtrisable, ne peut générer un report d'intérêts entraînant un capital restant dû en fin de prêt, apprécié au niveau de l'ensemble des prêts finançant le projet immobilier (amortissement négatif). En cas de remboursement anticipé total, consécutif à la revente du bien, les éventuels reports d'intérêts du prêt à taux maîtrisable (liés à une hausse de taux), au-delà du capital initial tous prêts confondus, seront abandonnés par l'établissement prêteur et donc non exigibles.

Publication d'un glossaire des principaux termes utilisés (engagement n° 4)

Afin de faciliter la compréhension et la lecture des informations relatives aux prêts à taux variable, les établissements de crédit élaborent un glossaire définissant les principaux

termes utilisés dans les communications et les documents contractuels sur les prêts à taux variable.
Ce glossaire, une fois réalisé, sera disponible sur les sites internet de la profession, des banques et des établissements spécialisés concernés.
Plusieurs simulations types dès la demande de prêt (engagement n° 5)
Des simulations types pour illustrer les impacts d'une variation de taux sont systématiquement remises au client dès la demande de prêt à taux variable.
L'établissement financier remet au client, des simulations types illustrant le comportement possible du prêt et notamment le détail des impacts de l'évolution du taux ainsi que les conséquences sur la durée, les mensualités, le capital, le coût total.
Ce document comporte trois exemples de variation de taux venant compléter l'hypothèse du maintien du taux de départ :

- un à la baisse (-2 points),
- un à la hausse en début de prêt (+2 points)
- et un troisième à l'initiative de l'établissement de crédit en fonction d'un scénario de taux.

Ce document n'engage pas le prêteur à faire une offre de prêt, ni sa responsabilité notamment quant à l'évolution du taux à venir. Il n'a qu'une vocation pédagogique.
Des simulations personnalisées sont remises au client au moment de l'offre de prêt à taux variable (engagement n° 6)
Cet engagement vient compléter et préciser le dispositif légal introduit par la loi du 3 janvier 2008 (intégré au Code de la consommation dans l'article L312-8) qui prévoit la remise au moment de l'offre de prêt de simulations détaillant l'impact d'une variation du taux du prêt sur les caractéristiques du contrat du client (conséquences sur la durée, les mensualités, le capital, le coût total du prêt) ainsi qu'une notice présentant les conditions et modalités de variation du taux d'intérêt.
Ce document comporte trois simulations personnalisées de variation de taux venant compléter l'hypothèse du maintien du taux de départ :

- un à la baisse (-2 points),
- un à la hausse en début de prêt (+2 points)
- et un troisième à l'initiative de l'établissement de crédit en fonction d'un scénario de taux.

En conséquence, dans l'hypothèse où le prêt simulé serait de type capé supérieur à 2, la banque n'est pas obligée de présenter une simulation présentant les incidences de l'augmentation maximum du taux.
Ni l'engagement n°6, ni le Code de la consommation ne mentionnent l'obligation de faire figurer le TEG sur ces exemples de variation. Le TEG reste néanmoins obligatoire sur la première simulation (celle qui prévoit un maintien du taux de départ).
Information sur les souplesses prévues dans l'offre (engagement n° 7)
Les souplesses incluses dans un financement à taux variable et leurs conditions de mise en œuvre sont clairement communiquées au client.
Les contrats de prêts mentionnent souvent des modalités permettant d'adapter le fonctionnement du prêt à l'évolution de la situation de l'emprunteur : augmentation,

diminution ou report des échéances, remboursement anticipé partiel ou total, passage à taux fixe...
Les établissements financiers annexent à la demande de prêt taux variable, les informations sur les souplesses proposées et leurs conditions de mise en œuvre, y compris leur coût.
Le plafonnement légal des indemnités de remboursement anticipé ou celui prévu au contrat s'il est plus avantageux pour l'emprunteur, doit être rappelé dans l'offre.
Les cas dans lesquels le client bénéficie de l'exonération totale d'indemnités de remboursement anticipé (vente du bien immobilier suite à une mobilité professionnelle de l'emprunteur ou de son conjoint, chômage ou décès de l'emprunteur ou de son conjoint) doivent être mentionnés dans l'offre. Le prêteur et l'emprunteur peuvent contractuellement ajouter d'autres cas.
Information sur le passage à taux fixe (engagement n° 8)
Le client est informé avec précision si, quand et comment il pourra passer à taux fixe. L'offre doit préciser l'existence ou non d'un passage à taux fixe ainsi que ses modalités et son coût.
Ces informations figurent dans l'offre, et sont également fournies lors de la demande de prêt.
Les autres engagements
Affectation des remboursements anticipés partiels (engagement n° 9)
Le client est libre d'affecter proportionnellement ses remboursements anticipés partiels aux différents prêts.
Cette bonne pratique est généralisée dans le respect des montants minimaux prévus, afin de proscrire toute clause qui obligerait le client à affecter en priorité ses remboursements anticipés partiels sur le prêt au taux le plus faible.
Il n'est donc pas possible d'imposer le remboursement en priorité du seul prêt à taux zéro.
Information sur les prêts aidés (engagement n° 10)
Les emprunteurs sont informés de l'existence et des bénéfices des prêts aidés. Sont particulièrement visés le prêt à l'accession sociale PAS et le nouveau prêt à taux zéro (NPTZ).
Participation au bilan de la DGTPE (engagement n° 11)
Les établissements de crédit s'engagent à participer à l'actualisation fin 2008 du bilan réalisé par la DGTPE (Direction générale du Trésor et de la Politique Économique) concernant les crédits en cours à taux variables et la mise en place un examen individualisé de la situation des clients ayant souscrit un crédit immobilier à taux variable non plafonné et qui éprouveraient des difficultés de remboursement.
Améliorer l'attractivité du prêt PAS (engagement n° 12)
Les sociétés de crédit s'engagent à améliorer l'attractivité et la sécurité du prêt conventionné réservé à l'accession sociale (PAS) et à soutenir la proposition du rapport Lefebvre d'étudier un relèvement des plafonds de ressources applicables au PAS. Le relèvement des plafonds est une mesure mise en œuvre pour la période du 01/11/2008 au 31/12/2009.

Art.102.- Toute information relative à une infraction à la présente Loi doit être portée à la connaissance de la Banque Centrale par l'autorité judiciaire ou administrative qui en est sai- sie.

Art.103.- Les autorités judiciaires saisies des poursuites relatives aux infractions prévues à la présente Loi peuvent, en tout état de la procédure, requérir de la Banque Centrale tous avis et informations utiles.

Pour l'application de la présente Loi, la Banque Centrale peut se constituer partie civile.

Art.104.- La Banque Centrale est habilitée à transiger et à fixer elle-même les conditions de la transaction pour les infractions commises aux dispositions de la présente Loi.

La transaction acceptée par le Ministère Public éteint l'action publique, même en ce qui concerne les peines de servitude pénale.

Titre 10 - Dispositions transitoires et finales

Art.105.- Des instructions et règlements de la Banque Centrale définissent, en tant que de besoin, les modalités d'application de la présente Loi.

Art.106.- Les décisions de la Banque Centrale peuvent faire l'objet d'un recours devant la juridiction compétente.

Art.107.- Les coopératives d'épargne et de crédit, dûment agréées conformément aux dispositions légales en vigueur à la date de la promulgation de la présente Loi, sont considérées comme agréées sur simple déclaration à la Banque Centrale. Elles disposent d'un un, à compter de l'entrée en vigueur de la présente Loi, pour se conformer à ces dispositions.

Art.108.- La présente Loi, qui entre en vigueur à la date de sa promulgation, abroge et rem- place toutes les dispositions antérieures régissant les coopératives d'épargne et de crédit.

TROISIEME PARTIE.

LA REGLEMENTATION MONETAIRE DE L'AFRIQUE DE L'OUEST

- BCEAO – Instruction n°01/03/2011 du 18 mars 2011 relative aux modalités d'intervention de la BCEAO dans le cadre de la conduite de la politique monétaire
- BCEAO – Instruction n°01/07/2011/RFE du 13 juillet 2011 relative à l'exécution des règlements avec l'étranger ou avec les non-résidents
- BCEAO – Instruction n°01/2006 du 31 juillet 2006 relative à l'émission de monnaie électronique et aux établissements de monnaie électronique
- BCEAO – Instruction n°02/03/2011 du 18 mars 2011 relative aux modalités de constitution des réserves obligatoires auprès de la BCEAO
- BCEAO – Instruction n°02/07/2011/RFE du 13 juillet 2011 relative à la domiciliation et au règlement des importations
- BCEAO – Instruction n°03/03/2011 du 18 mars 2011 relative à la transmission des informations liées aux conditions de banque de l'UMOA
- BCEAO – Instruction n°03/07/2011/RFE du 13 juillet 2011 relative à la constitution des dossiers de domiciliation des exportations et à leur apurement
- BCEAO – Instruction n°04/03/2011 du 18 mars 2011 relative à l'organisation du marché secondaire des bons de la BCEAO
- BCEAO – Instruction n°04/07/2011/RFE du 13 juillet 2011 relative à la couverture du risque de change et du risque de prix par les résidents sur les opérations commerciales et financières avec l'extérieur
- BCEAO – Instruction n°05/07/2011/RFE du 13 juillet 2011 relative à la délivrance des allocations en devises aux voyageurs résidents
- BCEAO – Instruction n°06/07/2011/RFE du 13 juillet 2011 relative aux conditions d'exercice de l'activité d'agréé de change manuel
- BCEAO – Instruction n°07/07/2011/RFE du 13 juillet 2011 relative aux opérations de reprise de devises à la clientèle par des sous-délégataires

■BCEAO – Instruction n°08/07/2011/RFE du 13 juillet 2011 relative aux conditions d'ouverture et aux modalités de fonctionnement des comptes étrangers de non-résidents, des comptes intérieurs en devises de résidents et des comptes de résidents à l'étranger

■BCEAO – Instruction n°09/07/2011/RFE du 13 juillet 2011 relative à la délivrance de l'autorisation de l'autorité en charge de la réglementation des relations financières extérieures des Etats membres de l'UEMOA, aux entités non-résidentes désireuses de faire appel public à l'Épargne dans l'UEMOA

■BCEAO – Instruction n°10/07/2011/RFE du 13 juillet 2011 relative aux avoirs détenus auprès des banques installées hors de l'UEMOA au titre des besoins courants des établissements de crédit

■BCEAO – Instruction n°11/07/2011/RFE du 13 juillet 2011 relative aux comptes rendus périodiques à adresser aux autorités chargées de veiller au respect des dispositions de la réglementation des relations financières extérieures des Etats membres de l'UEMOA

■UEMOA – Commission bancaire UMOA – Circulaire n°11-01 du 4 janvier 2011 relative à la procédure d'audition des dirigeants, administrateurs et représentants d'actionnaires des établissements de crédit et des systèmes financiers décentralisés de l'UMOA

■UEMOA – Commission bancaire UMOA – Circulaire n°11-02 du 4 janvier 2011 précisant les conditions d'exercice des fonctions d'administrateurs et de dirigeants au sein des établissements de crédit de l'UMOA

■UEMOA – Commission bancaire UMOA – Circulaire n°11-03 du 4 janvier 2011 relative à l'organisation du système de contrôle interne des établissements de crédit de l'UMOA

■UEMOA – Commission bancaire UMOA – Circulaire n°11-04 du 4 janvier 2011 relative aux conditions d'exercice du commissariat aux comptes auprès des établissements de crédit de l'UMOA

■UEMOA – Commission bancaire UMOA – Circulaire n°11-05 du 4 janvier 2011 relative à la gouvernance des établissements de crédit de l'UMOA

■UEMOA – Commission bancaire UMOA – Circulaire n°11-06 du 4 janvier 2011 relative à la mise sous administration provisoire des établissements de crédit et des systèmes financiers décentralisés de l'UMOA

■UEMOA – Commission bancaire UMOA – Circulaire n°11-07 du 4 janvier 2011 relative à la liquidation des établissements de crédit et des systèmes financiers décentralisés de l'UMOA

- UEMOA – Convention du 3 avril 2007 portant création de la Commission Bancaire de l'Union Monétaire Ouest Africaine
- UEMOA – Directive n°04/2007/CM/UEMOA du 4 juillet 2007 relative a la lutte contre le financement du terrorisme dans les Etats membres de l'UEMOA
- UEMOA – Directive n°07/2002/CM/UEMOA du 19 septembre 2002 relative à la lutte contre le blanchiment de capitaux dans les Etats membres de l'UEMOA
- UEMOA – Directive n°08/2002/CM/UEMOA du 19 septembre 2002 portant sur les mesures de promotion de la bancarisation et de l'utilisation des moyens de paiement scripturaux
- UEMOA – Règlement n°03/2012/CM/UEMOA du 10 mai 2012 portant adoption du plan comptable des mutuelles sociales au sein de l'UEMOA
- UEMOA – Règlement n°09/2006/CM/UEMOA du 29 juin 2006 portant adoption de règles comptables spécifiques applicables aux intervenants agréés du marché financier régional
- UEMOA – Règlement n°09/2010/CM UEMOA/ du 1er octobre 2010 relatif aux relations financières extérieures des Etats membres de l'UEMOA
- UEMOA – Règlement n°09/98/CM/UEMOA du 20 décembre 1998 portant réglementation sur les changes
- UEMOA – Règlement n°15/2002/CM/UEMOA du 19 septembre 2002 relatif aux systèmes de paiement dans les Etats membres de l'UEMOA

INSTRUCTION N° 001/03/2011 RELATIVE AUX MODALITES D'INTERVENTION DE LA BANQUE CENTRALE DES ETATS DE L'AFRIQUE DE L'OUEST (BCEAO) DANS LE CADRE DE LA CONDUITE DE LA POLITIQUE MONETAIRE

Le Gouverneur de la Banque Centrale des Etats de l'Afrique de l'Ouest (BCEAO),

Vu le Traité de l'Union Monétaire Ouest Africaine (UMOA), en date du 20 janvier 2007, notamment en son article 34,

Vu les Statuts de la Banque Centrale des Etats de l'Afrique de l'Ouest (BCEAO), annexés au Traité de l'Union Monétaire Ouest Africaine, en date du 20 janvier 2007, notamment en leur article 62,

Vu la Loi uniforme portant réglementation bancaire, notamment en son article 56,

Vu la Décision n° 397/12/2010 du 2 décembre 2010 du Comité de Politique Monétaire portant règles, instruments et procédures de mise en œuvre de la politique de la monnaie et du crédit de la BCEAO, notamment en son titre premier,

DECIDE

TITRE PREMIER : DISPOSITIONS GENERALES

Article premier: Objet

La présente instruction a pour objet de préciser les modalités pratiques des interventions de la BCEAO dans le cadre de la conduite de la politique monétaire, effectuées par appels d'offres d'open market, des refinancements sur les guichets de prêt marginal et d'avance intra-journalière ainsi que des transactions sur le marché interbancaire.

TITRE Il : APPELS D'OFFRES D'OPEN MARKET Article 2: Avis d'appel d'offres

La BCEAO annonce l'organisation de chaque adjudication par un avis d'appel d'offres dont le modèle est joint à l'annexe 1.1, diffusé aux participants par toute voie de communication rapide, au plus tard trois (3) heures avant l'heure de dépôt des soumissions.

L'avis d'appel d'offres comporte les caractéristiques de l'opération, notamment:

- le numéro de référence de l'appel d'offres ;
- la nature de l'adjudication (injection ou reprise de liquidités) ;
- le type d'adjudication (taux fixe ou variable) ;
- le montant maximum mis en adjudication, le cas échéant ;

- le taux d'intérêt minimum de soumission pour les injections de liquidités ; le taux d'intérêt maximum de soumission pour les reprises de liquidités ; le montant maximum de soumission, par intervenant, le cas échéant;
- la date de valeur de l'adjudication ;
- la durée de l'opération ;
- la date d'échéance ;
- la date et l'heure limites de dépôt des soumissions.

Article 3: Soumissions

Les offres sont soumises, le jour indiqué sur l'avis d'appel d'offres au plus tard à l'heure limite indiquée, à l'aide des formulaires dont les modèles sont repris aux annexes 1.2 et 1.3 de la présente instruction.

Le montant des soumissions porte sur un nombre entier de millions de francs CFA. Il peut être scindé, sans limitation, en plusieurs offres assorties de taux d'intérêt différents exprimés avec quatre (04) décimales et portant chacune sur un nombre entier de millions de FCFA.

Pour les opérations d'injection de liquidités, les offres à des taux en dessous du taux minimum de soumission sont rejetées. Pour les opérations de reprise de liquidité, les offres au-dessus du taux maximum sont rejetées.

Dans le cas des adjudications à taux d'intérêt fixe, les participants indiquent uniquement le montant de leur offre.

Les soumissionnaires aux opérations d'injection de liquidités indiquent le montant et la nature des actifs mobilisables déposés en garantie.

Les soumissions sont transmises, par des moyens de communication rapides et sécurisés convenus entre la Banque Centrale et chaque intervenant, auprès de !'Agence Principale de la BCEAO du pays d'établissement de ce dernier, le jour indiqué dans l'avis d'appel d'offres et au plus tard à l'heure limite fixée.

Les participants éligibles disposant d'un compte ordinaire ou d'un compte de règlement dans les livres du Siège de la BCEAO, lui transmettent dans les mêmes délais leurs soumissions par toute voie de communication rapide et sécurisée convenue avec la Banque Centrale.

Les soumissions aux appels d'offres de la BCEAO sur le marché monétaire sont fermes et irrévocables.

Article 4: Effets et titres pris en pension

Les emprunteurs sur le marché monétaire doivent, à la date de la soumission, disposer en dépôt à la Banque Centrale ou auprès d'un dépositaire agréé par elle, d'un volume de titres ou d'effets admissibles, de valeur supérieure d'au moins 10% à la demande. Ces supports doivent être disponibles à la date de valeur de l'adjudication.

Les intervenants autorisent la Banque Centrale à prendre en pension, le cas échéant, les effets et titres déposés en garantie pour une valeur couvrant le montant de l'avance qui leur a été consentie.

Pendant la durée de la pension, les intérêts perçus sur les titres pris en pension sont intégralement reversés au cédant.

Article 5 : Dépouillement des offres

Les soumissions des intervenants de tous les Etats membres de l'UMOA sont centralisées au Siège de la BCEAO et dépouillées, le jour de dépôt des soumissions. Les soumissions sont retenues en commençant, pour les injections de liquidités, par celle assortie du taux d'intérêt le plus élevé, pour les reprises de liquidités, par celle exprimée au taux d'intérêt le plus bas.

Le taux d'intérêt de la dernière offre retenue est le taux marginal, qui correspond au taux minimum retenu, lorsqu'il s'agit d'une injection de liquidités, et au taux maximum retenu, lorsqu'il s'agit d'une reprise de liquidités.

Un taux moyen pondéré (TMP) des soumissions retenues est déterminé pour chaque adjudication. Il est calculé comme suit:

Article 6 : Communication des résultats

Les résultats des adjudications périodiques sont communiqués aux participants au plus tard vingt-quatre(24) heures après la date de dépôt des soumissions.

Pour les adjudications ponctuelles, les résultats sont communiqués au plus tard douze (12) heures après l'heure de dépôt des soumissions.

Ils comprennent les résultats globaux pour tous les Etats membres de l'UMOA, le taux marginal, le taux moyen pondéré de l'adjudication, consignés dans un tableau récapitulatif, le résultat individuel de chaque intervenant ainsi que toute autre information que la Banque Centrale juge nécessaire de communiquer aux intervenants.

Le tableau récapitulatif des résultats de l'adjudication et un communiqué de presse sont publiés. Les comptes des participants sont mouvementés à la date de valeur indiquée dans l'avis d'appel d'offres.

Article 7: Décompte des intérêts

Les intérêts sont calculés au prorata du nombre de jours entre la date de valeur et celle du dénouement effectif de l'adjudication. Chaque soumission retenue est servie au taux effectivement proposé par l'intervenant, conformément à la technique d'adjudication à taux d'intérêt variable ou, le cas échéant, au taux fixe annoncé à l'avance.

Les intérêts sont imputés, sauf précompte le cas échéant, le premier jour ouvré suivant la date d'échéance, par le débit du compte ordinaire ou de règlement des bénéficiaires d'avances dans le cas des injections de liquidités, ou par le crédit du compte ordinaire ou du compte de règlement des offreurs de ressources dans le cas des reprises de liquidités. Les intérêts sont calculés sur la base de la convention « nombre exact de jours *I* 360 ».

La Banque Centrale notifie à chaque intervenant concerné, le montant des intérêts décomptés, à l'aide de formulaires dont les modèles sont joints aux annexes 1.4 et 1.5.

Article 8 : Défaut de paiement

Tout souscripteur ne disposant pas d'une provision suffisante pour la couverture à la date de règlement de ses soumissions retenues ou pour le remboursement à l'échéance des avances obtenues, est suspendu jusqu'à la régularisation de sa situation et au moins pour une (01) séance, sans préjudice de toute autre sanction applicable, le cas échéant, aux incidents de paiement. En cas de récidive dans un délai de douze (12) mois, il est suspendu pour au moins deux (02) séances après régularisation de sa situation.

La Banque Centrale publie à l'intention des participants une annonce indiquant, pour une adjudication donnée, les incidents de paiement ainsi que les sanctions infligées à leurs auteurs.

Article 9 : Taux Moyen Mensuel du marché monétaire

Au plus tard, le premier jour ouvré suivant la fin du mois, la Banque Centrale calcule et communique aux établissements de crédit le Taux Moyen Mensuel du marché monétaire. Il est égal à la moyenne du Taux des appels d'offres hebdomadaires du mois, pondéré par la durée.

Article 10 : Taux Moyen Semestriel du marché monétaire

Au plus tard, le 19' jour ouvré suivant la fin du semestre, la Banque Centrale calcule et communique aux établissements de crédit, le Taux Moyen Semestriel du marché monétaire. Sa formule de calcul se présente comme suit :

II T Xn

TMS=L-'-'

i=I n

T; = taux marginal des opérations d'injection hebdomadaire de liquidités (i) du semestre n; = durée correspondante du T;

n = nombre de jours effectifs du semestre.

TITRE III: OPERATIONS INITIEES SUR LE MARCHE INTERBANCAIRE

Article 11 : Communication des opérations interbancaires à la Banque Centrale

Les établissements de crédit, intervenant sur le marché interbancaire, sont tenus de communiquer à la BCEAO, par les voies les plus rapides, chaque jour, à 16 heures 30 minutes temps universel, heure limite, à l'aide du formulaire dont le modèle est joint à l'annexe 1.9 de la présente instruction, le détail des opérations qu'ils ont effectuées sur ledit marché au cours de la journée.

La BCEAO peut également recueillir auprès d'Opérateurs Principaux de Marché, par les voies les plus rapides, les montants des offres et demandes prévisionnelles de liquidités, susceptibles d'être présentées sur le marché interbancaire dans la journée.

La BCEAO calcule et publie quotidiennement les taux d'intérêt indicatifs de référence ressortant des transactions effectuées sur les principaux compartiments suivants du marché interbancaire à l'échelle de l'UMOA : un (01) jour, une (01) semaine, un (01) mois, trois (03) mois, six (06) mois, neuf (09) mois et douze (12) mois.

Article 12: Gage de titres auprès de la Banque Centrale

Les intervenants du marché interbancaire peuvent procéder à un gage de leurs titres déposés à la Banque Centrale ou ceux pour lesquels celle-ci est dépositaire, en vue de servir de supports à des emprunts interbancaires.

En vue de la constitution du gage, le constituant communique à !'Agence Principale de la BCEAO concernée, un formulaire de déclaration de mise en gage dont le modèle est joint à l'annexe 1.10 de la présente instruction dûment rempli et signé par lui. Ce formulaire indique notamment l'identité du constituant et du bénéficiaire du gage, les références des titres concernés ainsi que l'obligation garantie. Le constituant du gage reçoit en retour une copie de la "déclaration de mise en gage" et une "attestation de constitution de gage" (cf annexe 1 .11) ; cette attestation est également transmise au bénéficiaire du gage.

Pendant la durée du gage, le constituant ne peut effectuer sur les titres gagés aucune opération pouvant changer leur propriété ou restreindre les prérogatives du droit de propriété qui leur sont attachées. Les intérêts échus sur les titres concernés sont portés au crédit du compte ordinaire ou du compte de règlement du constituant du gage dans les livres de la BCEAO.

En cas d'amortissement des titres mis en gage, le constituant est tenu de remplacer, avant l'échéance, les titres gagés par d'autres titres de même nature et de même valeur nominale. Dans ce cas, le remboursement des titres échus est effectué au profit du constituant, par le crédit de son compte ordinaire ou de son compte de règlement à la BCEAO. Dans le cas contraire, les montants remboursés sont versés dans un compte bloqué non rémunéré, ouvert au nom du constituant dans les livres de la BCEAO et ce, jusqu'au dénouement du gage.

Le dénouement du gage intervient, soit sur la production à la BCEAO d'une mainlevée du gage délivrée par le créancier bénéficiaire au moyen d'un formulaire dont le modèle est joint à l'annexe 1.12, soit sur décision de justice. Il rétablit le détenteur dans tous ses droits de propriété sur les titres concernés.

Article 13: Opérations de pension sur titres pour lesquels la Banque Centrale est dépositaire

Les intervenants du marché interbancaire peuvent mettre en pension des effets et titres déposés à la Banque Centrale, en vue de servir de supports à des emprunts interbancaires. Pendant la durée de la pension, les intérêts échus sur les titres concernés sont portés au crédit du compte ordinaire ou du compte de règlement du cédant dans les livres de la BCEAO.

En cas d'amortissement des titres mis en pension, le cédant est tenu de remplacer, avant l'échéance, les titres susmentionnés par d'autres titres de même nature et de même valeur nominale. Dans ce cas, le remboursement des titres échus est effectué au profit du cédant, par le crédit de son compte ordinaire ou de son compte de règlement à la BCEAO. Dans le cas contraire, les montants remboursés sont versés dans un compte bloqué non rémunéré, et affecté au dénouement de la pension à l'échéance.

TITRE IV: GUICHETS DE PRÊT MARGINAL ET D'AVANCE INTRA-JOURNALIERE Article 14 : Guichet de prêt marginal

La prise en pension d'effets ou de titres de créances sur le guichet de prêt marginal est effectuée à l'appui d'un bordereau dont le modèle est joint à l'annexe 2.1 de la présente instruction. Les titres dématérialisés, admis au guichet de prêt marginal, doivent être virés au profit de la Banque Centrale, dans ses livres ou auprès d'un dépositaire agréé par celle-ci. Les autres valeurs admises sont remises endossées en blanc à la Banque Centrale qui en vérifie la matérialité. Aucune mention faisant référence de leur passage à la Banque Centrale ne doit figurer sur les valeurs.

Le rachat des valeurs intervient dans un délai maximum de sept (07) jours. Il peut être effectué à l'initiative de la contrepartie cédante à tout moment, vingt-quatre (24) heures après leur prise en pension par la BCEAO. A cet effet, la Banque Centrale établit une demande de remboursement au moyen d'un formulaire dont le modèle est joint à l'annexe 2.2 de la présente instruction.

En cas d'amortissement d'un titre pris en pension par la BCEAO, la pension est dénouée à hauteur du montant remboursé[14].

---

[14] **Les spécificités de l'activité de Microfinance.**

Dans la pratique, l'activité de Microfinance s'assimile à plusieurs points de vue à une activité bancaire : collecte de l'épargne, distribution du crédit, développement des produits adaptés aux besoins de la clientèle etc. Mais d'essence elle présente plusieurs spécificités tant sur le plan de sa réglementation que sur le plan de la gestion des risques.

La réglementation du secteur de la Microfinance.

La réglementation de l'activité courante d'un établissement de crédit traite des multiples aspects de son fonctionnement. Il s'agit notamment des conditions d'exercice, des normes prudentielles applicables et dans une outre mesure des obligations professionnelles.

Les conditions d'exercice de l'activité de Microfinance.

La commission bancaire chargée de la réglementation bancaire en Afrique Centrale distingue plusieurs domaines d'activités soumis à des dispositions réglementaires en ce qui concerne les conditions d'exercice de la profession. On peut les regrouper en trois sous parties : L'accès à la profession, l'exercice de la profession et les obligations particulières.

L'accès à la profession de Microfinance.

Au sens du règlement COBAC N° 01/02/CEMAC/UMAC/COBAC relatif aux conditions d'exercice et de contrôle de l'activité de Microfinance dans la CEMAC, l'Autorité Monétaire Nationale est le Ministre chargée de la Monnaie et du Crédit de l'Etat et l'instance de tutelle, garant du respect de la réglementation dans toute la zone CEMAC est la Commission Bancaire d'Afrique Centrale en abrégé COBAC.

Ces derniers sont les acteurs incontournables de l'accès proprement dit à l'activité de Microfinance ; accès matérialisé par un agrément qui est l'autorisation d'exercer l'activité bancaire. Il est délivré par les autorités de tutelle et est obligatoire.
En effet, l'accès à la profession de Microfinance est subordonné à l'obtention d'un agrément délivré par l'autorité monétaire (BEAC), prononcé sur avis conforme de la COBAC. L'obtention de cet agrément est subordonnée à plusieurs conditions :
- L'appartenance à une des catégories d'EMF reconnues par le règlement COBAC N° 01/02/CEMAC/UMAC/COBAC relatif aux conditions d'exercice et de contrôle de l'activité de Microfinance dans la CEMAC. Sont ainsi classés en première catégorie les établissements qui procèdent à la collecte de l'épargne de leurs membres52(*) qu'ils emploient en opérations de crédit exclusivement au profit de ceux-ci. On retrouve en deuxième catégorie les établissements qui collectent l'épargne et accordent des crédits aux tiers. Enfin, sont classés en troisième catégorie, les établissements qui accordent des crédits aux tiers, sans exercer l'activité de collecte de l'épargne.
- Un capital minimum des établissements est exigé pour les établissements de deuxième et de troisième catégorie. Il n'est pas exigé de capital ou dotation minimum pour les établissements de première catégorie. Toutefois, le capital constitué doit être représenté et permettre de respecter l'ensemble des normes arrêtées par la COBAC. Le capital minimum est fixé à 50 millions de Francs pour les établissements de deuxième catégorie et 25 millions pour ceux de troisième catégorie.
- La présentation d'un projet d'activité indiquant la nature des opérations envisagées. Les moyens techniques et financiers mis en œuvre et la qualité des apporteurs de capitaux et des dirigeants. C'est au vu de ce projet que la COBAC est amenée à prononcer l'agrément. Elle est particulièrement attentive à la qualité des apporteurs de capitaux et l'honorabilité et la compétence des dirigeants. En effet, la première idée qui vient à l'esprit en matière de réglementation bancaire, c'est d'écarter, d'éloigner de la profession les incapables et les individus à la moralité douteuse, d'exclure de la profession des personnes ayant fait l'objet de certaines condamnations.
Cet agrément est obligatoire et toute modification significative de ces conditions doit être transmise à la COBAC pour information et autorisation.

Les opérations et services autorisés.

Comme le dispose l'article 8 du règlement N° 01/02/CEMAC/UMAC/COBAC relatif aux conditions d'exercice et de contrôle de l'activité de Microfinance dans la Communauté Economique et Monétaire de l'Afrique Centrale, les opérations effectuées par les EMF en qualité d'intermédiaire sont circonscrites à l'intérieur de l'Etat où ils sont implantés. Pour les opérations avec l'extérieur, les établissements doivent recourir aux services d'une banque ou d'un établissement financier du même Etat. Ces opérations sont nombreuses et concernent généralement la collecte de l'épargne, les opérations de crédit et les autres opérations.

Les opérations de collecte de l'épargne

La nature de l'épargne varie selon qu'il s'agit d'un EMF de première catégorie ou de deuxième catégorie. Pour les EMF de première catégorie, sont considérés comme épargne, les fonds autres que les cotisations et contributions obligatoires recueillis par l'établissement auprès de ses membres avec le droit d'en disposer dans le cadre de son activité, à charge seulement pour lui de les restituer à la demande dudit membre. Dans le cas des EMF de deuxième catégorie, l'épargne est constitué de fonds recueillis par l'établissement auprès du public, sous forme de dépôts, avec le droit d'en disposer dans le

Article 15: Taux d'intérêt légal

Au plus tard le premier jour ouvré de l'année, la Banque Centrale calcule et communique au Ministère chargé des Finances, le taux représentatif du taux d'intérêt légal. Le taux d'intérêt légal pour une année (n) est égal à la moyenne des taux du guichet de prêt marginal de l'année (n-1) pondérés par les durées correspondantes.

{-, t:»:«

TIL=~-'-'

i=I *n*

T; = Taux du guichet de prêt marginal d'une période ide l'année;

n; = durée correspondante du Ti ;

n = nombre effectif de jours dans l'année.

Article 16 : Avances intra-journalières

---

cadre de son activité, à charge de les restituer à la demande du déposant. Les établissements de la troisième catégorie ne pouvant pas procéder à la collecte de l'épargne, il n'y sera pas considérés comme épargne les dépôts de garantie, les sommes laissées par la clientèle en vue d'honorer ses engagements, les emprunts, les fonds laissés en compte par les associés ou actionnaires.

Les opérations de crédit.

Par opérations de crédit, on entend tout acte par lequel un établissement met ou promet de mettre des fonds à la disposition d'un membre, d'un tiers ou prend dans l'intérêt de celui-ci un engagement par signature tel un aval, une caution ou une autre garantie. Il faut préciser que les établissements de première catégorie ne peuvent accorder des crédits qu'à leurs membres.

Les autres ressources.

Les EMF peuvent recevoir d'autres ressources dans le respect des dispositions de leurs statuts et des normes arrêtées par la COBAC. Ceux de première catégorie, par exemple, sont tenus de constituer dès leur création un fond de solidarité destiné à faire face aux pertes. Ce fonds recevra à chaque adhésion et au début de chaque exercice, des apports effectués par les membres de façon équitable ainsi que l'affectation d'une partie des bénéfices ou excédents d'exercice. A titre accessoire, les EMF peuvent s'approvisionner auprès des établissements bancaires en devises et chèque de voyage pour les besoins de la clientèle, louer le coffre-fort, effectuer les opérations de crédit-bail, les actions de formation et l'achat de biens pour les besoins de la clientèle. Dans le but de faciliter le déroulement de certaines opérations, les EMF peuvent émettre des moyens de paiement c'est-à-dire tout instrument qui, quel que soit le support ou le procédé technique utilisé, permet de transférer des fonds.

Il faut préciser que Les établissements disposant d'un excédent de ressource peuvent effectuer des placements auprès des banques commerciales de l'Etat d'implantation. Ils peuvent également affecter ces ressources à la souscription des bons du trésor, ou de ceux émis par la BEAC.

Les avances intra-journalières sont des concours garantis par des dépôts d'effets et de titres de créances, remboursables le même jour, octroyés aux participants aux échanges du Système de Transfert Automatisé et de Règlement dans l'UEMOA (STAR UEMOA), en vue de leur permettre de faire face à un besoin ponctuel de trésorerie au cours de la journée d'échange.

Le guichet des avances intra-journalières est activé exclusivement pendant les jours ouvrables, sur la base du calendrier de STAR UEMOA. Les avances doivent être dénouées au plus tard en fin de journée. Elles ne sont pas productives d'intérêts. Toutefois, en cas de non- dénouement, l'avance intra-journalière est assortie d'une pénalité calculée sur la base du taux de prêt marginal de la BCEAO en vigueur, augmenté de cinq (5) points de pourcentage, comme défini par l'article 18 de la Décision n° 397/12/2010 du Comité de Politique Monétaire portant règles, instruments et procédures de mise en œuvre de la politique de la monnaie et du crédit de la Banque Centrale.

TITRE V : CALCUL DE LA QUOTITE MAXIMALE DE REFINANCEMENT Article 17: Quotité maximale de refinancement

Les emplois bancaires des établissements de crédit et des autres bénéficiaires de concours de la Banque Centrale, servant de référence au calcul de la quotité maximale de refinancement fixée à 35 % par l'article 52 de la Décision n° 397/12/2010 du Comité de Politique Monétaire portant règles, instruments et procédures de mise en œuvre de la politique de la monnaie et du crédit de la Banque Centrale, comprennent:

- les concours aux établissements financiers et aux institutions financières internationales ou étrangères ;
- les créances sur la clientèle, y compris sur les systèmes financiers décentralisés ;
- les autres emplois bancaires, notamment les titres de placement et d'investissement, le crédit-bail et les valeurs à l'encaissement avec crédit immédiat.

Le formulaire de calcul de la quotité maximale de refinancement est joint à l'annexe 3 de la présente instruction.

DIRECTIVE N°04/2007/CM/UEMOA RELATIVE A LA LUTTE CONTRE LE FINANCEMENT DU TERRORISME DANS LES ETATS MEMBRES DE L'UNION ECONOMIQUE ET MONETAIRE OUEST AFRICAINE (UEMOA)

LE CONSEIL DES MINISTRES DE L'UNION ECONOMIQUE ET MONETAIRE OUEST AFRICAINE (UEMOA)

VU le Traité de l'Union Economique et Monétaire Ouest Africaine (UEMOA), signé le 10 janvier 1994, notamment en ses articles 6, 7, 16, 21, 42, 43,

97, 98 et 113 ;

VU le Traité du 14 novembre 1973 constituant l'Union Monétaire Ouest Africaine

(UMOA), notamment en son article 22 ;

VU le Règlement N° 14/2002/CM/UEMOA du 19 septembre 2002, relatif au gel des fonds et autres ressources financières dans le cadre de la lutte contre le financement du terrorisme dans les Etats membres de l'Union Economique et Monétaire Ouest Africaine (UEMOA) ;

VU la Directive N° 07/2002/CM/UEMOA du 19 septembre 2002, relative à la lutte contre le blanchiment de capitaux dans les Etats membres de l'Union Economique et Monétaire Ouest Africaine (UEMOA) ;

Considérant la gravité des menaces que fait peser le terrorisme sur la paix et la sécurité internationale ;

Considérant la nécessité impérieuse pour tous les Etats de s'engager résolument dans la lutte contre ce fléau mondial qu'est le terrorisme ;

Soucieux de mettre en œuvre les recommandations internationales relatives à la lutte contre le financement du terrorisme, notamment celles découlant de la Convention des Nations Unies du 09 décembre 1999 pour la répression du financement du terrorisme et les recommandations spéciales du Groupe d'Action

Financière sur le blanchiment de capitaux (GAF I) ;

Désireux de doter les Etats membres de l'UEMOA d'un dispositif juridique spécifique permettant de définir et d'incriminer le financement du terrorisme ;

Sur proposition conjointe de la Commission de l'UEMOA et de la Banque Centrale des Etats de l'Afrique de l'Ouest (BCEAO) ;

Après avis du Comité des Experts statutaire en date du 22 juin 2007 ;

EDICTE LA DIRECTIVE DONT LA TENEUR SUIT :

TITRE PREMIER : DISPOSITIONS PRELIMINAIRES

Article premier : Définitions

Pour l'application de la présente Directive, les termes et expressions, ci-après, ont le sens qui leur est donné par l'article 1er de la Directive N° 07/2002/CM/UEMOA du 19 septembre 2002, relative à la lutte contre le blanchiment de capitaux dans les Etats membres de l'UEMOA :

« Acteurs du marché financier régional, auteur, autorités de contrôle, autorités publiques, ayant droit économique, BCEAO ou Banque Centrale, biens, CENTIF, confiscation, Etat membre, Etat tiers, infraction d'origine, OPCVM, organismes financiers, UEMOA, UMOA, Union ».

On entend également par :

1. **autorités compétentes** : les organes nationaux qui, en vertu d'une réglementation, sont habilités à accomplir ou à ordonner les actes ou les mesures prévues par la présente Directive ;
2. **autorité judiciaire** : l'organe habilité, en vertu d'une réglementation, à accomplir des actes de poursuite ou d'instruction ou à rendre des décisions de justice ;
3. **autorité de poursuite** : l'organe qui, en vertu d'une réglementation, est investi, même à titre occasionnel, de la mission d'exercer l'action pour l'application d'une peine ;
4. **blanchiment de capitaux** : l'infraction telle que définie aux articles 2 et 3 de la Directive N° 07/2002/CM/UEMOA du 19 septembre 2002, relative à la lutte contre le blanchiment de capitaux dans les Etats membres de l'UEMOA ;

5. **clients occasionnels** : les personnes physiques ou morales qui obtiennent des services ponctuels de la part des organismes financiers, en l'absence de relations d'affaires durables qui feront d'eux des clients habituels ;

6. **Convention** : la Convention des Nations Unies du 09 décembre 1999 pour la répression du financement du terrorisme ;

7. **fonds et autres ressources financières** : tous les actifs financiers et avantages économiques de quelque nature que ce soit, y compris, mais pas exclusivement, le numéraire, les chèques, les créances en numéraire, les traites, les ordres de paiement et autres instruments de paiement, les dépôts auprès des banques et établissements financiers, les soldes en comptes, les créances et les titres de créances, les titres négociés et les instruments de la dette, notamment les actions et autres titres de participation, les certificats de titres, les obligations, les billets à ordre, les warrants, les titres non gagés, les contrats sur produits dérivés, les intérêts, les dividendes ou autres revenus d'actifs ou plus-values perçus sur des actifs, le crédit, le droit à compensation, les garanties, les garanties de bonne exécution ou autres engagements financiers, les lettres de crédit, les connaissements, les contrats de vente, tout document attestant la détention de parts d'un fonds ou de ressources financières et tout autre instrument de financement à l'exportation ;

8. **gel de fonds et autres ressources financières** : toute action visant à empêcher tout mouvement, transfert, modification, utilisation ou manipulation de fonds qui aurait pour conséquence un changement de leur volume, de leur montant, de leur localisation, de leur propriété, de leur possession, de leur nature, de leur destination ou toute autre modification qui pourrait en permettre l'utilisation, notamment la gestion de portefeuille ;

9. **installation gouvernementale ou publique** : toute installation ou tout moyen de transport, de caractère permanent ou temporaire, qui est utilisé ou occupé par des représentants d'un Etat, des membres du Gouvernement, du Parlement ou de la magistrature, ou des agents ou personnel d'un Etat ou de toute autre autorité ou entité publique, ou par des agents ou personnel d'une organisation intergouvernementale, dans le cadre de leurs fonctions officielles ;

10. **instrument** : tout bien utilisé ou devant être utilisé totalement ou en partie et de quelque manière que ce soit pour commettre une infraction pénale ;

11. **opération de change manuel** : l'échange immédiat de billets de banque ou monnaies libellés en devises différentes, réalisé par cession ou livraison d'espèces, contre le règlement par un autre moyen de paiement libellé dans une autre devise ;

12. **organisation criminelle** : toute entente ou association structurée dans le but de commettre, notamment des infractions de financement du terrorisme ;

13. **organismes financiers étrangers :** les organismes financiers établis en dehors du territoire communautaire des Etats membres ;

14. **Passeurs de fonds** : les personnes qui exécutent des transports physiques transfrontaliers d'espèces ou d'instruments négociables au porteur ou qui apportent sciemment leur concours à la réalisation de ces opérations.

15. **Personne Politiquement Exposée (PPE)** : la personne qui exerce ou a exercé d'importantes fonctions publiques dans un autre Etat membre ou un Etat tiers, notamment un Chef d'Etat ou de Gouvernement, homme politique de haut rang, haut responsable au sein des pouvoirs publics, diplomate, magistrat ou militaire de haut rang, dirigeant d'une entreprise publique ou responsable de parti politique, y compris les membres de la famille proche de la PPE en cause, ainsi que les personnes connues pour lui être étroitement associées ;

16. **produits** : tous fonds tirés, directement ou indirectement, de la commission d'une infraction telle que prévue aux articles 4 et 5 ci-dessous ou obtenus, directement ou indirectement, grâce à la commission d'une telle infraction ;

17. **saisie** : le fait pour une autorité compétente d'assurer la garde ou le contrôle de biens sur décision d'un Tribunal ou d'une autre autorité compétente ;

18. **virement électronique** : toute transaction par voie électronique effectuée au nom d'un donneur d'ordre, personne physique ou morale, via une institution financière en vue de mettre à la disposition d'un bénéficiaire une certaine somme d'argent dans une autre institution financière, le donneur d'ordre et le bénéficiaire pouvant être une seule et même personne.

TITRE II : DISPOSITIONS GENERALES

Chapitre premier : Objet de la Directive et incrimination du financement du terrorisme

Article 2 : Objet de la Directive

La présente Directive a pour objet de définir le cadre juridique de la lutte contre le financement du terrorisme dans les Etats membres, en mettant en œuvre la Convention des Nations Unies du 09 décembre 1999 pour la répression du financement du terrorisme et ses neuf (9) annexes, ainsi que les principales recommandations internationales contre le financement du terrorisme.

Article 3 : Interdépendance des dispositifs de lutte contre la criminalité financière transnationale dans les Etats membres

La présente Directive complète et renforce l'ensemble du dispositif de lutte contre la criminalité financière transnationale en vigueur dans les Etats membres et, en particulier, les textes relatifs à la lutte contre le blanchiment de capitaux.

Article 4 : Définition du financement du terrorisme

Aux fins de la présente Directive, le financement du terrorisme est défini comme l'infraction constituée par le fait, par quelque moyen que ce soit, directement ou indirectement, délibérément, de fournir, réunir ou gérer ou de tenter de fournir, réunir ou gérer des fonds, biens, services financiers ou autres, dans l'intention de les voir utilisés, ou en sachant qu'ils seront utilisés, en tout ou partie, en vue de commettre :

1. un acte constitutif d'une infraction au sens de l'un des instruments juridiques internationaux énumérés en annexe à la présente Directive, indépendamment de la survenance d'un tel acte ;
2. tout autre acte destiné à tuer ou blesser grièvement un civil, ou toute autre personne qui ne participe pas directement aux hostilités dans une situation de conflit armé, lorsque, par sa nature ou son contexte, cet acte vise à intimider une population ou à contraindre un Gouvernement ou une organisation internationale à accomplir ou à s'abstenir d'accomplir un acte q quelconque.

L'infraction de financement de terrorisme ainsi définie est constituée même si les fonds n'ont pas été effectivement utilisés pour commettre les actes visés ci-dessus.

Il y a financement du terrorisme, même si les faits qui sont à l'origine de l'acquisition, de la détention et du transfert des biens destinés au financement du terrorisme, sont commis sur le territoire d'un autre Etat membre ou sur celui d'un Etat tiers.

Article 5 : Association, entente ou complicité en vue du financement du terrorisme

Constituent également une infraction de financement du terrorisme, l'entente ou la participation à une association en vue de la commission d'un fait constitutif de financement du terrorisme, au sens de l'article 4 ci-dessus, l'association pour commettre ledit fait, l'aide, l'incitation ou le conseil à une personne physique ou morale, en vue de l'exécuter ou d'en faciliter l'exécution.

Article 6 : Incrimination du financement du terrorisme et du blanchiment de capitaux commis dans le cadre des activités terroristes

Les Etats membres prennent les mesures nécessaires pour :

1. ériger en infraction pénale au regard de leur droit interne les actes visés aux articles 4 et 5 ci-dessus ;

2. punir ces infractions des peines appropriées compte tenu de leur gravité.

Chaque Etat membre veille à s'assurer que les infractions visées aux articles 4 et 5 ci-dessus sont désignées comme des infractions sous - jacentes au blanchiment de capitaux.

Article 7 : Refus de toute justification

Nulle considération de nature politique, philosophique, idéologique, raciale, ethnique ou religieuse, ni aucun motif analogue ne peut être invoqué pour justifier la commission de l'une des infractions visées aux articles 4 et 5 ci-dessus.

Chapitre II : Champ d'application de la Directive

Article 8 : Personnes assujetties

Les personnes assujetties aux dispositions du Titre III de la présente Directive sont celles visées à l'article 5 de la Directive N° 07/2002/CM/ UEMOA du 19 septembre 2002, relative à la lutte contre le blanchiment de capitaux dans les Etats membres de l'UEMOA, à savoir:

a) les Trésors publics des Etats membres ;

b) la BCEAO ;

c) les organismes financiers ;

d) les membres des professions juridiques indépendantes, lorsqu'ils représentent ou assistent des clients en dehors de toute procédure judiciaire, notamment dans le cadre des activités suivantes :

. achat et vente de biens, d'entreprises commerciales ou de fonds de commerce ;

. manipulation d'argent, de titres ou d'autres actifs appartenant au client ;

. ouverture ou gestion de comptes bancaires, d'épargne ou de titres ;

. constitution, gestion ou direction de sociétés, de fiducies ou de structures similaires, exécution d'autres opérations financières ;

e) les autres assujettis, notamment :

. les Apporteurs d'affaires aux organismes financiers ;

. les Commissaires aux comptes ;

. les Agents immobiliers ;

. les marchands d'articles de grande valeur, tels que les objets d'art (tableaux, masques notamment), pierres et métaux précieux ; . les transporteurs de fonds ;

. les gérants, propriétaires et directeurs de casinos et d'établissements de jeux, y compris les loteries nationales ;

. les agences de voyage.

Sont également assujettis aux dispositions du Titre III de la présente Directive, les organismes à but non lucratif sur lesquels pèsent des obligations de vigilance particulières.

TITRE III : PREVENTION ET DETECTION DU FINANCEMENT DU TERRORISME

Article 9 : Application des dispositions des Titres II et III de la Directive N°07/2002/CM/UEMOA du 19 septembre 2002 relative à la lutte contre le blanchiment de capitaux dans les Etats membres de l'UEMOA

Les obligations mises à la charge des assujettis par les dispositions des Titres II et III de la Directive N° 07/2002/CM/UEMOA du 19 septembre 2002, relative à la lutte contre le blanchiment de capitaux dans les Etats membres de l'UEMOA, consacrées à la prévention et à la détection du blanchiment de capitaux, s'appliquent de plein droit en matière de lutte contre le financement du terrorisme.

Article 10 : **Obligation de déclaration de soupçon**

Les Etats membres s'engagent à prendre les mesures appropriées pour étendre les attributions de la CENTIF afin de lui permettre de recueillir et de traiter les renseignements sur le financement du terrorisme.

Les Etats membres veillent à prendre les mesures indispensables afin que les personnes physiques et morales visées à l'article 8 ci-dessus, procèdent, sans délai, aux déclarations de soupçon auprès de la CENTIF, dans les termes et suivant les modalités prévues aux articles 26 à 30 de la Directive N° 07/2002/CM/UEMOA du 19 septembre 2002 relative à la lutte contre le blanchiment de capitaux dans les Etats membres de l'UEMOA, lorsqu'elles suspectent ou ont des motifs raisonnables de suspecter que des fonds sont liés, associés ou destinés à être utilisés à des fins de financement du terrorisme et ou des actes terroristes, tels que définis aux articles 4 et 5 ci-dessus.

Les Etats membres s'obligent à prendre les dispositions nécessaires aux fins d'exempter les organismes et autres intermédiaires financiers de toute responsabilité civile ou pénale, lorsqu'ils ont effectué de bonne foi la déclaration prévue à l'alinéa précédent.

Article 11 : **Obligations spécifiques aux organismes financiers**

Les Etats membres soumettent les organismes financiers aux obligations spécifiques ci-après :

1. l'identification de leurs clients et, le cas échéant, des personnes pour le compte desquelles ces derniers agissent, moyennant la production d'un document probant lorsqu'ils nouent des relations d'affaires, et, en particulier, dans le cas de certains organismes financiers, lorsqu'ils ouvrent un compte quelle que soit sa nature ou offrent des services de garde des avoirs ;
2. l'identification des clients autres que ceux visés au paragraphe précédent, pour toute transaction dont le montant ou la contre-valeur en francs CFA atteint ou excède cinq millions (5.000.000) de francs CFA, qu'elle soit effectuée en une seule ou en plusieurs opérations entre lesquelles un lien semble exister ; au cas où le montant total n'est pas connu au moment de l'engagement de la transaction, l'organisme financier concerné procède à l'identification dès le moment où il en a connaissance et qu'il constate que le seuil est atteint ;
3. l'adoption, en cas de doute sur le point de savoir si les clients visés aux paragraphes 1 et 2 ci-dessus agissent pour leur propre compte ou, en cas de certitude qu'ils n'agissent pas pour leur propre compte, de

mesures raisonnables en vue d'obtenir des informations sur l'identité réelle des personnes pour le compte desquelles ces clients agissent ;

4. l'identification des clients, même si le montant de la transaction est inférieur au seuil indiqué au paragraphe 2 ci-dessus, dès qu'il y a soupçon de financement du terrorisme ;
5. l'adoption de dispositions nécessaires pour faire face aux risques accrus existant en matière de financement du terrorisme, lorsqu'ils nouent des relations d'affaires ou effectuent une transaction avec un client qui n'est pas physiquement présent aux fins de l'identification, en l'occur rence dans le cadre d'une opération à distance ; ces dispositions doivent en particulier, garantir que l'identité du client est établie, notamment en demandant des pièces justificatives supplémentaires, des mesures additionnelles de vérification ou de certification des documents fournis ou des attestations de confirmation de la part d'un organisme financier ou en exigeant que le premier paiement des opérations soit effectué par un compte ouvert au nom du client auprès d'un organisme financier soumis à une obligation d'identification équivalente ;
6. l'examen minutieux de toute transaction susceptible, par sa nature, les circonstances qui l'entourent ou la qualité des personnes impliquées, d'être liée au financement du terrorisme ;
7. le suivi continu de leurs clients au cours de toute relation d'affaires, dont le niveau est fonction du degré de risque des clients d'être liés au financement du terrorisme.

Les Etats membres prennent les mesures requises pour permettre aux organismes financiers de confier par mandat écrit, aux seuls organismes financiers étrangers relevant du même secteur d'activité et étant soumis à une obligation d'identification équivalente, l'exécution des obligations d'identification qui leur sont imposées par la présente disposition ; le contrat de mandat doit garantir, à tout moment, le droit d'accès aux documents d'identification pendant la période visée à l'article 12 de la présente Directive et la remise d'au moins une copie desdits documents aux mandants, qui restent tenus du bon accomplissement des obligations d'identification.

Les Etats membres veillent à exempter les organismes financiers des obligations d'identification prévues au présent article, au cas où le client est également un organisme financier établi dans un Etat membre soumis à une obligation d'identification équivalente.

Article 12 : **Conservation des documents, pièces et données statistiques**

Les Etats membres veillent à prendre les mesures destinées à obliger les organismes financiers à conserver, à l'effet de servir d'élément de preuve dans toute enquête se rapportant au financement du terrorisme :

1. en matière d'identification, la copie ou les références des documents exigés, pendant une période de dix (10) ans à compter de la clôture de leurs comptes ou de la cessation de eleurs relations avec leurs clients habituels ou occasionnels, sans préjudice des délais de conservation plus longs prescrits par d'autres textes législatifs ou réglementaires en vigueur ;
2. pour les transactions, les pièces justificatives et enregistrements consistant en des documents originaux ou des copies ayant force probante similaire au regard du droit de chaque Etat membre, pendant une période de dix (10) ans à compter de l'exercice au cours duquel les opérations ont été réalisées, sans préjudice des délais de conservation plus longs prescrits par d'autres textes législatifs ou réglementaires en vigueur.

Article 13 : **Transmission de fonds ou de valeurs**

Les Etats membres s'engagent à prendre des mesures afin de s'assurer que les personnes physiques ou morales qui fournissent un service de transmission de fonds ou de valeurs, obtiennent une autorisation d'exercer, et qu'elles sont assujetties au dispositif de lutte contre la criminalité organisée en vigueur dans les Etats membres de l'UEMOA, notamment les obligations générales et spécifiques qui s'appliquent aux organismes financiers en matière de prévention et de détection des opérations liées au blanchiment de capitaux et au financement du terrorisme. Les Etats membres s'assurent que les personnes physiques ou morales qui fournissent illégalement les services visés à l'alinéa premier sont passibles de sanctions administratives, civiles ou pénales.

Article 14 : **Renseignements accompagnant les virements électroniques**

Les Etats membres prennent les mesures nécessaires afin que tout virement électronique transfrontalier soit accompagné de renseignements exacts relatifs au donneur d'ordre. Ces renseignements comprennent notamment le numéro de son compte ou à défaut d'un numéro de compte, un numéro de référence unique accompagnant le virement.

Les Etats membres veillent à ce que tout virement électronique national inclut les mêmes données que dans le cas des virements transfrontaliers, à moins que toutes les informations relatives au donneur d'ordre puissent être mises à la disposition des organismes financiers du bénéficiaire et des autorités compétentes par d'autres moyens.

Article 15 : Obligations de vigilance particulière à l'égard des Personnes

Politiquement Exposées (PPE)

Chaque Etat membre veille à prendre des mesures afin d'exiger que les organismes financiers notamment appliquent, en fonction de leur appréciation du risque, des mesures de vigilance renforcées à l'occasion des transactions ou relations d'affaires avec les PPE résidant dans un autre Etat membre ou dans un Etat tiers, notamment aux fins de prévenir ou de détecter des opérations liées au financement du terrorisme. Il prend, à cet effet, les mesures appropriées pour établir l'origine du patrimoine ou des fonds.

Article 16 : Obligations de vigilance particulière à l'égard des organismes à but non lucratif

Les Etats membres mettent en œuvre, conformément aux règles de leur droit interne, des mesures de vigilance particulière vis-à-vis des organismes à but non lucratif, notamment aux fins d'empêcher leur implication dans des actions liées au financement du terrorisme. Ils doivent, à cet égard, exiger de tout organisme à but non lucratif qui souhaite collecter, recevoir ou ordonner des transferts de fonds :

1. l'inscription sur un registre mis en place, à cet effet, par l'autorité compétente de chaque Etat membre. La demande d'inscription initiale sur ce registre comporte les noms, prénoms, adresses et numéros de téléphone de toute personne chargée d'assumer la responsabilité du fonctionnement de l'organisme concerné, et notamment des président, vice-président, secrétaire général, membres du Conseil d'administration et trésorier selon le cas ;
2. la communication à l'autorité chargée de la tenue du registre, de tout changement dans la composition des personnes responsables préalablement désignées, visées au paragraphe précédent.

Les Etats membres veillent à ce que toute donation faite à un organisme à but non lucratif soit consignée dans le registre visé à l'alinéa premier, paragraphe 1 du présent article, comprenant les coordonnées complètes du donateur, la date, la nature et le montant de la donation.

Les Etats membres veillent à ce que le registre visé à l'alinéa premier, paragraphe 1 du présent article soit conservé pendant une durée de dix (10) ans, sans préjudice des délais de conservation plus longs prescrits par d'autres textes législatifs ou réglementaires en vigueur. En outre, ils s'assurent que ledit registre puisse être consulté par la CENTIF, par toute autorité chargée du contrôle des organismes à but non lucratif ainsi que, sur réquisition, par les officiers de police judiciaire chargés d'une enquête pénale.

Toute donation en argent liquide au profit d'un organisme à but non lucratif, d'un montant égal ou supérieur à la somme d'un million (1.000.000) de francs CFA fait l'objet d'une déclaration auprès de la CENTIF, par l'autorité chargée de la tenue du registre visée au paragraphe 2 de l'alinéa premier ci-dessus. Toute donation au profit d'un organisme à but non lucratif, quel qu'en soit le montant, fait également l'objet d'une déclaration auprès de la CENTIF, par l'autorité compétente en la matière, lorsque les fonds sont susceptibles de se rapporter à une entreprise terroriste ou de financement du terrorisme.

Les Etats membres veillent à ce que les organismes à but non lucratif, d'une part, se conforment à l'obligation relative à la tenue d'une comptabilité conforme aux normes en vigueur et, d'autre part, transmettent à l'autorité de contrôle, leurs états financiers annuels de l'année précédente, dans les six (06) mois qui suivent la date de clôture de leur exercice social. Ils veillent à soumettre les organismes à but non lucratif à l'obligation de déposer sur un compte bancaire ouvert dans les livres d'un établissement bancaire agréé, l'ensemble des sommes d'argent qui leur sont remises à titre de donation ou dans le cadre des transactions qu'ils sont amenés à effectuer.

Sans préjudice des poursuites qui peuvent être engagées contre eux, l'autorité compétente peut ordonner la suspension temporaire ou la dissolution des organismes à but non lucratif qui, en connaissance de cause, encouragent, fomentent, organisent ou commettent l'une des infractions visées aux articles 4 et 5 de la présente Directive .

Article 17 : Passeurs de fonds

Les Etats membres s'engagent à prendre des mesures afin de détecter les transports physiques transfrontaliers d'espèces et instruments au porteur, notamment par la mise en place d'un système de déclaration ou toute autre obligation de communication y afférente.

Ils s'assurent que les autorités compétentes en la matière interviennent, le cas échéant, pour bloquer ou retenir, pour une période déterminée, les espèces ou instruments au porteur susceptibles d'être liés au financement du terrorisme ou au blanchiment de capitaux, ou faisant l'objet de fausses déclarations ou communications.

Les Etats membres veillent à ce que des sanctions efficaces, proportionnées et dissuasives s'appliquent aux personnes qui ont procédé à des fausses déclarations ou communications.

Les Etats membres s'obligent à prendre les dispositions nécessaires, y compris de nature législative, conformes aux normes internationales en vigueur, qui autorisent la confiscation des espèces ou instruments au porteur liés au financement du terrorisme ou au blanchiment de capitaux.

Article 18 : **Obligation de mise en place d'une organisation interne adéquate**

Les Etats membres s'engagent à prendre les mesures obligeant les organismes financiers à :

1. instaurer des procédures adéquates de contrôle interne et de communication afin de prévenir et d'empêcher la réalisation d'opérations liées au financement du terrorisme. Ces procédures de contrôle interne doivent notamment prendre spécifiquement en compte les dispositions visées à l'article 11 alinéa premier, paragraphe 5 de la présente Directive, en matière d'opérations à distance ;
2. prendre les mesures appropriées pour sensibiliser et former leurs employés aux dispositions contenues dans la présente Directive, afin de les aider à reconnaître les opérations qui peuvent être liées au financement du terrorisme et de les instruire sur la manière de procéder en pareil cas.

Article 19 : **Obligation de coopération avec les autorités compétentes**

Les Etats membres s'obligent à prendre les mesures nécessaires imposant aux organismes financiers, à leurs dirigeants et employés de coopérer pleinement avec les autorités compétentes responsables de la lutte contre le financement du terrorisme. Sans préjudice des obligations leur incombant à l'égard des autorités de surveillance ou de tutelle respectives en la matière, les organismes financiers, leurs dirigeants et employés sont tenus :

1. d'informer, de leur propre initiative, la CENTIF de tout fait qui pourrait être l'indice d'un financement du terrorisme, notamment en raison de la personne concernée, de son évolution et de l'origine de ses avoirs, ainsi que de la nature, de la finalité ou des modalités de l'opération en cause ;

2. de fournir à la CENTIF, à sa demande, toutes les informations nécessaires, conformément aux procédures prévues par la réglementation applicable en la matière.

La transmission des informations visées à l'alinéa premier du présent article est effectuée par la ou les personne(s) désignée(s) par les organismes financiers conformément aux procédures prévues à l'article 10 ci-dessus. Les informations fournies aux autorités autres que les autorités judiciaires, en application de l'alinéa premier du présent article ne peuvent être utilisées qu'à des fins de lutte contre le blanchiment de capitaux ou le financement du terrorisme.

Les organismes financiers ainsi que leurs dirigeants et employés ne doivent pas révéler au client concerné ou à des personnes tierces que des informations ont été transmises aux autorités en application des alinéas premier et 2 ci-dessus ou qu'une enquête sur le financement du terrorisme est en cours.

La divulgation de bonne foi aux autorités compétentes responsables de la lutte contre le financement du terrorisme par un professionnel, un employé ou un dirigeant d'un organisme financier des informations visées aux alinéas ci-dessus ne constitue pas une violation d'une quelconque restriction à la divulgation d'informations imposée par un contrat ou par le secret professionnel. Elle n'entraîne donc aucune responsabilité d'aucune sorte pour l'organisme financier ou la personne concernée.

TITRE IV : TRAITEMENT DU FINANCEMENT DU TERRORISME Chapitre premier : Mesures conservatoires

<u>Article 20</u> : Mesures conservatoires à l'égard des personnes

Les Etats membres adoptent, conformément aux règles de leur droit interne, des mesures conservatoires, en ordonnant aux frais de l'Etat membre concerné, notamment la saisie des biens en relation avec l'infraction de financement du terrorisme, objet de l'enquête et tous éléments de nature à permettre de les identifier.

Dans le cas où elle s'oppose à l'exécution de mesures non prévues par la législation nationale, l'autorité judiciaire saisie d'une demande relative à l'exécution de mesures conservatoires prononcées à l'étranger, peut substituer à celles-ci les mesures prévues par son droit interne, dont les effets correspondent le mieux aux mesures dont l'exécution est sollicitée.

La mainlevée des mesures conservatoires peut être ordonnée par le juge chargé de l'instruction du dossier, dans les conditions prévues par la loi.

Article 21 : **Gel de fonds et autres ressources financières**

Les Etats membres prennent les mesures nécessaires au titre de la procédure de gel de fonds et autres ressources financières des terroristes, ainsi que de tous ceux qui financent le terrorisme et les organisations terroristes.

En outre, les Etats membres veillent à assurer l'application des législations relatives au gel des fonds, notamment le Règlement N°14/2002/CM/UEMOA du 19 septembre

2002, relatif au gel des fonds et autres ressources financières dans le cadre de la lutte contre le financement du terrorisme dans les Etats membres de l'UEMOA, ainsi que les Décisions relatives à la liste des personnes visées par le gel des fonds.

Les Etats membres prennent les mesures nécessaires pour interdire de mettre, directement ou indirectement, les fonds objet de la procédure de gel des fonds à la disposition d'une ou des personnes physiques ou morales, entités ou organismes désignés par les Décisions susvisées, ou de les utiliser à leur bénéfice.

Les Etats membres veillent également à interdire aux organismes financiers de fournir ou de continuer de fournir des services à ces mêmes personnes, entités ou organismes.

Chapitre II : Mesures coercitives

Article 22 : **Peines applicables**

Les Etats membres prennent, dans les délais prévus à l'article 27 de la présente Directive, les dispositions législatives ou réglementaires relatives, d'une part, aux sanctions pénales applicables à toute personne physique ou morale ayant commis ou tenté de commettre une infraction de financement du terrorisme et, d'autre part, aux mesures de confiscation des sommes d'argent et tous autres biens, objet de ladite infraction.

Article 23 : **Personnes pénalement responsables**

Les dispositions des articles 37 et 38 de la Directive N° 07/2002/CM/UEMOA du 19 septembre 2002, relative à la lutte contre le blanchiment de capitaux dans les Etats membres de l'UEMOA, portant, d'une part, sur l'incrimination de certains actes imputables aux personnes physiques et morales et, d'autre part, sur les obligations spécifiques des autorités de contrôle, sont applicables à l'infraction de financement du terrorisme.

TITRE V : COOPERATION INTERNATIONALE

Article 24 : **Entraide judiciaire**

Les Etats membres veillent à promouvoir, mettre en œuvre et renforcer une dynamique de coopération internationale et d'entraide judiciaire entre eux, afin de garantir l'efficacité de la lutte contre le financement du terrorisme.

L'entraide judiciaire consiste notamment en la recherche de preuves et en l'exécution de mesures de contraintes, en particulier lorsque les infractions résultant d'opérations susceptibles d'être qualifiées de financement de terrorisme présentent un caractère international.

Les Etats membres s'engagent à apporter aux autres Etats, sur le fondement d'un traité, d'un accord ou de tout autre mécanisme relatif à l'entraide judiciaire ou à l'échange de renseignements, l'assistance la plus large possible dans le cadre des enquêtes, investigations ou procédures pénales, civiles ou administratives concernant le financement du terrorisme, des actes terroristes et des organisations terroristes.

Les Etats membres s'engagent, d'une part, à prendre toutes les mesures nécessaires en vue de s'assurer qu'ils ne servent pas de refuge aux personnes poursuivies pour le financement du terrorisme, des actes terroristes, et des organisations terroristes et, d'autre part, à mettre en œuvre, dans la mesure du possible, des procédures permettant l'extradition de telles personnes.

Article 25 : **Renforcement de la coopération internationale**

Les Etats membres s'obligent à prendre les dispositions nécessaires, en vue de coopérer dans la mesure la plus large possible avec les autres Etats, à l'échelle internationale, aux fins d'échange d'informations, d'investigations et de procédures visant les mesures conservatoires, ainsi que la confiscation des instruments et produits liés au financement du terrorisme. La coopération internationale s'applique également en matière d'assistance technique mutuelle et d'extradition[15].

---

[15] **Les obligations professionnelles des agents des EMF.**

Dans l'exercice de sa profession, l'agent de l'EMF est soumis à un certain nombre d'obligations dont l'inexécution est susceptible d'être gravement sanctionnée. Parmi ces obligations professionnelles, certaines peuvent être considérées aujourd'hui comme étant traditionnelles, alors que d'autres apparaissent plutôt comme étant nouvelles.

Les obligations traditionnelles.

Les obligations que l'on peut ranger dans cette catégorie sont celles qui n'ont pas connu une évolution véritablement fondamentale ces dernières années. C'est le cas de l'obligation au secret, l'obligation d'information et l'obligation de non-ingérence.

- Le secret bancaire : L'ordonnance N°85/002, du 31 août 1985, a imposé au banquier l'obligation de respecter le secret professionnel différent du devoir de discrétion qui, lui, peut donner lieu à des sanctions civiles et non pénales comme dans le cas du secret professionnel. A l'heure actuelle, le secret bancaire est réglementé par la loi N° 2003/004 du 21 avril 2003. Cette loi précise, entre autre, les informations qui relèvent du secret bancaire. A ce sujet, il convient de préciser que le secret bancaire porte sur des informations confidentielles53(*) auxquelles le banquier a eu accès dans l'exercice de sa fonction. L'article 4 de la loi de 2003 soumet au secret bancaire toute personne qui participe à la direction, à la gestion, au contrôle ou à la liquidation d'un établissement de crédit, ou est employé par celui-ci. De même, toute personne qui, sans faire partie du personnel, a eu connaissance ou accès de manière induise ou autorisée, au secret d'un établissement de crédit de par sa qualité professionnelle, ses aptitudes techniques et intellectuelles ou sa fonction. Toutefois, il existe plusieurs cas de dérogations au secret bancaire. Il s'agit précisément de l'autorité judiciaire dans le cadre d'une poursuite pénale, les institutions supérieures de contrôle des finances publiques, les agents du fisc assermentés agissant dans le cadre d'une procédure de communication écrite, le fonctionnaire de la douane assermenté agissant en matière de détermination de l'assiette et de recouvrement des taxes sont des droits dans le cadre d'une procédure écrite, les agents assermentés du trésor public, la COBAC, la BEAC, la commission des marchés financiers, les agents de recouvrement de la Caisse nationale de Prévoyance Sociale (CNPS), la Société de recouvrement des créances agissant dans le cadre du recouvrement des créances appartenant aux personnes morales de droit public. Il existe aussi des dérogations consacrées dans un intérêt particulier. Ainsi le secret bancaire n'est pas opposable au mandataire du client (uniquement dans la limite de son mandat), au conjoint du client muni des pouvoirs de représentation légale ou conventionnelle, les représentants légaux d'un mineur incapable, les successeurs universels du client, les créanciers saisissant, les titulaires d'un compte joint, la caution mais uniquement dans la limite prévue dans l'article 14 de l'acte uniforme portant organisation des sûretés.

- Le devoir d'information : Il représente une importance grandissante dans la société complexe d'aujourd'hui et particulièrement en matière bancaire dans la mesure où la relation entre le banquier et ses clients constituent une relation déséquilibrée. C'est la raison pour laquelle une, obligation d'informer sa clientèle est mise à la charge du banquier. Il s'agit de porter à la connaissance de la clientèle les conditions bancaires, de mettre à la disposition du client certaines informations précises à l'occasion d'une opération donnée.

- Le devoir de non-ingérence : Il interdit au banquier de s'ingérer dans les affaires de son client. Il s'agit donc d'un devoir qui protège le client mais ce devoir protège également l'établissement dans la mesure où si une opération s'avère malencontreuse, le client ne pourra se tourner contre lui.

Les opérations nouvelles.

De nouvelles obligations émergent à la charge du banquier mais c'est ainsi qu'une obligation de vigilance renforcée a été mise à sa charge dans le cadre de la lutte contre le blanchiment des capitaux. Par ailleurs, on s'interroge à l'heure actuelle sur le point de savoir si le banquier doit être obligé de contribuer à la protection de l'environnement.

Article 26 : **Conditions et modalités de la coopération internationale**

Les conditions et modalités de mise en œuvre de la coopération internationale seront précisées par la loi uniforme à titre de mesure de transposition de la présente Directive, ainsi que par toute norme adéquate de droit interne.

TITRE VI : DISPOSITIONS FINALES

Article 27 : **Obligation de transposition**

Les Etats membres adoptent, au plus tard six (06) mois à compter de la date de signature de la présente Directive, les textes uniformes relatifs à la lutte contre le financement du terrorisme pour la transposition de la présente Directive dans leur droit interne.

Article 28 : **Suivi de l'exécution de la Directive**

La Commission de l'UEMOA et la BCEAO sont chargées du suivi de l'application de la présente Directive.

- L'obligation de vigilance : la mondialisation des échanges et la libéralisation des mouvements de capitaux se sont accompagnées d'une accélération et d'un accroissement extraordinaire de la vitesse et du volume des capitaux d'origine criminel en circulation. Le blanchiment consiste donc à donner une apparence licite à ces capitaux. Pour le banquier, l'obligation de vigilance va consister à l'identification de la clientèle et à la déclaration du soupçon quant aux clients ou aux opérations suspectes.

- La protection de l'environnement : De plus en plus de nos jours, les établissements de crédit sont appelés à contribuer au développement durable du lieu où ils sont implantés à travers des programmes sociaux ou de protection de l'environnement.

Les normes prudentielles applicables aux EMF.

Les normes prudentielles renvoient aux règles concernant la liquidité ou la solvabilité.

Concernant la solvabilité, l'on peut dire d'une entreprise qu'elle est solvable lorsque la valeur de ses actifs dépasse celle de ses dettes. La solvabilité est déterminée à l'aide de ratios tels que le ratio de division des risques, le ratio de solvabilité ou ratio de couverture de risque.

La liquidité quant à elle peut se définir comme l'aptitude d'un établissement de crédit à faire face à ses engagements à court terme. Concrètement il s'agit pour l'établissement de répondre à une demande inopinée de retrait d'une parte des fonds déposés par sa clientèle. La liquidité se mesure grâce à des ratios tels que le coefficient de liquidité, et le coefficient de transformation à long terme.

Article 29 : **Modification de la Directive**

La présente Directive peut être modifiée par le Conseil des Ministres de l'UEMOA, à l'initiative de la BCEAO, sur proposition conjointe de la Commission de l'UEMOA et de la BCEAO.

Article 30 : **Entrée en vigueur de la Directive**

La présente Directive, qui entre en vigueur à compter de sa date de signature, sera publiée au Bulletin officiel de l'Union.

INSTRUCTION N ° 46 / 2011 (REVISEE) RELATIVE A LA CLASSIFICATION ET AUX REGLES D'ALLOCATION D'ACTIFS DES ORGANISMES DE PLACEMENT COLLECTIF SUR LE MARCHE FINANCIER REGIONAL DE L'UMOA

ARRETE

TITRE 1 : DEFINITIONDES TYPES D'ORGANISMESDE PLACEMENTCOLLECTIF Article 1er

Les Organismes de Placement Collectif ("OPC") sont :

1. les Organismes de Placement Collectif en Valeurs Mobilières (désignés ci-après sous l'acronyme "OPCVM") ;
2. les Fonds Communs de Titrisation de Créances (désignés ci-après sous l'acronyme "FCTC").

Les OPCVM prennent la forme de Société d'investissement à Capital Variable, de Fonds Commun de Placement ou tout autre véhicule de placement collectif agréé par le Conseil Régional.

CHAPITRE 1 : LES SOCIETES D'INVESTISSEMENT A CAPITAL VARIABLE

Article 2

La Société d' Investissement à Capital Variable (SICAV) est une société anonyme qui a pour objet exclusif la constitution et la gestion d'un portefeuille de valeurs mobilières.

Article 3

Les Sociétés d'investissement en Capital à Risque (SICAR) sont des SICAV qui ont principalement pour objet la participation, pour le compte de leurs actionnaires et en vue de sa cession ultérieure notamment sur le marché financier régional, au capital ou au renforcement des fonds propres des entreprises.

Les SICAR ont pour but de faire bénéficier à leurs actionnaires des résultats de la gestion des actifs qu'elles détiennent en contrepartie du risque qu'elles supportent.

Lorsque les actions détenues par une SICAR sont admises à la Bourse Régionale des Valeurs Mobilières (BRVM), cette dernière ne peut les conserver que pendant une durée maximale de deux (2) ans à compter de la date d'admission.

CHAPITRE-T-Il : LES FONDS COMMUNS DE PLACEMENT (**FCP)**

Article 4

Le Fond Commun de Placement (FCP) est une copropriété de valeurs mobilières. L'investisseur en achetant des parts devient membre d'une copropriété de valeurs mobilières mais ne dispose d'aucun droit de vote. Il n'en est pas actionnaire.

Les dispositions relatives à l'indivision et aux sociétés ne lui sont pas applicables.

Les FCP sont représentés par une Société de gestion dans tous les actes intéressant les droits et obligations des porteurs de parts ainsi que dans toute action en justice, tant en demande qu'en défense.

Article 5

Les Fonds Communs de Placement à Risque (FCPR) sont des FCP qui ont principalement pour objet la participation, pour le compte des porteurs de parts et en vue de sa cession ultérieure, au capital ou au renforcement des fonds propres des entreprises.

Article 6

Les Fonds Communs de Placement d'Entreprise (FCPE) sont des FCP réservés aux salariés d'une société ou d'un groupe de sociétés.

Article 7

7.1 Tout Fonds Commun de Placement qui vient à détenir un actif supérieur à cinq (05) milliards de FCFA doit mettre en place le dispositif de contrôles et de surveillance ci-après :

7.1.1 Un Comité de Surveillance

Le Comité de Surveillance doit être composé de cinq (05) membres dont:

- un (01) Président, personne physique n'ayant aucun lien avec la Société de Gestion et le Dépositaire du Fonds ;

- une (01) personne physique et indépendante de tout lien avec la SGO ou avec les FCP sous gestion et leur dépositaire, dont le Président du Comité sera issu ;

- trois (03) porteurs de parts du Fonds Commun de Placement et n'ayant aucun lien avec la Société de Gestion et le Dépositaire du Fonds.

Le Comité de surveillance :

- exerce un contrôle permanent de la gestion assurée par la Société de Gestion

- veille à ce que l'OPCVM en dépassement respecte la règlementation en vigueur de façon globale et particulièrement celle relative aux règles d'investissement et d'allocation d'actifs ;

- transmet au Conseil Régional, trimestriellement, un rapport circonstancié sur ses missions.

7.1.2 Un dispositif de reporting de Contrôle Interne

Le Contrôleur Interne de la Société de Gestion doit transmettre mensuellement au CREPMF (au plus tard le 5 de chaque mois suivant), un rapport sur l'évolution de l'activité de la SGO et de ses Fonds sous gestion, d'une part, et sur le respect des règles d'investissement et d'allocation des actifs, d'autre part.

Il doit veiller à ce que les recommandations issues de ses contrôles soient mises en œuvre dans les délais impartis et que la SGO ne prenne aucune décision qui aura pour conséquence d'aggraver les manquements constatés.

7.1.3 Un dispositif de reporting du Dépositaire du FCP

Le Dépositaire du FCP doit transmettre trimestriellement au CREPMF (au plus tard le 15 du mois suivant la fin du trimestre), un rapport sur le mouvement des flux de l'OPCVM ainsi que sur le contrôle du respect des règles de gestion.

Dans le cas où une opération lui paraît irrégulière, le Dépositaire doit en demander la régularisation, et prendre toutes mesures conservatoires qu'il juge utiles. Il doit, sans délai, informer le CREPMF.

7.2 L'actif maximum que peut détenir un Fonds Commun de Placement est fixé à vingt-cinq (25) milliards de FCFA.

Tout FCP qui vient à détenir un actif supérieur à vingt-cinq (25) milliards de FCFA doit le déclarer, sans délai, au Conseil Régional.

Aucun FCP ne peut détenir, au cours de (06) mois consécutifs, un actif supérieur à vingt-cinq (25) milliards de FCFA, auquel cas le FCP devra, dans le délai de six (6) mois, se transformer en SICAV ou procéder à une scission.

7.3 Les dispositions de l'alinéa 7.2 ci-dessus ne s'appliquent pas aux Fonds Communs de Placement d'Entreprises, aux Fonds Communs de Placement dédiés uniquement aux filiales d'un groupe d'Entreprises, aux Fonds Communs de Placement à Risques et aux Fonds Communs de Placement « contractuels».

TITRE 11 : CLASSIFICATION DES OPCVM

Article8

Les OPCVM sont classés selon les catégories suivantes : les OPCVM « actions », les OPCVM « obligations à court terme », les OPCVM « obligations à moyen et long terme », les OPCVM « contractuels » et les OPCVM « diversifiés »,

Article9

Un OPCVM « actions» respecte en permanence l'un des critères suivants:

9.1 Etre investi à hauteur de 70 % au moins de ses actifs, hors titres d'OPCVM « actions», en actions, et droits d'attribution ou de souscription, cotés à la

BRVM ou sur tout autre marché réglementé en fonctionnement régulier et ouvert au public au sein de l'UEMOA.

9.2 Etre investi à hauteur de 90 % au moins de ses actifs en titres d'OPCVM « actions » hors liquidités.

Article 10

Un OPCVM « obligations à court terme » respecte en permanence l'un des critères suivants :

10.1 Etre investi à hauteur de 70 % au moins de ses actifs, hors titres d'OPCVM« obligations à court terme » ou titres de FCTC, en :

- emprunts obligataires ayant fait l'objet d'appel public à l'épargne au sein de l'Union dont la durée de vie restante ne dépasse pas les deux ans;
- bons, obligations du trésor assimilables et emprunts obligataires garantis par un Etat de l'Union dont la durée de vie restante ne dépasse pas les deux ans;
- valeurs mobilières représentant des titres de créance à court terme émis par les Etats de l'Union ;
- valeurs mobilières représentant des titres à court terme émis sur le marché monétaire régional.

10.2 Etre investi dans une proportion d'au moins 90 % de ses actifs, hors liquidités, en titres d'OPCVM« obligations à court terme » ou titres de FCTC.

Article 11

Un OPCVM « obligations à moyen et long terme » respecte en permanence l'un des critères suivants :

11.1 Etre investi à hauteur de 90 % au moins de ses actifs, hors titres d'OPCVM« obligations à moyen et long terme » et liquidités, en :

- emprunts obligataires ayant fait l'objet d'appel public à l'épargne ou par placement privé au sein de l'Union dont la durée de vie restante excède deux ans;
- obligations assimilables du trésor et emprunts obligataires garantis par les
Etats de l'Union dont la durée de vie restante dépasse deux ans ;
- valeurs mobilières représentant des titres de créance à moyen et long terme émis par les Etats de l'Union ;
- valeurs mobilières représentant des titres à moyen et long terme émis sur le marché monétaire.

11.2 Etre investi dans une proportion de 90 %, hors liquidités, de titres d'OPCVM « obligations à moyen et long terme » ou titres de FCTC.

Article 12

12.1 Un «OPCVM contractuel» est l'OPCVM dont l'engagement de la société de gestion du FCP ou de la SICAV, selon le cas, porte contractuellement sur un résultat concret exprimé en termes de performance et/ou de garantie en montant investi par le souscripteur. En contrepartie de cette garantie, la Société de Gestion du FCP ou la SICAV peut exiger du souscripteur, des engagements portant sur le montant investi et / ou la durée de détention des titres de l'OPCVM.

12.2 Les engagements sur le montant investi ou sur la durée de détention des titres de l'OPCVM peuvent être formalisés de différentes manières qui devront, le cas échéant, être présentés dans les différents documents constitutifs du dossier d'agrément de l'OPCVM.

Article 13

13.1 Un OPCVM « diversifié » est l'OPCVM qui n'est ni OPCVM « actions », ni un OPCVM « obligations à court terme », ni un OPCVM « obligations à moyen et long terme », ni un OPCVM « contractuel ».

13.2 Un OPCVM « diversifié » ne peut à aucun moment être investi à hauteur de plus de 70 % en actions et/ou assimilés, ni être investi à hauteur de plus de 70 % en obligations à court terme ou à moyen et long terme, en titres de créances émis sur le marché monétaire, en titres d'autres OPCVM

TITRE Ill : LES REGLES D'ALLOCATION DES ACTIFS

Article14

Les actifs gérés par les OPCVM doivent être constitués, dans les conditions définies par leur Règlement, de :

- valeurs mobilières émises, dans l'UMOA, par appel public à l'épargne ou par placement privé et/ou admises à la cote de la Bourse Régionale des Valeurs Mobilières ou de tout marché réglementé autorisé par le Conseil Régional ;

- bons et obligations du trésor et titres de créances émis sur le marché monétaire de l'UMOA;

- parts et titres de créances d'OPC émis dans l'UMOA.

Les OPCVM peuvent comprendre des disponibilités courantes placées à court terme ou à vue.

Les placements autres que ceux mentionnés à l'alinéa qui précède sont soumis à l'autorisation préalable du Conseil Régional. Le pourcentage de ces placements ne peut en aucun cas excéder la limite de 15 % des actifs de l'OPCVM.

Article 15

Les dispositions de l'article 14 ci-dessus ne s'appliquent pas aux FCPR, ni aux SICAR dont les actifs peuvent être investis en titres non cotés ou servir d'avance sous forme de compte courant d'associé.

En raison de la nature risquée de l'investissement, seuls les investisseurs qualifiés sont autorisés à prendre une participation dans de tels OPCVM. Sont considérés de droit comme investisseurs qualifiés, les banques, les établissements financiers, les Sociétés de Gestion d'intermédiation, les Sociétés de Gestion de Patrimoine agissant pour leur propre compte, les compagnies d'assurance et de réassurance, les sociétés de groupe d'assurance, les mutuelles et unions de mutuelles, les institutions de prévoyance, les caisses de dépôts, d'amortissement ou de stabilisation, les sociétés d'investissement à capital fixe ou de capital-risque et les fonds de gestion alternative.

Les autres investisseurs qualifiés sont inscrits sur une liste approuvée par le Conseil Régional.

Article 16

Aucun OPCVM ne peut employer plus de 15 % de ses actifs dans des valeurs mobilières émises par un même émetteur, sauf s'il s'agit de valeurs émises ou garanties par des Etats de l'UMOA.

Dans le cas de valeurs émises ou garanties par les Etats de l'Union, le plafond ci-dessus peut être porté à 25 %.

Le ratio précédent peut également atteindre 20 % pour les titres de capital cotés dont la pondération dans l'indice boursier de référence, tel que calculé par la BRVM, dépasse 10 %.

Le rapport entre la valeur totale des titres de capital qu'un OPCVM détient auprès des émetteurs dans chacun desquels il investit plus de 15 % et son actif net ne peut dépasser, en aucun cas, 45 %.

Article 17

Les dispositions de l'article 16 ci-dessus ne s'appliquent pas au FCPE dont les actifs doivent être constitués en permanence et à hauteur d'au moins 20 %, par des actions de la société ou du groupe de sociétés qui emploie les porteurs de parts si ses titres sont cotés et 30 % dans le cas contraire.

Article 18

Les liquidités qui peuvent être comprises dans les actifs d'un OPCVM ne peuvent dépasser un plafond de 20 % de ses actifs[16].

---

[16] **La définition d'un cadre réglementaire propre à l'activité des EMF est nécessaire pour l'amélioration de la gestion des risques dans les établissements.**
La gestion des risques dans le contexte particulier de la Microfinance.
La plupart des programmes de Microfinance vise à remplir une double mission : offrir des services financiers aux pauvres et atteindre la pérennité financière. Bien qu'il y ait de plus en plus de succès dans l'industrie, la plupart des institutions sont de petite taille, non rentables et n'ont pas souvent de système digne de ce nom pour réduire leur exposition aux risques.
Cependant, pour qu'un EMF puisse atteindre sa mission, il doit être en mesure d'identifier et d'atténuer les risques qui menacent sa santé financière et son existence à long terme.
Définition de la gestion des risques.
Il n'est ni possible ni conseillé, étant donné le coût, d'éliminer tous les risques potentiels dans un EMF. La gestion des risques est le processus par lequel les risques sont évalués en utilisant une approche systématique qui identifie et organise par priorité les risques, et qui ensuite met en place les stratégies pour atténuer les risques. Cette approche comprend à la fois la prévention des problèmes potentiels et la détection au plus tôt des problèmes actuels. C'est un processus itératif qui demande la participation du personnel à tous les niveaux de l'organisation (voir Annexe N°1)
Identification des risques des EMF.
Les risques des EMF peuvent être organisés en quatre catégories principales :
· Les risques institutionnels menacent soit la mission sociale soit la mission commerciale : changement du marché cible, dépendance vis-à-vis d'un bailleur.
· Les risques opérationnels résident dans les points de vulnérabilité caractérisant les opérations courantes : crédit, fraude, inefficacité, sécurité.

Article 19

Tout manquement aux règles d'allocation des actifs ci-dessus définies pendant une période consécutive d'un mois doit faire l'objet d'une déclaration, sans délai, au Conseil Régional.

En tout état de cause, tout dépassement des ratios doit être régularisé dans un délai maximal de deux (2) mois. Avant toute régulation, le Dépositaire veille à ce qu'aucune décision d'investissement n'ait pour effet des transactions susceptibles d'aggraver le manquement.

TITRE IV: DISPOSITIONS TRANSITOIRES ET FINALES

Article20

Les OPCVM agréés avant la publication de la présente instruction disposent, à compter de cette date de publication, d'un délai de six (06) mois, pour se mettre en conformité avec les dispositions de ladite décision.

Article 21

La présente instruction, qui abroge toutes dispositions antérieures contraires, prend effet à compter de la date de sa signature. Elle sera publiée partout où besoin sera.

· Les risques liés à la gestion financière comprennent la gestion bilancielle, la liquidité, l'intégrité du système.

· Les risques externes sont le plus souvent hors de contrôle pour l'EMF mais doivent être évalués et atténués : réglementation, concurrence, démographie, macroéconomie, etc.

Les politiques et procédures : des outils de gestion des risques dans les EMF.

Le contrôle des risques dans les EMF passent par des politiques et procédures claires et exhaustives.

Les politiques de crédit, par exemple, comprendront les directives écrites qui indiquent les critères d'éligibilité des clients, la description des produits, etc. Les procédures sont des instructions écrites qui indiquent comment appliquer et suivre les politiques.

TABLE DES MATIERES

Structures éditoriales du groupe L'Harmattan

L'Harmattan Italie
Via degli Artisti, 15
10124 Torino
harmattan.italia@gmail.com

L'Harmattan Hongrie
Kossuth l. u. 14-16.
1053 Budapest
harmattan@harmattan.hu

L'Harmattan Sénégal
10 VDN en face Mermoz
BP 45034 Dakar-Fann
senharmattan@gmail.com

L'Harmattan Cameroun
TSINGA/FECAFOOT
BP 11486 Yaoundé
inkoukam@gmail.com

L'Harmattan Burkina Faso
Achille Somé – tengnule@hotmail.fr

L'Harmattan Guinée
Almamya, rue KA 028 OKB Agency
BP 3470 Conakry
harmattanguinee@yahoo.fr

L'Harmattan RDC
185, avenue Nyangwe
Commune de Lingwala – Kinshasa
matangilamusadila@yahoo.fr

L'Harmattan Congo
67, boulevard Denis-Sassou-N'Guesso
BP 2874 Brazzaville
harmattan.congo@yahoo.fr

L'Harmattan Mali
Sirakoro-Meguetana V31
Bamako
syllaka@yahoo.fr

L'Harmattan Togo
Djidjole – Lomé
Maison Amela
face EPP BATOME
ddamela@aol.com

L'Harmattan Côte d'Ivoire
Résidence Karl – Cité des Arts
Abidjan-Cocody
03 BP 1588 Abidjan
espace_harmattan.ci@hotmail.fr

L'Harmattan Algérie
22, rue Moulay-Mohamed
31000 Oran
info2@harmattan-algerie.com

L'Harmattan Maroc
5, rue Ferrane-Kouicha, Talaâ-Elkbira
Chrableyine, Fès-Médine
30000 Fès
harmattan.maroc@gmail.com

Nos librairies en France

Librairie internationale
16, rue des Écoles – 75005 Paris
librairie.internationale@harmattan.fr
01 40 46 79 11
www.librairieharmattan.com

Librairie l'Espace Harmattan
21 bis, rue des Écoles – 75005 paris
librairie.espace@harmattan.fr
01 43 29 49 42

Lib. sciences humaines & histoire
21, rue des Écoles – 75005 paris
librairie.sh@harmattan.fr
01 46 34 13 71
www.librairieharmattansh.com

Lib. Méditerranée & Moyen-Orient
7, rue des Carmes – 75005 Paris
librairie.mediterranee@harmattan.fr
01 43 29 71 15

Librairie Le Lucernaire
53, rue Notre-Dame-des-Champs – 75006 Paris
librairie@lucernaire.fr
01 42 22 67 13

www.ingramcontent.com/pod-product-compliance
Lightning Source LLC
LaVergne TN
LVHW011148061026
849535LV00003B/650
* 9 7 8 2 3 4 3 1 9 5 2 5 4 *